"十二五"国家重点图书出版规划项目

中国社会科学院创新工程学术出版资助项目

新版《列国志》编辑委员会

列国志

GUIDE TO
THE WORLD
NATIONS 新版

吕桂霞 | *F I J I*

编著

斐济

社会科学文献出版社
SOCIAL SCIENCES ACADEMIC PRESS (CHINA)

斐济国旗

斐济国徽

斐济新议会大厦前的雕塑（王学东 摄）

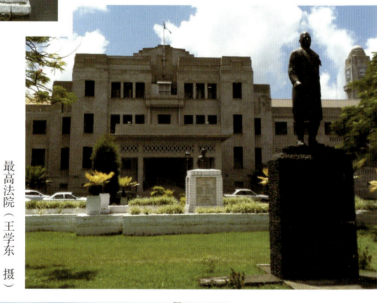

最高法院（王学东 摄）

总统府门前的卫兵（王学东 摄）

苏瓦市图书馆（张明新 摄）

苏瓦市教堂（史晓鲁 摄）

印度教寺庙

传统村落议事厅（王学东 摄）

城市公园（喻常森 摄）

苏瓦港（史晓鲁 摄）

楠迪主干道（史晓鲁 摄）

苏瓦市长途客运站（史晓鲁 摄）

军队仪仗队（张明新　摄）

传统民族欢迎仪式（张明新　摄）

南太平洋大学图书馆（李登贵　摄）

南太平洋大学科研处（李登贵　摄）

南太平洋大学孔子学院办公楼（李登贵　摄）

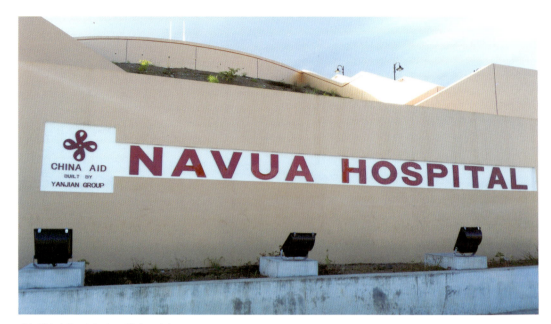

中国援建的医院（王学东　摄）

中国"远望6号"停泊在苏瓦港（孙自法　摄）

出版说明

　　《列国志》编撰出版工作自1999年正式启动，截至目前，已出版144卷，涵盖世界五大洲163个国家和国际组织，成为中国出版史上第一套百科全书式的大型国际知识参考书。该套丛书自出版以来，受到社会各界的广泛好评，被誉为"21世纪的《海国图志》"，中国人了解外部世界的全景式"窗口"。

　　这项凝聚着近千学人、出版人心血与期盼的工程，前后历时十多年，作为此项工作的组织实施者，我们为这皇皇144卷《列国志》的出版深感欣慰。与此同时，我们也深刻认识到当今国际形势风云变幻，国家发展日新月异，人们了解世界各国最新动态的需要也更为迫切。鉴于此，为使《列国志》丛书能够不断补充最新资料，更好地服务于社会各界，我们决定启动新版《列国志》编撰出版工作。

　　与已出版的144卷《列国志》相比，新版《列国志》无论是形式还是内容都有新的调整。国际组织卷次将单独作为一个系列编撰出版，原来合并出版的国家将独立成书，而之前尚未出版的国家都将增补齐全。新版《列国志》的封面设计、版面设计更加新颖，力求带给读者更好的阅读享受。内容上的调整主要体现在数据的更新、最新情况的增补以及章节设置的变化等方面，目的在于进一步加强该套丛书将基础研究和应用对策研究相结合，将基础研究成果应用于实践的特色。例如，增加了各国有关资源开发、环境治理的内容；特设"社会"一章，介绍各国的国民生活情况、社会管理经验以及存在的社会问题，等等；增设"大事纪年"，方便读者在短时间内熟悉各国的发展线索；增设"索引"，便于读者根据人名、地名、关键词查找所需相关信息。

顺应时代发展的要求，新版《列国志》将以纸质书为基础，全面整合国别国际问题研究资源，构建列国志数据库。这是《列国志》在新时期发展的一个重大突破，由此形成的国别国际问题研究资讯平台，必将更好地服务于中央和地方政府部门应对日益繁杂的国际事务的决策需要，促进国别国际问题研究领域的学术交流，拓宽中国民众的国际视野。

新版《列国志》的编撰出版工作得到了各方的支持：国家主管部门高度重视，将其列入"'十二五'国家重点图书出版规划项目"；中国社会科学院将其列为创新工程学术出版资助项目，王伟光院长亲自担任编辑委员会主任，指导相关工作的开展；国内各高校和研究机构鼎力相助，国别国际问题研究领域的知名学者相继加入编辑委员会，提供优质的学术咨询与指导。相信在各方的通力合作之下，新版《列国志》必将更上一层楼，以崭新的面貌呈现给读者，在中国改革开放的新征程中更好地发挥其作为"知识向导"、"资政参考"和"文化桥梁"的作用！

新版《列国志》编辑委员会
2013 年 9 月

前　言

　　自 1840 年前后中国被迫开关、步入世界以来，对外国舆地政情的了解即应时而起。还在第一次鸦片战争期间，受林则徐之托，1842 年魏源编辑刊刻了近代中国首部介绍当时世界主要国家舆地政情的大型志书《海国图志》。林、魏之目的是为长期生活在闭关锁国之中、对外部世界知之甚少的国人"睁眼看世界"，提供一部基本的参考资料，尤其是让当时中国的各级统治者知道"天朝上国"之外的天地，学习西方的科学技术，"师夷之长技以制夷"。这部著作，在当时乃至其后相当长一段时间内，产生过巨大影响，对国人了解外部世界起到了积极的作用。

　　自那时起中国认识世界、融入世界的步伐就再也没有停止过。中华人民共和国成立以后，尤其是 1978 年改革开放以来，中国更以主动的自信自强的积极姿态，加速融入世界的步伐。与之相适应，不同时期先后出版过相当数量的不同层次的有关国际问题、列国政情、异域风俗等方面的著作，数量之多，可谓汗牛充栋。它们对时人了解外部世界起到了积极的作用。

　　当今世界，资本与现代科技正以前所未有的速度与广度在国际间流动和传播，"全球化"浪潮席卷世界各地，极大地影响着世界历史进程，对中国的发展也产生极其深刻的影响。面临不同以往的"大变局"，中国已经并将继续以更开放的姿态、更快的步伐全面步入世界，迎接时代的挑战。不同的是，我们所面临的已不是林则徐、魏源时代要不要"睁眼看世界"、要不要"开放"问题，而是在新的历史条件下，在新的世界发展大势下，如何更好地步入世界，如何在融入世界的进程中更好地维护民族国家的主权与独立，积极参与国际事务，为维护世界和平，促进世界与人类共同发展做出贡献。这就要求我们对外部世界有比以往更深切、全面的了解，我们只有更全面、更深入地了解世界，才能在更高的层次上融入世界，也才能在融入世界的进程中不迷失方向，保持自我。

与此时代要求相比，已有的种种有关介绍、论述各国史地政情的著述，无论就规模还是内容来看，已远远不能适应我们了解外部世界的要求。人们期盼有更新、更系统、更权威的著作问世。

中国社会科学院作为国家哲学社会科学的最高研究机构和国际问题综合研究中心，有 11 个专门研究国际问题和外国问题的研究所，学科门类齐全，研究力量雄厚，有能力也有责任担当这一重任。早在 20 世纪 90 年代初，中国社会科学院的领导和中国社会科学出版社就提出编撰"简明国际百科全书"的设想。1993 年 3 月 11 日，时任中国社会科学院院长胡绳先生在科研局的一份报告上批示："我想，国际片各所可考虑出一套列国志，体例类似几年前出的《简明中国百科全书》，以一国（美、日、英、法等）或几个国家（北欧各国、印支各国）为一册，请考虑可行否。"

中国社会科学院科研局根据胡绳院长的批示，在调查研究的基础上，于 1994 年 2 月 28 日发出《关于编纂〈简明国际百科全书〉和〈列国志〉立项的通报》。《列国志》和《简明国际百科全书》一起被列为中国社会科学院重点项目。按照当时的计划，首先编写《简明国际百科全书》，待这一项目完成后，再着手编写《列国志》。

1998 年，率先完成《简明国际百科全书》有关卷编写任务的研究所开始了《列国志》的编写工作。随后，其他研究所也陆续启动这一项目。为了保证《列国志》这套大型丛书的高质量，科研局和社会科学文献出版社于 1999 年 1 月 27 日召开国际学科片各研究所及世界历史研究所负责人会议，讨论了这套大型丛书的编写大纲及基本要求。根据会议精神，科研局随后印发了《关于〈列国志〉编写工作有关事项的通知》，陆续为启动项目拨付研究经费。

为了加强对《列国志》项目编撰出版工作的组织协调，根据时任中国社会科学院院长李铁映同志的提议，2002 年 8 月，成立了由分管国际学科片的陈佳贵副院长为主任的《列国志》编辑委员会。编委会成员包括国际片各研究所、科研局、研究生院及社会科学文献出版社等部门的主要领导及有关同志。科研局和社会科学文献出版社组成《列国志》项目工作组，社会科学文献出版社成立了《列国志》工作室。同年，《列国志》项目被批准为中国社会科学院重大课题，新闻出版总署将《列国志》项目列入国家重点图书出版计划。

在《列国志》编辑委员会的领导下，《列国志》各承担单位尤其是各位学者加快了编撰进度。作为一项大型研究项目和大型丛书，编委会对《列国志》提出的基本要求是：资料翔实、准确、最新，文笔流畅，学术性和可读性兼备。《列国志》之所以强调学术性，是因为这套丛书不是一般的"手册""概览"，而是在尽可能吸收前人成果的基础上，体现专家学者们的研究所得和个人见解。正因为如此，《列国志》在强调基本要求的同时，本着文责自负的原则，没有对各卷的具体内容及学术观点强行统一。应当指出，参加这一浩繁工程的，除了中国社会科学院的专业科研人员以外，还有院外的一些在该领域颇有研究的专家学者。

现在凝聚着数百位专家学者心血，共计141卷，涵盖了当今世界151个国家和地区以及数十个主要国际组织的《列国志》丛书，将陆续出版与广大读者见面。我们希望这样一套大型丛书，能为各级干部了解、认识当代世界各国及主要国际组织的情况，了解世界发展趋势，把握时代发展脉络，提供有益的帮助；希望它能成为我国外交外事工作者、国际经贸企业及日渐增多的广大出国公民和旅游者走向世界的忠实"向导"，引领其步入更广阔的世界；希望它在帮助中国人民认识世界的同时，也能够架起世界各国人民认识中国的一座"桥梁"，一座中国走向世界、世界走向中国的"桥梁"。

《列国志》编辑委员会
2003 年 6 月

序

于洪君*

太平洋岛国地处太平洋深处，主要指分布在大洋洲除澳大利亚和新西兰以外的 20 余个国家和地区。太平洋岛国历史悠久，早在公元前 8000 年前就有人类居住。在近代西方入侵之前，太平洋岛国大多处于原始社会时期。随着西方殖民者不断入侵，太平洋岛国相继沦为殖民地。二战结束后，这一区域主要实行托管制，非殖民化运动在各国随即展开。从 1962 年萨摩亚独立至今，该地区已有 14 个国家获得独立，分别是萨摩亚、库克群岛、瑙鲁、汤加、斐济、纽埃、巴布亚新几内亚、所罗门群岛、图瓦卢、基里巴斯、瓦努阿图、马绍尔群岛、密克罗尼西亚联邦和帕劳。

太平洋岛国所在区域战略位置重要。西北与东南亚相邻，西连澳大利亚，东靠美洲，向南越过新西兰与南极大陆相望。该区域还连接着太平洋和印度洋，扼守美洲至亚洲的太平洋运输线，占据北半球通往南半球乃至南极的国际海运航线，是东西、南北两大战略通道的交汇处。不仅如此，太平洋岛国和地区还拥有 2000 多万平方公里的海洋专属区，海洋资源与矿产资源丰富，盛产铜、镍、金、铝矾土、铬等金属和稀土，海底蕴藏着丰富的天然气和石油。近年来，该区域已经成为世界各大国和新兴国家战略博弈的竞技场。

太平洋岛国也是 21 世纪海上丝绸之路的自然延伸和亚太一体化的重要组成部分。中国同太平洋岛国的传统友谊和文化交往源远流长，早在 19 世纪中期就有华人远涉重洋移居太平洋岛国，参与了这一地区的开发。

---

* 原中国驻乌兹别克斯坦大使、中共中央对外联络部原副部长、全国政协外事委员会委员、中国人民争取和平与裁军协会副会长、聊城大学太平洋岛国研究中心名誉主任。

近年来，中国与太平洋岛国的合作日渐加强，在政治、经济、文化、教育等领域都取得丰硕成果。目前，中国在南太平洋地区拥有最大规模的外交使团。同时，中国在经济上也成为该地区继澳大利亚和美国之后的第三大援助国，并设立了"中国－太平洋岛国论坛"、"中国－太平洋岛国经济技术合作论坛"等对话沟通平台。2014年11月，中国国家主席习近平在斐济与太平洋建交岛国领导人举行集体会晤，一致决定构建相互尊重、共同发展的战略合作伙伴关系，携手共筑命运共同体，为中国与太平洋岛国关系掀开历史新篇章。

由于太平洋岛国地小人稀，且长期远离国际冲突热点，处于世界事务的边缘，因而在相当长一段时期被视为"太平洋最偏僻的地区"。中国的地区国别研究长时期以来主要聚焦于近邻国家，加之资料有限，人才不足，信息沟通偏弱，对太平洋岛国关注度较低，因此国内学界对此区域总体上了解不多，研究成果比较匮乏。而美、英、澳、新等西方学者因涉足较早，涉猎较广，且有充足的资金与先进的手段作支撑，取得了不菲的成果，但这些成果多出于西方国家的全球战略及本国利益的需要，其立场与观点均带有浓厚的西方色彩，难以完全为我所用。

近年来，随着中国融入世界的步伐不断加快，国际地位显著提高，中国在全球的利益分布日趋广泛。与越来越多的国家和地区进行友好交往并扩大互利合作，是日渐崛起的中国进一步参与全球化进程，开展中国特色大国外交的客观要求，也是包括太平洋岛国在内的国际社会对中国的殷切期待。更全面更深入的地区研究，必将为中国进一步发挥国际影响力，大步走向世界舞台中心提供强有力的支持。2011年11月，教育部向各高校下发《关于培育区域和国别以及国际教育研究基地的通知》和《高等学校哲学社会科学"走出去"计划》，希望建设一批既具有专业优势又能产生重要影响的智囊团和思想库。中共中央政治局委员、国务院副总理刘延东也多次提及国别研究立项和"民间智库"问题，鼓励有条件的大学新设国别研究机构。

在这种形势下，聊城大学审时度势，结合国家战略急需、区域经济社会发展需求及自身条件，在历史文化与旅游学院"南太平洋岛国研究所"

的基础上，整合世界史、外国语、国际政治等全校相关学科资源，于
2012 年 9 月成立了"聊城大学太平洋岛国研究中心"。中心聘请中国现代
国际关系研究院副院长、中央电视台国际问题顾问、博士生导师李绍先研
究员等为兼职教授。著名世界史学家、国家级教学名师王玮教授担任中心
首席专家。密克罗尼西亚联邦驻华大使苏赛亚等多位太平洋岛国驻华外交
官被聘为中心荣誉学术顾问。在有关各方的大力支持下，中心以太平洋岛
国历史与社会形态、对外关系、政情政制、经贸旅游等为研究重点，致力
于打造太平洋岛国研究领域具有专业优势和重要影响的国家智库，力图为
国家和地方与太平洋岛国进行政治、经济、社会、文化等领域的交流与合
作，增进中国和太平洋岛国人民之间的了解和友谊提供智力支撑和学术支
持，为国内的太平洋岛国研究提供学术交流与互动的平台。

中心建立以来，已取得一系列可喜成绩。目前中心已建成国内最齐
全、数量达 3000 余册的太平洋岛国研究资料中心和数据库，并创建国内
首个以太平洋岛国研究为主题的学术网站及微信公众号；定期编印《太
平洋岛国研究通讯》，并向国家有关部门提交研究报告；在研省部级以上
课题 8 项。2014 年，中心成功举办了国内首届"太平洋岛国研究高层论
坛"，论坛被评为"山东社科论坛十佳研讨会"，与会学者提交的 20 余篇
优秀论文辑为《太平洋岛国的历史与现实》，由山东大学出版社于 2014
年 12 月正式出版。《太平洋学报》2014 年第 11 期刊载了中心研究人员的
12 篇学术论文，澳大利亚《太平洋历史杂志》（*The Journal of Pacific
History*）对中心学者及其研究成果进行了介绍。这表明，太平洋岛国研究
中心的研究开始引起国内外学术界的关注。

中心成立伊始，负责人陈德正教授就提出了编撰太平洋岛国丛书的设
想，并组织了编撰队伍，由吕桂霞教授拟定了编撰体例，李增洪教授、王
作成博士等也做了不少编务工作。在丛书编撰过程中，适逢社会科学文献
出版社承担的中国社会科学院创新工程学术出版资助项目、"十二五"国
家重点图书出版规划项目——新版《列国志》编撰出版工作启动。考虑
到《列国志》丛书所拥有的品牌影响力和社会美誉度，研究中心积极申
请参与新版《列国志》编撰出版工作。在社会科学文献出版社谢寿光社

长、人文分社宋月华社长的大力支持下，中心人员编撰的太平洋岛国诸卷得以列入新版《列国志》丛书，给中心以极大的鼓舞和激励。为了使中心人员编撰的太平洋岛国诸卷更加符合新版《列国志》的编撰要求，人文分社总编辑张晓莉女士在编撰体例调整方面给予了诸多帮助。在此一并致谢。

因其特殊的地缘特征，太平洋岛国战略价值的重要性毋庸置疑，同时，在中国建设 21 世纪海上丝绸之路的过程中，作为中国大周边外交格局一份子的太平洋岛国的重要性也不言而喻。新版《列国志》太平洋岛国诸卷的出版，不仅可填补国内在太平洋岛国研究领域的空白，同时也为我国涉外机构、高等院校、科研机构及出境旅行人员提供一套学术性、知识性、实用性、普及性兼顾的有关太平洋岛国的图书。一书在手，即可明了对国人而言充满神秘色彩的太平洋诸岛国的历史、民族、宗教、政治、经济以及外交等基本情况。聊城大学太平洋岛国研究中心也将以新版《列国志》太平洋岛国诸卷的出版为契机，将太平洋岛国研究逐步推向深入。

CONTENTS
目　录

CONTENTS
目　录

CONTENTS

目 录

CONTENTS
目 录

CONTENTS

目　录

CONTENTS
目　录

CONTENTS 目录

CONTENTS

目 录

第一章

概　览

早在 3000 年以前，斐济群岛就已有人居住，主要是美拉尼西亚人和波利尼西亚人的后裔，他们有着特殊的社会制度和风俗习惯，主要以农业为生。后来，随着西方殖民者的入侵，他们的生活发生了很大的变化，基督教逐渐成为斐济人的宗教信仰。1874 年，斐济沦为英国的直辖殖民地，直到近百年以后即 1970 年 10 月 10 日才正式宣告独立，且成为英联邦的一个成员国。然而，此后的政局动荡不断，尤其是在 1987 年斐济接连发生两次军事政变。随着 1998 年 7 月 27 日新宪法的实施，它又改国名为"斐济群岛共和国"，2009 年 4 月 10 日再次更名为"斐济共和国"。

第一节　国土与人口

一　国土面积

斐济全称为斐济共和国（The Republic of Fiji），位于西南太平洋，由 503 个岛屿组成，其中只有 106 个岛屿常年有人居住，[1] 陆地面积为 1.83 万平方公里，专属经济区面积为 129 万平方公里。[2]

斐济环境优美、景色秀丽，有着"多岛之国"、"彩色大海"和"鱼儿天堂"的美誉。同时，因 180° 经线穿过斐济，它也被称作"子午线上

---

[1]　〔美〕J. W. 库尔特：《斐济现代史》，吴江霖、陈一百译，广东人民出版社，1976，第16 页。

[2]　Country Report：Fiji, Economist Intelligence Unit Limited, 2015, 9. 2.

1

的岛国"和"迎接新的一天的大门"（迎接第一缕阳光的地方）。目前，斐济已成为南太平洋最热门的度假胜地，也已成为全球十大蜜月旅游目的地之一。

二 地理位置

斐济是南太平洋上一个景色秀丽的岛国，是美拉尼西亚群岛的重要组成部分。它位于西南太平洋的中心，南纬 15°～22°、东经 174°和西经 177°之间的南太平洋中心地带，是南太平洋地区的交通枢纽。它西邻瓦努阿图、澳大利亚，南邻新西兰，距离新西兰的北岛 2000 公里，是世界闻名的旅游胜地。虽然 180°经线穿过斐济群岛，但是为了避免一个国家出现两个日期，国际日期变更线从东侧绕过斐济。因此，在全世界斐济最早迎接新的一天，当地时间比格林尼治时间早 12 个小时，比北京时间早 4 个小时。每年 11 月至次年 3 月，斐济实行夏令时，时间提前 1 个小时。

"斐济"的发音来源于斐济最大的岛屿维提岛（Viti Levu），其中 Viti 是名称，Levu 意为"大岛"。历史上斐济曾多次遭到汤加的侵略，汤加人把 V 发音为 F，把 T 发音为 J，因而称 Viti 为 Fiji。1774 年，英国库克船长根据汤加人的发音，把"Fiji"写入了航海日志，并以此为名传向欧洲，久而久之"Fiji"便演变为国名。

三 地形与气候

1. 地形："多岛之国"

斐济陆地总面积为 1.83 万平方公里，由 503 个岛屿组成，其中面积在 2.59 平方公里以上的岛屿有 322 个，有人居住的岛屿有 106 个。由于岛屿众多，斐济还享有"多岛之国"的美誉。

斐济多为珊瑚礁环绕的火山岛，火山活动现在几乎已停止，并且由于长久的海水侵蚀，无法找到当初的痕迹。但火山运动的区域以及周围地区，留下很多珊瑚类的海岩石组织，从这里的石灰岩以及各个岛的海岸形态来看，斐济过去很可能沉降后又自海中浮起。由于岛屿周围有许多珊瑚礁，因此在近海航行十分危险。

斐济是太平洋诸岛中最古老的群岛，最重要的是维提岛、瓦努阿岛①（Vanua Levu）和塔韦乌尼岛（Taveuni）三大岛。其余部分被划分成6个群岛，即洛马维提群岛（Lomaiviti Group）、劳群岛（Lau Group）、毛阿拉群岛（Moala Group）、亚萨瓦群岛②（Yasawa Group）、玛玛努卡群岛（Mamanuca Group）和罗图马群岛（Rotuma Group）。

维提岛是斐济第一大岛，面积为1.0429万平方公里，③占全国陆地面积的一半以上，是斐济群岛中经济最为发达和人口集中的地方，同时也是首都苏瓦市和楠迪国际机场的所在地。同时，它也是斐济最具代表性的岛屿，通常被称作"大岛"，形状像个横摆的柠檬。维提岛是座火山岛，有29座海拔超过1000米的山峰，其中北部维多利亚山托马尼维峰海拔1324米，为斐济最高峰。全国河道最宽的河流雷瓦河（Rewa River）发源于附近。岛上有几条主要河流，如纳乌河、辛加托卡河等，部分河段还适于航运。这些河流为农作物生长提供了良好的灌溉条件。斐济作为国名也是由维提岛讹传而来。当年，欧洲航海家到达维提岛时，听土著人的发音记录成"斐济"（Fiji）。苏瓦最有趣的地方是传统市场，在这里人们可以买到富有地方特色的服饰、印度香料和斐济人的可乐——"卡瓦酒"（Kava）④，不会看见伸着手要钱的小孩，也没有拿着手工艺品兜售的小贩。

维提岛东北面的瓦努阿岛是斐济第二大岛，面积为5556平方公里。⑤岛上地形比较复杂，有高耸的台地，陡峻的山峰和峡谷、瀑布，还有20多处温泉，有的泉水温度高达80℃。当地人称这个岛是"太阳燃烧的地方"。

塔韦乌尼岛（有的也译作"塔夫尤尼岛"或"塔佛乌尼岛"）是斐济第三大岛，陆地面积为435平方公里，与瓦努阿岛仅隔索莫索莫海峡。它是一座火山岛，有中央山脉，最高峰海拔1241米，是斐济最美

---

① 有的翻译为"瓦努来雾岛"。
② 有的翻译为"雅沙瓦群岛"。
③ *Country Report 1st Quarter 2013*：*Fiji*，Economist Intelligence Unit Limited，2013，p. 2.
④ 有的翻译为"瓦格纳"、"杨格纳"或"亚格纳"。
⑤ *Country Report 1st Quarter 2013*：*Fiji*，Economist Intelligence Unit Limited，2013，p. 2.

的岛屿。该岛盛产椰干、咖啡等，大部分居民为美拉尼西亚人，主要居住在瓦伊耶沃一带，西岸的索莫索莫（Somosomo）则是主要村庄。北端和南端各有一个飞机场。180°经线经过岛中部。崴里奇（Wairiki）古老的天主教堂正好跨180°经线，就坐落在塔韦乌尼人成功赶走汤加侵略者的地方。

除此之外，还有劳群岛（由57个岛屿组成）、毛阿拉群岛（包括3个岛屿）、洛马维提群岛（包括12个岛屿）、罗图马群岛以及亚萨瓦群岛（包括约20个小岛）等，它们与瓦努阿岛和塔韦乌尼岛共同构成斐济的边界。

索莫索莫海峡的海平面下，快速流动的洋流养育着茂盛而巨大的柔软珊瑚，附近的海域则是潜水者的极乐之地。无数种颜色如彩虹般绚烂的鱼儿成群结队地舞蹈游动，珊瑚形态各异，竞相怒放。这里的潜水学校是世界上最好的潜水学校之一。塔芙妮岛，特别是花园岛酒店（Garden Island Resort）外的海域拥有举世闻名的彩虹礁（Rainbow Reef），是斐济最多彩的潜水体验地。这里经典的潜水地点有大白墙（Great White Wall）、蓝带鳗鲡礁（Blue Ribbon Eel Reef）以及安妮珊瑚礁岩（Annie's Bommie），海面下的世界常常让人流连忘返。

2. 气候

斐济的气候同大多数南太平洋岛屿一样，属于热带雨林气候。每年5~11月为旱季，斐济受寒冷的东南季风的影响，温度较低，平均气温为22℃，也是全年最干旱的时期。12月至次年4月为雨季，气温较高，平均气温为32℃，有时会高达35℃，风向多变，且降雨较多。有时雨季降雨过多，会造成严重的灾害，虽然这个群岛上的河流网通常能把巨量的雨水带走，但有时特大的暴雨也会造成洪水泛滥，从而使甘蔗及其他作物，特别是土著居民的食用农产品遭到破坏。更严重的水灾常常伴随飓风而来，这种飓风肆虐，每隔四五年一次，以在12月至次年3月这几个月最常见。斐济处于太平洋的飓风地带，有时一次严重的风暴就会毁掉当地10%的椰子树，并使幸存的椰子树减产许多年。降雨量在各年和各月变化很大，这一点也具有重要意义，因为在热带地区，即使是短期的干旱，也足以使生长着的蔬菜枯萎。1963 年 8 月，也就是南太平洋运动会在苏瓦市举行前的一个月，降雨量约有 100 毫米，相当于该月份平均降雨量的五倍。酷爱户外运动的斐济人，天天早上都怀着忐忑不安的心情东张西望，唯恐运动场地遭受水淹。

热带季风吹过各处低地，所带来的大部分水汽由于受阻而凝结在挡着风路的山岭坡地上面。各处的平地，除已耕种的土地外，均长有天然牧草。向风的坡地被浓密的雨林覆盖着，只有山麓间的已耕地除外。背风的高地特别能反映旱季的特点，因为这时山腰间只有一片稀疏的牧草，到处长着芦苇，几株分散的灌木和若干耐旱的树穿插其间。斐济群岛的沿岸，在各条河流的出口之处，都长有广阔的红树林，这些红树林作为燃料和本地住房建筑材料的来源，具有很大的重要性。

四　行政区划

斐济全国分直辖市、行政大区及斐族省三级。全国共有 2 个直辖市、4 个行政大区和 14 个斐族省。

1. 直辖市

斐济两个直辖市为苏瓦市（Suva）、劳托卡市（Lautoka）。

苏瓦市位于斐济主岛维提岛东南部的苏瓦半岛，是斐济全国的政治、商业和文化中心，是南太平洋除澳、新之外岛国中最大的城市，面积约为 20 平方公里（中心市区面积为 8 平方公里），人口为 172948 人，[①] 主要由土著斐济人和印度族人组成，还有欧裔白人、华人和其他岛国人。苏瓦港是斐济两大优良深水避风港之一，是南太平洋海空交通枢纽和中继站。苏瓦市区背靠肥沃的莱瓦河流域腹地，有王子公路贯通；北部有南太平洋地区最繁忙的地区型航空基地瑙索里机场，有国王公路直通；西部离斐西部旅游区楠迪和南太平洋航空中心楠迪国际机场约 200 公里，有王后公路和环岛公路与其连接。

苏瓦属典型的热带气候，每年的 1～3 月是它最热的月份，日平均气

---

① 斐济统计局 2007 年人口统计数据。

温为 23℃~30℃；最冷的月份是 7~8 月，日平均气温为 20℃~26℃。7 月是苏瓦最为干燥的月份，平均降雨量只有 124 毫米；而在最湿润的 3 月，平均降雨量则高达 368 毫米。①

苏瓦市区的公交服务完善，通信、水电供应、垃圾处理设施也较为完备。苏瓦市有 12 所中学、23 所小学，中、高等专业学校有斐济医药学校、斐济护士学校、斐济技术学院、太平洋神学院和太平洋地区神学院，以及面向整个南太地区的南太平洋大学。主要饭店有"苏瓦中心饭店"、"半岛饭店"和"贸易风饭店"。

苏瓦市政府由市议会管理，市议会共有 20 名成员，其中 18 名由市民选举产生，欧裔人、土著斐济人和印度人各占 6 名，另外 2 名由总统任命。市长由市议会从其成员中选举产生，任期 1 年，可连选连任。日常事务由市政官主持，下设财政、行政、人事等部门主任分管有关事务。主要负责城市环境卫生、市政公共设施和部分政府土地的管理等事务。市政府财政来源是部分国有土地和固定资产税、市区商店申办执照费、环卫服务费、停车场收费等。

劳托卡市位于斐济的主要产糖区，被称为"糖城"，也是斐济一大深水港。其他城市还有：楠迪，位于斐济西部，为旅游区；兰巴萨（Lambasa），为斐济第二大岛瓦努阿岛最大的城市；巴城（Ba）；辛加托卡（Singatoka）和萨武萨武（Savusavu）等。

2. 行政大区

4 个行政大区为中央大区、西部大区、北部大区和东部大区。中央大区专员行政总部设在瑙索里，管辖泰莱武省（Tailevu）、奈塔西里省（Naitasiri）、雷瓦省（Rewa）、塞鲁阿省（Serua）和纳莫西省（Namosi）五个省；西部大区专员行政总部设在劳托卡市，管辖巴省（Ba）、那德罗加诺沃萨省（Nadroga Navosa）、拉省（Ra）三个省及维提岛西半部及所有岛屿；东部大区专员行政总部设在莱武卡（Levuka），管辖劳省（Lau）、洛马维提省（Lomaiviti）和坎达武省（Kadavu）三个省和罗图马

① *Country Report 1st Quarter 2013*：*Fiji*，Economist Intelligence Unit Limited，2013，p. 2.

岛；北部大区专员行政总部设在兰巴萨，管辖布阿省（Bua）、马库阿塔省（Macuata）和卡考德罗韦省（Cakaudrove）三个省。

3. 斐族省

14个斐族省为：巴省、布阿省、卡考德罗韦省、坎达武省、劳省、洛马维提省、马库阿塔省、那德罗加诺沃萨省、奈塔西里省、纳莫西省、拉省、雷瓦省、塞鲁阿省及泰莱武省。此外，附属领土罗图马岛具有相当大的自治权。斐族各省设立省级理事会，下设县、区和村，有省理事会主席、县长、区长和村长（均由大小酋长担任），这一管理体制纯粹为斐济族人而设。省级理事会对斐济族人事务部负责，斐济族人事务部对大酋长委员会负责。

五　人口、民族、语言

1. 人口

斐济是一个多民族的国家，除了土著居民斐济族人外，还有人数众多的印度族人、欧洲人、中国人、波利尼西亚人、罗图马人以及其他太平洋岛国人等，是一个名副其实的世界性国家。2012年6月，斐济统计局对1881～2007年斐济各族的人口普查的统计数据见表1-1。

表1-1　斐济各族人口统计数据（1881～2007年）

族群 ＼ 时间	1881 4 - Apr.	1891 5 - Apr.	1901 31 - Mar.	1911 2 - Apr.	1921 24 - Apr.	1936 26 - Apr.	1946 2 - Oct.
总数	127486	121180	120124	139541	157266	198379	259638
华人	—	—	—	305	910	1751	2874
欧洲人	2671	2036	2459	3707	3878	4028	4594
斐济族人	114748	105800	94397	87096	84475	97651	118070
印度族人	588	7468	17105	40286	60634	85002	120414
部分欧洲人	771	1076	1516	2401	2781	4574	6142
罗图马人	2452	2219	2230	2176	2235	2816	3313
其他太平洋岛国人	6100	2267	1950	2758	1564	2353	3717
其他人	156	314	467	812	789	204	514

时间 族群	1956 26 – Sep.	1966 12 – Sep.	1976 13 – Sep.	1986 31 – Aug.	1996 25 – Aug.	2007 16 – Sep
总数	345737	476727	588068	715375	775077	837271
华人	4155	5149	4652	4784	4939	4704
欧洲人	6402	6590	4929	4196	3103	2953
斐济族人	148134	202176	259932	329305	393575	475739
印度族人	169403	240960	292896	348704	338818	313798
部分欧洲人	7810	9687	10276	10297	11685	10771
罗图马人	4422	5797	7291	8652	9727	10335
其他太平洋岛国人	5320	6095	6822	8627	10463	15311
其他人	91	273	1270	810	2767	3660

资料来源：Fiji Bureau of Statistics，June 2012。

根据 2007 年的统计数据，在 837271 名斐济人中，土著斐济人和印度裔斐济人是目前斐济最重要的两个族群，其中土著斐济人有 475739 人，约占总人口的 56.8%，印度裔斐济人有 313798 人，约占总人口的 37.5%。从增长趋势来看，1946 年和 1986 年是两个重要的节点。1881～1921 年土著斐济人呈现总体减少的态势，而印度裔斐济人却不断增加，到 1946 年终于在斐济历史上第一次超过土著斐济人，成为斐济人口最多的族群。随后，在 1946 年到 1986 年的 40 年间，印度裔斐济人一直处于优势地位，直到 1987 年斐济发生第一次军事政变后，由于斐济政府奉行"斐济人第一"的原则，土著斐济人人口逐年上升，而印度裔斐济人却因大量移民国外成为第二大族群。

其他族群在斐济人口中所占比重非常低，以 2007 年人口普查为例，其他族群的人口总和占全部人口的比例仅为 5.7%。然而，不管是土著斐济人，还是印度裔斐济人，他们都保持着淳朴的民风，斐济的治安状况非常好。

2. 民族

（1）多民族之国

斐济是个多民族的国家，其中斐济族和印度族是构成斐济人口的两个主要民族，其余为罗图马人、欧洲人和华人。长期以来，由于印度族人自然增长率较高，其人口比重也不断增长，到 1946 年印度族人口总数就已经超过了斐济族人。然而，1989 年 5 月，斐济族人数再次超过印度族人。根据 2007 年人口普查资料，截至 2007 年底，斐济全国总人口为 837271 人，其中斐济族人占 56.8%，印度族人占 37.5%，其他民族（主要包括罗图马人、华人、其他太平洋岛国人、欧洲裔人和欧裔混血人）占 5.7%。目前在斐济华人、华侨共有约 6000 人。①

斐济族作为本地人或土著居民，是斐济所有民族中居住地区分布最平均的一个民族，早在 19 世纪末，斐济人部落就成为一个民族。从人种上看，斐济族人属美拉尼西亚人，具有明显的、程度不同的波利尼西亚人血统。这种血统的特征在斐济东部诸岛的土著居民中表现得比较明显，而在西部诸岛和各主要岛屿的内陆土著居民中则表现得不太明显。他们一般皮肤黝黑，头发卷曲，头颅较长。斐济族人大部分是满足于维持生计的农民，他们所关心的是食用作物的生产。虽然他们分布十分分散，但总体上看约有 90% 的人住在农村，以种植薯蓣、芋头、木薯、"库马拉"（甘薯）以及其他各种蔬菜和水果为生。由于他们几乎与世隔绝，还产生了诸多问题，例如教育问题等。在最近 200 年中，斐济族人由于接触了新移入的居民和获得维持生活的新办法，不断从各岛屿流入维提岛（主要是首都苏瓦地区），现在住在城镇中的斐济族人，占全部城区居民的 36%。

与分散的斐济族人相比，印度族人则居住相对集中，他们大多数是印度北方人的后裔，仍然保持着印度的许多传统习俗。例如，他们大都信奉印度教，严格遵守印度教教规；每年要封斋一次，为期三天；把牛尊奉为"神"，尤其把母牛视为"圣牛"，老死不能宰杀，忌食牛肉，也忌用牛皮制品；忌用左手或双手接物或取物，认为左手是不洁净的；每天早餐前要

---

① 中华人民共和国驻斐济大使馆经济商务参赞处，http://fj. mofcom. gov. cn/article/ddgk/zwrenkou/201104/20110407507374. shtml。

淋浴，认为不洗澡吃饭是不洁净的；等等。①

斐济的欧洲人大多数住在城镇，只有椰子种植园园主和偏远地区的少数政府工作人员例外。住在城镇的欧洲人中，约有半数的人经营批发、零售的生意；住在农村的欧洲人大多数是椰子种植园园主、养牛场场主或经理。在斐济的欧洲人绝大部分是暂住人口——他们在商业机关或政府部门的任期届满，便将引退，返回自己的祖国新西兰、澳大利亚或英国。仅有几百名欧洲人是斐济的永久定居者，他们都是在斐济生活了三四代的一些家庭的子孙。他们之中不少人因通婚而建立相互关系，形成了他们自己的各种社会集团。

斐济群岛的混血种欧洲人几乎全是欧洲人和斐济族人的后裔。他们的祖先都是娶斐济族妇女为妻的欧洲商人和造船工人。这些后裔具有造船和航海的特殊才能，因而往往以此作为自己的职业。他们之中有一些人现在已跻身于最重要的椰子种植园园主之列。其他的人在各行各业任职，其中有不少人在较大的贸易公司和在政府部门当办事员，他们在工作上都能胜任。

斐济的华裔和华侨较多，他们大多数来自广东，也有的来自香港和台湾。自19世纪最后25年以来，中国人即已源源移入斐济群岛，尤其第二次世界大战以后，移入的人数更为可观。在斐济的中国人，绝大部分是城市居民，有2/3的中国人住在城镇里。就业人员中，有1/3以上的人经商，多数人经营商店、餐馆。只有1/10的人是农民，农民中有些人拥有香蕉园、椰子园，但多数人种植供应市场的蔬菜，也有人经营牧场和从事伐木业，还有一些人是以饲养猪和家禽为业。华侨还设有专门的学校。中国人在斐济社会中是有自己特色的、勤劳的集团，同时他们也是斐济的好公民，他们之中不少人还迎娶了斐济族女子为妻。

在斐济的其他太平洋群岛岛民则是在不同的时期到来的。其中，有些人是在斐济经济发展的早期被招收来充当各甘蔗种植园和椰子种植园的劳工的。在斐济沦为英国殖民地以前，欧洲的殖民者靠引进所罗门群岛、新

① 包益铭编《外国风情概览》，云南教育出版社，1986，第226～227页。

赫布里底群岛、古尔伯特群岛和其他一些群岛的岛民来满足他们对劳动力的需求。在苏瓦、莱武卡和兰巴萨附近的各个"所罗门群岛岛民定居区",有许多人就是这些早期岛民的后代。来自其他群岛的岛民已在某种程度上同斐济的土著居民相融合。

（2）人口年轻化与人口密度不均

2014 年斐济人口为 881065 人①，其中一半以上不到 20 岁。1946 年以来，斐济的总人口已增加了 2 倍多，保持持续增长的态势。斐济的人口除了增长迅速和年轻化以外，人口分布颇为不均，若以岛来划分，有 72% 的人口住在维提岛及其邻近的小岛，18% 的人口住在瓦努阿岛，其余的 10% 则散居于其他各岛，人口最密集的地区在维提岛西部和西北部，瓦努阿岛的北部地区以及苏瓦附近。其他岛屿则鲜有人居住。

3. 语言与文字

斐济人有自己的语言，即斐济语，具体情况见下文"斐济语"的介绍。

然而，斐济在历史上原本没有文字，历史也只是依赖传说。西方人进入斐济后，传教士开始研究斐济语言。1835 年，一位名叫卡吉尔的欧洲人帮助斐济人创立了文字。卡吉尔根据斐济语言的发音，借用英文字母编写斐济文字母。但斐济人的语言中 M 和 N 较多，当地语言中通常在 F 字母之前发 M 音，在 D、G 和 Q 之前则常发 N 的音。

斐济宪法规定了三种语言为官方语言，分别是英语、斐济语和印地语。其中，英语由英国殖民者引入，印地语是居住在斐济的印度族裔的主要语言，而斐济语则是斐济本民族的语言。斐济宪法规定，斐济公民有权利使用其中任何一种语言同政府机构沟通，需要的话政府应及时提供翻译人员。

（1）英语

由于斐济受英国殖民统治近一百年，英语成为斐济本民族和印度族裔最常用的语言。不同族群间沟通一般是用英语，政府机构、教育机构、金

---

① 此人口数字为斐济史研究专家、澳大利亚国立大学布里吉·拉尔（Brig Lal）教授提供。

融和法律机构也一般以使用英语为主。

（2）斐济语

斐济语是斐济的民族语言，属于南岛语系。与同属南岛语系的美拉尼西亚语较为接近，据统计，至少有 75% 的词汇是从美拉尼西亚语转借而来。同时，由于长期与波利尼西亚民族接触，斐济语也受到马来－波利尼西亚语系中的汤加语的影响，一些词语和语法形式与波利尼西亚语很相似。

（3）印地语

印地语是在斐济居住的印度族裔和信仰伊斯兰教的穆斯林们所讲的主要语言。与印度次大陆所讲的印地语和乌尔都语有一定的区别，但其区别并不妨碍相互交流。

除了上述三种官方语言，斐济还有很多其他的语言。其中在斐济西部的很多方言，同官方语言差别很大，甚至可以被认为是另一种语言。另外，很多在斐济的印度人除了说印度斯坦语外，也说泰米尔语。还有少数人说比哈尔语（Bihari）、孟加拉语和其他语言。而在该国的罗图马岛上，主要使用罗图马语（属于波利尼西亚语的一种）。在斐济的华人除了使用英语外，还使用中文。

六 国旗、国徽、国歌、国花、国鸟、绰号

1. 国旗

斐济国旗的颜色主要为蓝、红两色。国旗左上角保留了英国国旗的图案，表示同英国的传统关系。国旗右侧的盾形图案是斐济国徽中的一部分，盾图中的十字沿用了斐济历史上卡科鲍王朝旗帜的图案。图中上方的狮子抱着一颗斐济出产的椰子，以十字为中心的四个格内，分别是斐济盛产的甘蔗、椰子、鸽子和香蕉，鸽子代表着和平。

然而，2006 年政变之后，英国以斐济没有在规定的期限内满足英联邦提出的举行民主选举的要求为由，于 2009 年中止了斐济的英联邦成员资格，斐济与英国的关系变得十分紧张，斐济也开始逐步去除英国的影响。继斐济在新版货币上移除了英国女王头像，改为以斐济动植物为主体

后，2013 年 1 月 1 日，斐济总理姆拜尼马拉马在发表新年贺词时宣布，斐济"将就修改国旗发表新公告"。随后，斐济总理办公室常务秘书皮奥·蒂科杜瓦杜瓦在 3 日向当地新闻界确认，将重新设计国旗，其目的是重新确认斐济的国家身份。

2015 年 2 月 3 日，斐济总理姆拜尼马拉马正式宣布，为去除殖民烙印，斐济将更换国旗。目前斐济国旗上印有英国国旗、狮子、圣乔治十字等带有殖民烙印的图案属于英国，不属于斐济。斐济需要具有代表性、符合时代特征的新国旗，体现出当今斐济是一个现代的、独立的国家。为此，斐济将举行为期两个月的国旗设计大赛，并组建一个全国公民委员会负责收集和评选参赛作品。所有斐济公民均可通过社交媒体和手机短信等平台参与设计或表达观点。新国旗的最终样式将由社会各界成员组成的全国公民委员会选定。据称，斐济有望在 2015 年 10 月 10 日 45 周年国庆时启用新国旗。

2. 国徽

斐济的国徽形状为盾形，形象地反映了斐济人民像盾那样的坚强和团结，以捍卫自己国家主权独立和领土完整，盾上部呈红色，表示斐济人用自己的生命和鲜血来保卫自己的祖国。

国徽中的 5 个图案生动地描绘了斐济的经济和民族特色。上部为狮子抱着一个椰子，而国徽上的圣乔治十字则把盾面分为 4 个部分。其中国徽上的 3 根甘蔗、1 棵椰子树、1 只叼着橄榄枝的和平鸽、1 串香蕉象征着斐济蓬勃发展的经济。国徽图案中，两位身着传统服装、手持古老武器的斐济武士分别列于两边。盾形图案上方是斐济古老的独木舟，表示斐济是一个海洋古国、斐济民族是一个航海的民族。国徽下方的箴言为斐济语："莱派瓦卡纳卡娄卡岛卡纳推侬"，意思是"威严在于上帝，荣耀归于女王"。

3. 国歌

斐济的国歌是《上帝保佑斐济》（英语：*God Bless Fiji*，斐济语：Meda Dau Doka）。它的旋律来自查尔斯·奥斯汀·迈尔斯（Charles Austin Miles）1911 年创作的作品，而歌词和曲子则是由迈克尔·弗朗西斯·亚历山大·普雷斯科特（Michael Francis Alexander Prescott）创作的。歌曲于 1970 年斐济独立时被指定为国歌。

歌词为:

一切国家共同的上帝,
保佑岛国斐济,
高贵的蓝旗指引我们团结在一起。
尊崇自由,
保卫自由,
大家同心一意,
我们永远前进,
天佑斐济!
为了斐济,
万岁斐济,
唱着歌,
自豪无比。
为了斐济,
万岁斐济,
自由的土地,
你不论何时,
充满希望,
光荣照耀天地,
愿上帝永远保佑斐济!

4. 国花

斐济国花是扶桑,锦葵科木槿属,又名佛槿、朱槿、佛桑、大红花、赤槿、日及、花上花、吊兰牡丹。单瓣的扶桑呈漏斗形,通常为玫红色;重瓣的扶桑则不是漏斗形,呈红、黄、粉、白等色,花期全年,夏秋最盛。

5. 国鸟

斐济的国鸟是绿领吸蜜鹦鹉 (Phigys solitarius),它们不但是斐济特有的一种鹦鹉,而且也是唯——种由雨林环境适应到城市生活的鸟类。它们长约 20 厘米，体重为 75～85 克。雄鸟的两颊、喉咙、胸部及上腹呈鲜红色，冠是深紫色，颈部呈绿色及红色，双翼、背部及尾巴都是绿色的，下腹是紫色，喙是黄橙色，脚呈粉红橙色，虹膜呈红棕色。雌鸟的外观相似，但冠的颜色较浅。幼鸟颜色较深，上腹及胸部有紫纹，喙呈褐色，而虹膜则呈淡褐色。

它们分布在斐济的较大岛屿，即劳群岛的拉肯巴岛（Lakeba）以及欧娜塔岛（Oneata）。它们主要吃植物的果实、种子、花蜜及花朵，最喜欢吃的植物是刺桐、椰子及火焰木。它们会在树上筑巢，有时也会在树上的椰子内筑巢。它们每次会生 2 枚蛋，孵化期为 30 日，幼鸟需 9 个星期才长大。绿领吸蜜鹦鹉飞得很快，拍动双翼也很快但幅度不大。它们成对或以小群生活。它们的叫声很大，声音非常尖锐。

6. 绰号

（1）"子午线上的岛国"

180°经线穿过斐济群岛，将斐济一分为二，因此斐济成为一个名副其实的"子午线上的岛国"。斐济地跨东西两半球，成为地球上既是最东也是最西的国家。在第三大岛塔韦乌尼岛上 180°经线穿过处，专建了划分东半球、西半球的界碑。按照最初国际日期变更线的划法，该线恰好穿过塔韦乌尼岛北部的城镇瓦伊耶沃。一个几百人的小镇，东半部和西半部分别使用两个日期。为避免一个国家因分属两个半球而造成时间混乱，国际日期变更线在此处稍有变动，将斐济全境圈入东半球时区。斐济人骄傲地把自己的国家称为"迎接新的一天的大门"。

（2）"彩色大海""鱼儿天堂"

普通的大海是蓝色的，但斐济群岛的大海是彩色的。这不仅由于沙子、礁石、珊瑚在阳光的折射下使海水变得五颜六色，而且还有无数奇形怪状、色彩斑斓的海鱼在水里畅游，将大海映照得五彩缤纷。在斐济群岛的 500 多个岛屿中，每一个岛屿都很精致，且被环状的珊瑚礁包围，因此这里也成了鱼儿的天堂。在这里，人们不仅可以看到常见的鱼类，而且以往只有在图片中才能看到的十字海星、小海马、虎皮斑纹贝等都能不时带给人们惊喜，让人们误以为自己掉进了水族馆里！

斐济岛屿众多，峰峦起伏，可用于栽种作物的土地不多。许多自成单元的陆地都属珊瑚层，其面积大小不等，但大都比较贫瘠。几乎所有岛屿都被巨礁或堡礁环绕，这些海礁的附近区域适于捕鱼，它们成为海洋的天然防波堤。

（3）无蛇的斐济

斐济虽然气候温暖、雨量充沛，到处是莽莽的原始森林，非常适宜动植物生长繁衍，但蛇非常稀少，以至于斐济最大的报纸——《斐济时报》有一天在头版显著位置刊登了一则消息："劳托卡市发现一条蛇"，还配发了大幅照片，轰动了斐济全国。消息报道说："日前在劳托卡市印度教寺庙的神像座的后面发现了一条1.5米长的蛇，寺庙的管理人员发现供奉佛像的牛奶，很快就浅了，不久又底朝天一干二净。大家以为是神喝了牛奶。消息一传开，寺庙门前车水马龙，门庭若市。一天清早，寺庙的人看见一条蛇正在津津有味地喝牛奶，以为这是神的化身，悄悄地站在旁边观看，不敢惊动它。那蛇一连喝了几杯。从此，朝拜的人更多了。"一年以后，《斐济时报》又在头版显著位置刊登了一条消息：山区某工地挖出一条蛇，还配发了盘成一圈的小蛇的照片。由此可见，蛇在斐济是一种珍稀动物。

然而，在很久很久以前，斐济的蛇却非常多，而且品种繁多。大大小小的蛇，到处乱钻，咬死牲畜，甚至夺走人们宝贵的生命。面对众多的蛇，人们无可奈何。后来，一位老人从外地引入了几对人们从未见过的动物——獴，它不太高，棕色的毛油光光的，尖尖的嘴，长着一双机灵的眼睛。它们进入丛林几年之后，便成群结队地活跃在丛林、田野和村庄。别看它们个头不太，抓蛇的本领可高了。它们不仅能将树上的蛇抓下来、洞中的蛇拖出来，甚至还能将几十斤重的大蛇轻而易举地置于死地。獴是蛇的克星，它们越来越多，蛇越来越少，渐渐地在斐济很难看到蛇了。①

蛇少了以后，人们安全了，但新的问题也随之产生了。在蛇变少之后，獴失去了食物来源，为了生存，它们不仅吃地里的花生、木薯，而且

① 刘梦熊：《无蛇的斐济》，《科学之友》1999年第7期。

夜晚窜入村庄，袭击鸡、鸭等家禽，且防不胜防，已经成为斐济的一大祸害。现在斐济人正想方设法消灭獴，但收效甚微。这也证明，生态平衡一旦被破坏，其后果将极其严重。

（4）"长寿之国""无癌之国"

斐济是迄今为止唯一没有发现癌症的国家。斐济人之所以从来不患癌症，主要是与斐济独特的饮食习惯有关。该国居民十分喜欢吃荞麦、杏仁和杏干。

荞麦又名花麦、乌麦，为蓼种植物荞麦的种子。荞麦含有蛋白质、脂肪、维生素 B2、维生素 P、总黄酮，又含有钙、镁、硒等矿物质和微量元素。其中的 B 族维生素、维生素 P 和微量元素硒等，均具有良好的抗癌作用。

斐济人很喜欢吃杏干、杏仁，几乎每天三餐必要伴食，这对防癌抗癌亦很有帮助。杏子为蔷薇科植物杏或山杏的果实，含有蛋白质、脂肪、糖类、钙、磷、铁，又含胡萝卜素（在体内可转化成维生素 A）、维生素 B1、维生素 B2 和丰富的维生素 C，还含有柠檬酸、苹果酸、番茄红素及挥发油等。现代研究表明，杏子含有某种特别的抗癌物质，此物能杀灭癌细胞，而对正常细胞无丝毫损害，是一种较为理想的抗癌水果。杏仁中含有大量的维生素 B17，而这正是轰动美国的抗癌特效药的重要成分。

此外，斐济无癌，还与野生植物"诺丽"有着密不可分的关系。"诺丽"在斐济有着两千多年的食用历史。这种神奇的热带植物，虽然在中美洲和东南亚部分地区也有生长，但远没有在斐济生长的品质优秀。斐济富含火山灰的腐殖质土壤，造就了高品质的"诺丽"。通过仪器检测发现，斐济的野生"诺丽"中仅含有的氨基酸一项，就远远高于其他地区的品种。在斐济，人们把成熟的野生"诺丽"果实，采摘回来，放在密闭的容器里。经过将近 3 个月的发酵，将沥出的汁液当作日常的饮料饮用。科学研究表明，"诺丽"中的独特成分对癌细胞的抑制作用，在众多植物果实中是独一无二的。动物实验也表明，"诺丽"的抗癌功效是十分惊人的。现在，很多崇尚自然疗法的西方人，都把"诺丽"当作安全的食疗秘方，来配合现代的抗癌治疗。

因此，在别的国家和地区"谈癌色变"的今天，斐济人却不知癌为何物，而且斐济在进入近代文明之前也没有人患过癌症，故斐济又被当今世界誉为"长寿之国""无癌之国"。

第二节　宗教与民俗

一　宗教

斐济没有官方的宗教，人们可以根据自己的实际情况选择宗教信仰。由于斐济深受西方传教士的影响，因此在斐济大约一半以上的人信仰基督教，而印度族人则信仰印度教，占全国人口的1/3左右。另外，斐济还有少量居民信仰伊斯兰教和锡克教，其余的人信仰其他宗教或无宗教信仰（见表1－2）。

表1－2　2007年斐济各省宗教信仰概况

省份	总人口	基督教	印度教	锡克教	伊斯兰教	其他宗教	无宗教信仰
巴省	231760	112491	92425	1353	22980	384	2127
布阿省	14176	11835	1863	—	415	4	59
卡考德罗韦省	49344	42274	5224	8	1498	51	289
坎达武省	10167	10125	25	—	5	5	7
劳省	10683	10573	48	—	3	56	3
洛马维提省	16461	16071	265	—	51	10	64
马库阿塔省	72441	31997	32150	96	7277	270	651
那德罗加诺沃萨省	58387	37094	16474	164	4104	37	514
奈塔西里省	160760	106233	43283	555	9147	385	1157
纳莫西省	6898	6409	333	9	120	6	21
拉省	29464	20744	7731	41	853	6	89
雷瓦省	100787	77658	17345	186	3360	827	1411
塞鲁阿省	18249	12408	4964	11	516	56	294
泰莱武省	55692	41643	11284	117	2176	84	388
罗图马岛	2002	1998	—	—	—	—	4
总　计	837271	539553	233414	2540	52505	2181	7078

资料来源：斐济统计局。

斐济基督教（Christianity in Fiji）是斐济基督教各派的统称。根据2007 年的统计，在斐济 83.7 万人口中，基督徒约有 53.96 万人。其中主要有：新教教派有 13 个，约 29.7 万人；独立宗派有 13 个，约 4 万人；圣公会有宗派 1 个，约 9000 人；天主教有宗派 1 个，约 8.4 万人；新兴宗派有 3 个，约 1.6 万人。有 4 种语言的足本《圣经》译本，1 种语言的《新约圣经》译本，1 种语言的非足本《圣经》译本。新教教会有：卫理公会、基督复临安息日会、神召会、联合五旬节会、神的教会（克利夫兰）、基督徒弟兄会等。其他教派教会有耶和华见证会、摩门教等。新教最初于 1830 年由伦敦传教会传入；1854 年斐济首领受洗，为教会在原住民中发展创造了条件。1879 年后，随着大量印度人来此工作，在印度人中传教的活动随之展开。20 世纪上半叶，基督教灵恩运动影响当地，五旬节派教会亦相继传入。天主教自 1844 年传入，1887 年建立代牧区，1955 年产生了首任斐济天主教神父。

2014 年斐济全国人口为 881065 人，[①] 穆斯林作为斐济的第二大宗教集团有 8 万人左右，约占人口总数的 10%。他们主要是来自印巴次大陆的移民，也有一些皈依伊斯兰教的本地人。

斐济的穆斯林多来自印巴次大陆，尤其是孟加拉国和巴基斯坦的旁遮普省等地区。他们是在 1879~1916 年，被英国人招募到斐济种植甘蔗和香蕉的契约劳工中的一部分。斐济穆斯林历史学家兼斐济穆斯林联盟副会长阿里博士回忆，他看到过斐济历史记载的一篇英国总督报告。1882 年 8 月 21 日，有两艘船从印度洋到达斐济港口，运载 887 名印度劳工，其中 198 人是穆斯林。这是最可靠的穆斯林到达斐济的历史最早记录。[②] 在这一时期，约有 6.3 万人作为 5 年制契约劳工先后从印巴次大陆来到斐济。在契约期满时，2/3 的人在这块土地上定居下来，其中穆斯林占14.6%。此后，绝大多数穆斯林又继续在租来的香蕉园、甘蔗园里耕

---

① 2014 年斐济官方统计数字。

② 伊斯兰之光：《斐济穆斯林的圣纪和历史》，http://www.norislam.com/? viewnews - 1174。

种，另有一些人在工厂做工，极少数人从事自由职业，有的当小贩，有的经营小商店，有的当家庭佣人，还有一些人在政府部门担任职位低下的官员。直到现在，与其他社团相比，斐济穆斯林社团的社会经济地位依然是非常低的。

穆斯林在斐济同在印度一样，与印度教徒有明显的宗教和民族区别，穆斯林的孩子们必须学习阿拉伯语经典，并且学习乌尔都语，逐渐形成了斐济穆斯林自己特有的文化和乌尔都方言。斐济的穆斯林非常团结，虽然来自印度南部的许多地方，但是全部属于逊尼习惯，凡是穆斯林都有"他乡遇故人"般的亲切感情，一个寺坊有困难，一呼百应，大家出来帮忙。斐济全国有五万多名穆斯林，不分彼此，不论走到哪里，亲如一家人。

在废除契约制之后，斐济穆斯林为了使自己能作为一个宗教实体保存下来，组织了下列协会：伊斯兰指导协会（1915 年），伊斯兰组织协会（1916 年），伊斯兰协会（1919 年）。所有这些协会的宗旨都是满足穆斯林的宗教需要。

1926 年斐济穆斯林同盟（Fiji Muslim League，FML）成立，其总部设在首都苏瓦。它自成立之日起，就努力成为一个负责协调在它之前成立的那些不同地区组织活动的中央机构。为此，它采取了各种积极主动的措施和步骤，其中最有抱负的举动是，它决定为穆斯林的前途和命运担保。起初只有苏瓦地区的穆斯林是这个同盟最积极的成员，逐渐地，劳托卡、兰巴萨、姆巴、瑙索里、楠迪、塞巴托等地的穆斯林也自动聚集到同盟的旗帜下。

斐济穆斯林同盟在初创阶段的最大成就之一，是彻底改变了在契约劳工时期伊斯兰社会体系完全缺乏组织的状况，重新建立了穆斯林的文化生活，并使之不断蓬勃发展。为此，它首先通过建造清真寺、开办学校，向穆斯林提供宗教教育。此后，它又着重创办能同时提供宗教与世俗教育的正规学校。现在斐济穆斯林同盟已创办了 30 多所学校，其中近 20 所是小学。斐济穆斯林同盟亦很重视对穆斯林女孩子的教育，现已在劳托卡的穆斯林中学里增设了女生班，并打算一旦具备教学条件与合格的师资，将单独为女孩子开办学校。在所有穆斯林创办的学校里，伊斯兰教已成为必修科目，不断改进的教学大纲使穆斯林子女在这些学校所受的 10 年伊斯兰教育中能够充分理解伊斯兰教。建立和营办这些学校的经费都是由斐济穆斯林同盟的成员们筹集的。绝大多数穆斯林是小农场工人，他们的经济地位低下，生活困苦。斐济自 1970 年起，经历了严重的通货膨胀，[①] 但是为了子女能受到良好的宗教与世俗教育，穆斯林甘愿做出牺牲。近几年来，斐济的穆斯林感到斐济迫切需要高等的伊斯兰教育中心。斐济穆斯林同盟已计划在苏瓦中心区建造一个设施完善的伊斯兰中心，它将不仅为斐济服务，也为南太平洋地区服务。

现在斐济穆斯林同盟已把全国的穆斯林充分地组织起来。它管辖着斐济现有的数十座清真寺，除了在清真寺里开展宣教活动之外，它每年还在全国各地举行各种各样的先知诞辰日纪念活动，介绍先知的生平与学说。平时，它每周都分别组织男、女穆斯林开展文化、社会、经济以及福利活动。每年它都组织穆斯林去麦加朝觐，只是因财力所限，能去的人很少。为了更广泛地传播伊斯兰教，斐济穆斯林同盟还定期出版、发行自己的机关刊物《穆斯林之声》（*The Muslim Voice*），它是斐济唯一介绍伊斯兰教的双语（乌尔都语和英语）月刊。

除在国内积极开展宣传伊斯兰教活动外，斐济穆斯林同盟还努力加强对南太平洋诸岛的伊斯兰教宣教活动，其盟员曾捐款 4 万美元，资助新喀里多尼亚穆斯林购买努美阿清真寺。许多斐济穆斯林还定期到努美阿进行宣教活动。1984 年 5 月 19 日，斐济穆斯林同盟与澳大利亚伊斯兰教联合理事会、新西兰伊斯兰教联合协会、巴布亚新几内亚伊斯兰协会、新喀里多尼亚伊斯兰协会和汤加穆斯林共同建立了南太平洋地区伊斯兰宣教理事会。这个协会的宗旨是协调南太平洋地区各伊斯兰协会的工作；增强人们对伊斯兰教的理解；出版、发行使用这一地区文字的伊斯兰文献。这个协会的总部就设在首都苏瓦。斐济穆斯林同盟也极重视与伊斯兰世界的联系。1981 年它邀请东南亚和太平洋地区伊斯兰理事会主席和秘书长到斐

---

① 黄陵渝：《斐济的穆斯林》，《中国穆斯林》1990 年第 1 期。

济访问和讲学。斐济穆斯林同盟与伊斯兰世界联盟和世界伊斯兰大会一直保持着密切联系。它的活动也引起了伊斯兰世界的重视,有关斐济穆斯林的报道经常见诸伊斯兰世界的重要报刊。1984 年,沙特阿拉伯的法赫德国王向斐济穆斯林同盟捐赠 100 万沙特利亚尔(约合近 30 万美元)的活动经费。据斐济穆斯林同盟主席 S. M. K. 谢拉尼参议员说,这笔钱专门用来在萨马布拉扩展一个商业联合企业,其收入所得将为同盟今后开展宗教、社会、教育活动不断提供经费。

二 节 日

1. "红花节"

"红花节"是斐济的三大传统节日之一。在每年百花盛开的八月举办,为时七天,地点在首都苏瓦市。

红花即扶桑花,或称木槿花,是斐济的国花。它是一种每年都要开花的热带灌木,花呈喇叭状,有红、粉、黄等色,以红色为最多。在斐济各个岛屿上,甚至在整个南太平洋地区,不论城市路边、花园庭院,还是乡村田野、山间河畔,到处可见盛开的这种大红花。斐济一年到头,没有四季之分,扶桑花可以长年开放。斐济人非常喜欢扶桑花,不论男女都喜欢摘一朵插在发髻上或别在耳朵上。在斐济,人们穿的衣服、报刊插图、酒店的菜单菜谱、飞机上的介绍资料等都少不了以扶桑花朵图案作为点缀。这种花的花瓣大,花蕊为金黄色且长。一朵朵盛开的红色扶桑花,犹如一张张热情奔放的笑脸,这同开朗、憨厚的斐济人的性格是完全吻合的。

"红花节"期间,市内主要街道上搭起座座彩色牌楼,挂上五颜六色的彩旗,插上各种热带花草茎叶,装饰上彩色灯泡。

节日活动以化装游行开始,来自全国各地成千上万的观众以及外国游客,把大街挤得水泄不通。游行队伍由斐济国家警察乐队为前导,人们穿着各式各样的服装,有的戴上稀奇古怪的人、兽、神、鬼的面具。各大公司和事业单位参加游行的彩车,更是争奇斗艳。彩车上还有各地选来参加竞选"红花皇后"的妙龄女郎,她们做出各种姿态,向观众微笑招手。游行队伍里还间有一队队衣着整齐的男女童子军,殿后的是演奏各种进行曲的军乐队。观众不时为那些精彩场面热烈喝彩。

长达一公里多的游行队伍，穿过市中心，最后到达"红花节"的活动中心——阿尔伯特广场结束。节日结束的当晚，欢庆"红花节"达到高潮，在苏瓦市阿尔伯特广场中心舞台上，宣布"红花皇后"的评选结果，当选的前三名被戴上"皇冠"，并获得奖金和奖品。评选活动售票所得连同其他收入的大部分，捐献给社会慈善机构，这就是举办"红花节"的起源和宗旨。

红花节开幕之后，庆祝活动便转到各社区分散进行。有时也组织社会团体、外国驻斐济机构在阿尔伯特广场举行义卖。义卖活动期间，所有代表团的义卖收入全部捐献给斐济的慈善机构。红花节期间，尤其在义卖期间，广场周围也布满了斐济人和印度人的各种小摊。有的当场制作陶器，有的在树皮布①上加色印图案，更多的是出售各种土产、风味小吃及工艺品。

2. "火把舞"与"走火仪式"

斐济人与火特别有缘。斐济的火把舞享誉世界。在巨大的榕树下，十几个身材高大的土著男子在鼓声歌声的伴奏下，有节奏地尽情欢跳。他们的脸上抹了一层黑（斐济人以脸上抹黑为美，因而化妆时常常使用黑色），颈上挂着色彩斑斓的珍珠项链，手臂上戴着棕色手环，上身赤裸，穿着用植物纤维制作的长裙，腰间束着一条宽宽的腰带，赤脚，脚踝上还套着金黄色的纤维环。他们每人手持一根细长的木棒，木棒两端扎着艳丽的纤维彩球。他们的舞蹈节奏明快，舞姿奔放、粗犷，随着木棒的旋转，两端的彩球飞舞，令人眼花缭乱。这就是著名的传统舞蹈"火把舞"。木棒上的彩球酷似火把，"火"象征着光明和希望。②

此外，在斐济一个叫贝卡的小岛上，盛行一种被称为"走火仪式"（Fire Walking）的勇敢者的活动。斐济人叫"维拉维莱雷"，即"跳进火炉"的意思。走火仪式开始的时候，人们先把许多大块石头放到一个放

---

① 树皮布是一种无纺织布，是以植物的树皮为原料，经过拍打加工制成的布料。
② 刘梦熊、陈兆箕：《斐济见闻》，《世界博览》1996 年第 6 期。

有树枝、木柴的坑里，然后点火燃烧，等到石头发烫、炽热时，走火者光着脚纵身跳到石头上，时快时慢地在坑里走一圈。观者无不感到紧张，在石头上走的人却从容不迫，不仅这些走火者的脚底丝毫没有被烫灼的痕迹，而且他们还不时向观众做出各种动作。① 这种奇特的"走火仪式"吸引了广大旅游者。

3. 鼓节

斐济传统的鼓节起源于土著人庆祝"达劳"（薯类）的丰收。所谓鼓，并非中国人意识中的蒙了牛皮的鼓，而是用整个树身挖凿出的空心木鼓。这种木鼓据说源于独木舟。同其他岛国一样，斐济最初制造独木舟也是用火把整块树身烧出一个大洞，放到水中就成了船。人们把这种被挖了洞的船搬上岸来，翻个底朝天，用木棒击打，便发出隆隆之声。最初，这是部落酋长用以发号施令的号令，也是部落战争中两军对垒时，双方进攻的指挥信号。之后，人们又将其发展成专供敲击的鼓。现在的木鼓，一般都是直径半米以上的大树身，树身短的一米，长的两米，挖凿成空心，但凿挖的开口不像船那么大。敲击的也不是底部，而是船帮。我们国内有好几种梆子腔地方戏，如河南梆子、山东梆子。斐济的木鼓可以说就是扩大了几十倍或上百倍的梆子。它既重又大，不像中国的鼓可以背在身上或拿在手中，一般都是被放在固定的位置。如要移动它，至少四个小伙子才能抬得起。

鼓节一般都在海滨举行。届时，所有的人都要席地而坐，鼓节开始，先是举行献"亚格纳"仪式，向当地大酋长、行政长官和来宾依次敬献亚格纳。大酋长的"发言人"通常要讲一些庆祝丰收和吉祥的话。然后，二十几人举着火把从海滩登场，他们一面挥舞冒着浓烟的火把，一面大声发出"噢噢"之音。接着 20 名皆着斐济传统服装的鼓手，手持大木棒上场。在领队"噢"的一声号令下，鼓手们各就各位，两人一面木鼓开始敲击起来。只见鼓手们个个膀大腰圆，满脸涂着黑斑，用力挥动着木棒，真像是一群古代武士。在这些大力士的敲击下，那十面木

① 吴钟华：《南太不了情：一个外交官鲁滨逊式经历》，四川人民出版社，2006，第19页。

鼓立即轰鸣似雷，震耳欲聋，据说，那鼓声可以传到 10 公里之外。他们一面跳跃、高声喊叫，一面敲击木鼓。他们敲击木鼓时没有统一的鼓谱，只是单调地击出两节，节奏上也无快慢变化。木鼓表演结束后，开始表演土著歌舞，然后又是群众性的集体舞蹈，直到深夜方休。如是鼓节的表演，要持续两天方可结束。①

4. 斐济独立日

每年的 10 月 10 日是斐济的独立日，当地人称"Fiji Day"，为纪念 1970 年 10 月 10 日斐济摆脱英国殖民统治取得独立而设立。在这一天，斐济举行隆重的庆祝仪式，仪仗队整齐排列，鸣放 21 响礼炮；民众则欢欣鼓舞，不停地挥舞国旗；斐济总统则一身戎装，在铿锵有力的军乐声中对仪仗队进行检阅。

另外，在这一天，斐济各地方有其独特的活动，多数可以免费参加。

5. 斐济新年

每年的 1 月 1 日是"斐济新年"，因为国际日期变更线从东侧绕过斐济，所以在斐济人们可以看到全世界第一缕新年的阳光。在这一天，斐济各地会举行各种各样的庆祝活动，通常人们聚集在一起，享受与家人在一起的快乐或一起享用美食，或一起出去旅游。在某些地区，庆祝新年的时间可以长达多个星期甚至一个月。

6. 全国青年节

每年的 3 月 10 日是斐济的"全国青年节"，这是属于斐济青年的节日，主要是举行传统仪式，地点在首都苏瓦，青年游客也可参加。不过，对于许多斐济人来说，它并不是什么大节日，很多斐济人会忽略。此前斐济人是在每年的 5 月 4 日庆祝青年节，然而从 2008 年始，青年节时间改为 3 月 10 日，而且 2009 年和 2010 年还需要协调批准和政府宣布。2010年始，青年节不再是斐济的法定假日。

7. 穆罕默德诞辰日

按照伊斯兰历，每年第三个月即"Rabi - 1"的第 12 天，是斐济的

---

① 徐明远：《南太平洋岛国和地区》，世界知识出版社，2003，第 148～149 页。

"穆罕默德诞辰日"，是为了纪念伊斯兰教真主先知穆罕默德而设立的节日。在这一天，斐济会在苏瓦和楠迪举办大型的宗教活动，听阿訇们念经，讲述穆罕默德的历史和创建伊斯兰教的功绩。另外，人们会互赠礼物和宴请。

8. 皇后诞辰日

每年的6月8日后的第一个星期一是斐济的"皇后诞辰日"，是为纪念斐济皇后诞辰而设立的。在这一天，斐济全国会举行游行活动，载歌载舞，非常热闹。

9. 斐济迪瓦利节

每年的10月11日是斐济的"迪瓦利节"（Diwali），也叫"光明节"，是印度人的新年，它是印度教中最重要的节日。在这一天，斐济全国都会举行庆祝活动，一般都有灯饰展出和舞会。

10. 圣诞节

由于大多数斐济人信仰基督教，因此在斐济圣诞节是一个非常重要的节日。为了庆祝圣诞节，斐济人会与其他西方人一样向亲友寄赠圣诞卡，以表示庆贺圣诞的喜乐，或向亲友祝福；小朋友们晚上睡觉前会将自己的袜子挂在床边，等待第二天早上收礼物；睡觉时则戴上一顶红色帽子，据说除了会睡得安稳和保暖外，第二天还会发现帽子里有心爱的人送的礼物。此外，他们还会在家门口装饰圣诞环，通常用绿色的枝叶或藤条（松毛、松针等）和银色的金属及金色的铃铛配以红色的缎带，主色调绿、白、黄、红，代表欢乐喜庆，上面写着 MERRY CHRISTMAS。当然，圣诞树和圣诞橱窗的装饰也是必不可少的。圣诞节后的第二天即12月26日，是"Boxing Day"（购物日），各大商场竞相打折，人们疯狂购物。

11. 复活节

复活节不仅是西方传统的节日，也是斐济的公共假日。公元325年尼西亚宗教会议规定，每年过春分月圆后的第一个星期天为复活节。虽然日期并不固定，但都在斐济雨季结束之后，一般在三四月。作为基督教的宗教纪念日，复活节是纪念耶稣基督被钉死在十字架之后第三天复活的日子，具有重生与希望的象征意义。通常，虔诚的基督教徒在星期五就纪念基督耶稣受难与死亡，星期六是复活节前日，是等待耶稣基督复活的日子。当日天主教会不举行弥撒，直到晚上才举行隆重的守夜礼（Easter Vigil），庆祝基督战胜罪恶和死亡，为人类带来希望。星期天是一个最为欢乐的日子，因为这一天是耶稣重生的日子，象征着春天与新生。随后的星期一则是斐济政府为了弥补复活节所占用的星期天而给予的公共假期。

在节日里，家人团聚，品尝各种传统食品，亲戚朋友见面要互相祝贺。象征生命的蛋、火、水、兔等成了复活节的吉祥物。此外，也有很多人出去旅游，宾馆会比较拥挤，电话公司也会给出特别折扣，以便于人们与家人联系。

12. 洒红节

洒红节（Holi Festival），又称色彩节，是印度人的春节，代表着色彩单调的冬天已经结束，随之而来是春暖花开的春天。不过，洒红节的时间并不固定，为每年2月底3月初的月圆之日。传说古代有一个国王希兰卡亚西普生性残暴，而他的王子普拉拉德爱护百姓，受到百姓拥护。王子对父亲的专横跋扈表示了不满，于是国王大怒，让其不怕火烧的公主霍利嘉抱着王子跳入大火之中，准备把王子烧死。然而事与愿违，霍利嘉被烧成灰烬，普拉拉德却因为维施努的保护安然无恙。百姓们为了庆祝，便向小王子身上泼洒红颜色的水。洒红节便由此而来。

在斐济，大约有38%的斐济人是印度教徒，其中多数是印度族人。[1]在这一天，斐济人通常会用彩色的水互相喷洒，表示祝福，他们互相拥抱、跳舞庆祝，并高喊：Happy Holi！洒红节是名副其实的彩色世界，这一天，人们是彩色的，街道是彩色的，人们忘情地唱歌跳舞，不管大人小孩全都走上街头，所到之处皆是不可思议的缤纷世界，连空气里都悬浮着彩色粉末。同时，洒红节是一个消除怨恨、隔阂和误会的节日，对别人的缺点错误都可在嬉笑中加以原谅和宽恕。平日互有敌意的人，可借此机会拥抱一番，相逢一笑泯恩仇。晚上，大家会坐在一起，享用经典的印度美食。

---

[1]　*Fiji Society and Culture Complete Report*，CA，USA：World Trade Press，2010.

三 民俗

在斐济，你只要学会一个词就可以马上交到很多朋友，这个词就是"布拉"（Bula）。"布拉"是在斐济使用率最高的一个词语，字面意思就是"你好"，但是在斐济人的生活当中它还包含着很多的亲切友好的含义，特别是对陌生人、外来人，斐济人就显得更加热情、主动，所以你在大街小巷经常会碰到一些人跟你说"布拉"，而且他们还会送上一个热情的微笑，而他们这样做完全是发自内心的，没有一点矫揉造作。

斐济的礼服是"布拉衫"，其实就是短袖汗衫，但颜色反差很大，大红大绿，非常鲜艳，重要场合必穿。

1. 男人戴鲜花、穿裙子

斐济人爱美，而且男人比女人更甚。这里的男人喜欢在身上佩戴各种饰品，尤其是红色的扶桑花。不过，假如你仔细观看，就会发现有的人将花戴在左边，有的人则戴在右边，这不是个人习惯，而是与每个人的婚姻状况有关。原来斐济人的传统是把花戴在左边表示未婚，而戴在右边则表示已婚，现在戴花已无任何特殊意义，仅仅是装饰而已。

除了戴花，斐济男人也穿裙子，在城市的大街上和酒店的海滩上，到处可以看到身着大花衬衣和齐膝的毛料裙子的男人。这种裙子在斐济被称作"梭罗"①（SOLO），是斐济男人非常喜欢的休闲服装。现代"梭罗"经过多次改良，但万变不离其宗，都是源于斐济人世代穿的蓑衣裙。斐济全境都是珊瑚岛和火山岛，数万年前，土著斐济人靠采摘野果、打猎和捕鱼为生，原始的生活方式和炎热的气候使得他们只能用当地的蓑草编成一片围在身上，具有防蚊虫叮咬和遮风挡雨等优点。随着社会的进步，斐济人逐渐掌握了编织、蜡染等工艺。他们先是在蓑草裙上涂上颜色，使之成为较有观赏性的彩色蓑草裙。以后又将剥下的树皮浸泡、捶打、晒干，然后用染料涂上吉祥图案并制成粗布。

随着现代文明传入斐济，当地人已改用质地精细的布料做"梭罗"，

---

① 有的译作"纱罗"。

用料、工艺和图案都体现了现代特色。在斐济，官员们和上流社会人士的上装虽然是西服领带，男士上身也是衬衫或西装，但上至总统和大酋长、政府部长，下至庶民和士兵，无不以裙子作为正式礼服。每逢典礼节日，所有男士，下身着素色裙子，上身配同一颜色的西服。士兵的服装更有特色，裙子颜色是白色，下方一律是锯齿状。上身为红色军衣，头上不戴任何帽子。即便是高大威猛的男警察们也穿"梭罗"，而且是那种裙边剪成三角形的裙子，充满了南太平洋岛国的原始美感。

有趣的是斐济女人却对裙子不太热衷。依照斐济风俗，女性不便袒露太多肌肤，因此乐意穿裙子的女人不多，就连街上的女警察，也都穿着制服长裤，远没有男警们"妩媚"。

2. 不能摸别人的头

在斐济的村庄里有个特殊的规矩，那就是不能戴帽子，也不能摸小孩子的头，只有村长才有戴帽子的特权。在斐济，摸别人的头，是对他人最大的羞辱，若在100多年前，可能引来杀身之祸。1867年，一名英国传教士因从一位当地酋长的头上拿下一把梳子，被愤怒的土著人活活砍杀并煮食。现在斐济人已完全跨入现代文明，但不摸别人头的习俗还是保留了下来。同时，在斐济人们穿着要端庄、得体，不能穿短裤和超短裙。女子一定不能穿肚兜和裸露着肩膀的服装。不但不能戴帽子，而且连太阳镜也不能戴。

3. 星期日干活要受罚

斐济是个节日比较多的国家，每周工作5天，星期六、星期日休息。斐济政府明文禁止人们在星期日从事任何形式的工作，不管是斐济人还是在斐济的其他国家的人，包括外交使节，概不例外。若在斐济的他国人的确十分需要在星期日工作，则必须提前向当地警察局提出书面申请，并附上工作内容和参加者的名单（斐济人不得参加），经警察局批准后方可工作。

这种禁令对蔗农产生了很大的影响。因为按照这一禁令，在甘蔗的种植和收获的大忙季节里，即使是在晴朗的天气里，碰上星期日蔗农也一律停止工作，有时就会误了农时，影响甘蔗的产量和质量，使蔗糖的出口贸易受影响。针对这种实际情况，从 1990 年起，斐济政府宣布：在坚持星期日禁令的同时，给予蔗农等受季节性影响的农业部门以豁免权。

4. 长发与"萨拉"

斐济的土著居民认为长发最有魅力，因此有留长发的习惯，有的人头发长达 1.5 米。他们十分注意梳理头发，一般青年男子每天都要在梳理头发上花很多时间。为了保护头发，不使梳理好的头发碰乱，他们睡觉时必须使用一种特别制作的木枕头。斐济女子在年轻时也留长发，但结婚以后就开始剪短。

在斐济的土著居民中，酋长的标志就是长头发上的披物——"萨拉"。"萨拉"实际上是一种头巾式护发帽子，但并不是所有的土著人都能佩戴披物，只有酋长才有在头发上戴"萨拉"的权利，因此，"萨拉"的真正意义是权力的象征。

5. 文身与权利

斐济人有全文身、半文身和没有文身之分。文身与否或全文身、半文身都是习俗规范中是否具有某种权利的标志。例如，斐济人下河摸珍珠时，只有全文身者才能下河亲手去摸，半文身者只能站在河边看，而没有文身的人连站在旁边看的权利也没有，只能躲得远远的，与摸珍珠有关的任何事都不能做。

6. "塔布阿"

在斐济，"塔布阿"（Tabua）和"亚格纳"都是庄严而神圣的名词。其中，"塔布阿"是指鲸的牙齿，"亚格纳"是当地的一种土产饮料，二者皆被誉为国粹，并把向客人和贵宾献"塔布阿"和"亚格纳"视为一种最高的礼遇。

自古以来，斐济人对鲸就很崇拜，并把这种庞然大物视为神灵。"塔布阿"是斐济语对鲸牙的称呼。据记载，自从 200 年前西方的捕鲸船来到南太平洋地区开始捕鲸作业和开展鲸贸易后，斐济人便把鲸牙视为宝物。他们弄到各种尺寸的鲸牙，刷洗清理，并用珊瑚沙加椰油打磨光滑，再把当地用一种韧皮纤维编织成的带有花纹的绳子系在鲸牙的两端，以此作为向亲友馈赠的礼物。后来人们又专门选择巨头鲸和抹香鲸的牙齿，大者 12～30 厘米，作为珍贵物品献给酋长。敬献"塔布阿"逐步演变成对酋长、长者、贵宾乃至亲友的最高礼遇和尊敬。

"塔布阿"的敬献仪式十分隆重。为欢迎外国国家元首或政府首脑访问，或在庆典、开幕式等场合上，都要献"塔布阿"以表敬意。一般程序是：由一位斐济酋长或有一定地位的斐济人，身着传统的节日盛装，双手托着"塔布阿"，在贵宾面前双膝下跪。然后用斐济语说一系列祝愿贵宾吉祥如意的话，再起身向前，重新双膝跪地，双手把"塔布阿"献到贵宾手中。贵宾接过后，要凝视"塔布阿"几秒钟，再将其递给坐在一旁的"发言人"。

"发言人"是从向酋长献物的传统做法中沿袭下来的。依斐济传统，酋长出席仪式，自己不向庶民讲话，而必有一位"发言人"跟在后面，酋长要讲的话，一律由"发言人"代讲。在敬献"塔布阿"的仪式上，"发言人"接过贵宾手里的"塔布阿"，先亲吻几下，然后代表贵宾称赞献物者并表示感谢。有时，也有先后数人献"塔布阿"的情况，均一一由"发言人"代致答词。所献的"塔布阿"，一般情况下，在仪式结束后，献物者都要到"发言人"那里取回，物归原主，但也有交给贵宾带回留念的。

在当今斐济，"塔布阿"的地位确实相当高。它不仅用于崇高的礼仪，还被视为权力的象征。1987 年 12 月，政变首领兰布卡宣布结束以他为首的军政府，把权力移交给新诞生的共和国的总统加尼劳。在权力移交仪式上，兰布卡司令双膝跪地，毕恭毕敬地把一只"塔布阿"献给总统加尼劳。在斐济的一些重要场合，如政府要员的办公室、会议室、机场贵宾室，乃至有社会地位人士的客厅里，都悬挂着神圣的"塔布阿"。

在斐济的工艺品商店就有"塔布阿"出售。不过近年来，由于世界人民要求保护野生动物、反对捕鲸的呼声越来越高，捕鲸业日趋萧条，鲸牙也越来越少了，在视鲸牙为宝物的斐济，鲸牙"塔布阿"也就更加名贵了。物以稀为贵，工艺品商店"塔布阿"的价格数倍地暴涨，由原来

100 美元涨到 400～500 美元一只。但是由于"塔布阿"在斐济人心目中极其高尚，因此传统的礼仪不可因"塔布阿"的稀少短缺而中断。于是"塔布阿"的代用品便应运而生，木头、海螺、石头做的"塔布阿"先后面市。但诚实、忠厚的斐济人为了对他们尊敬的酋长、长者或贵宾表达真挚的敬意和高尚的礼遇，不论"塔布阿"的价格多么昂贵，他们仍然不惜花费重金购买真正的"塔布阿"以示诚心和友谊。①

7. 奇特的丧葬习俗

斐济人的丧葬风俗与非洲人十分相似，这也许和斐济人的祖先来自非洲有关。

在斐济，一旦亲友去世，丧事操办得相当隆重。普通斐济人家若有了丧事，需要先通告诸亲友，有的还通过报纸刊登讣告，并登出在家设灵堂吊唁的日期。前往慰问和吊唁的人很多，对死者亲属来说，这项组织工作也相当繁重，有的要陪灵，有的要接待客人并接收礼品，有的要安排饮食，甚至杀猪宰羊。为接待众多前来吊唁的亲友，往往还要搭起厨房、餐厅、接待室等临时椰屋。从设灵堂第一天起，吊唁活动不分日夜，24 小时不间断。

斐济人的吊唁活动主要有三项内容：一是来客赠礼。礼品是多种多样的，有的是现金，多数是土产，如芋头、木薯、土制席子、烤猪、活鸡等。二是在灵堂席地而坐，吃饭、喝"亚格纳"。富裕人家还备有啤酒、咖啡。这种宴席往往要持续三四个小时或一天。三是客人吃饱喝足了，人们有的促膝叙谈，有的无伴奏合唱，歌声低沉，但无悲调；歌歌相连，循环不已。如此做法，一般要连续七天。最后诸亲友陪同死者家人进教堂祈祷，去墓地将死者埋葬。这时，吊唁活动才算最后结束。这种做法同东非一些国家完全相同，唯一不同的是在非洲无亚格纳可喝。

如官宦人家遇有丧事，则仪式更为隆重，规模更大。收礼之多也非庶民可比，除了一般的农产品外，往往还有活猪和活羊。但其吊唁的做法已与民族传统大不相同。一般情况下，吊唁来客随来随走。有的虽然也在灵

---

① 徐明远：《南太平洋岛国和地区》，世界知识出版社，2003，第 139～141 页。

堂或接待大厅席地而坐，但停留时间很短。人们既不言谈，也不唱歌，这是和普通人家办丧事所不同的地方。

1987 年，斐济国王的后代、当代最高酋长之一乔治·卡科鲍去世时，举行了国葬。葬礼在其传统领地宝岛举行，不仅斐济的政要、汤加国王的代表莅临，而且各国驻斐济的使节们也应邀出席了葬礼。在这次葬礼上，斐济的列位政要和酋长，除了身着深色礼服外，还将一片草席围在腰间，并用粗草绳束紧。有的则不围草席只系草绳，这也是斐济的传统礼节。不起眼的一片草席和草绳，却只有酋长世家的人才有资格使用。在教堂祈祷完毕后，身着丧服的礼兵，肩扛着卡科鲍的棺木走出了教堂，沿着一条由人围成的甬道走向墓地。跪在甬道两旁的上千名妇女，身着黑色丧服，气氛肃穆，情景壮观。送葬的队伍伴着军乐队奏出的哀乐，缓缓到达墓地后，众人肃立，仪仗队行持枪礼。然后，一排士兵向空中鸣枪三次，卡科鲍的棺木被抬入墓室。①

8. 成人礼

斐济部落维兜兜族少女举行成人礼，要遭受蚂蚁啃咬之苦。这代表当地人希望她们能够承受痛苦，同时也像蚂蚁一样团结。而提库纳族少女在成人礼上要剪去全部头发而只在头顶留一小撮头发，此举是表示传宗接代，而那撮头发是和祖先联系的一个桥梁。同时，边上有族人打鼓，吟唱。然后有专人拿针穿透少女的耳朵留下耳洞。如果为了防止小婴儿将来不能安然度过成人礼，也可以提前穿耳洞，这是父母对孩子将来幸福生活的冀望。

第三节 特色资源

一 名胜古迹

斐济的名胜古迹众多，几乎处处是景点。

---

① 徐明远：《南太平洋岛国和地区》，世界知识出版社，2003，第 173～175 页。

1. 斐济古代文化中心

为了吸引游客，1979 年，斐济政府出资在距苏瓦市 40 公里的太平洋港，设计建造了一座古朴典雅并富有民族传统色彩的文化中心。这里的主要建筑物，均用斐济的传统材料、采用传统方法建成。建筑材料是木料、树叶和用椰子壳纤维做成的绳子。有一条几十米长的长廊，不用一根铁钉和其他任何金属材料，顶上盖满树叶，别有一番情趣。

古代文化中心的规模十分宏大，在这座建筑中，最引人注目的是一座堡垒，它是按照古代斐济人抵御外来侵略者进行自卫的工事修建的。堡垒墙壁四周的木栅栏上，装备着古代作战用的矛枪。

在古代文化中心，还建有富有特色的古代街市，它是模仿英国维多利亚女皇时代第一批移民到达此地时的景象修建的。街道两旁的建筑物、店铺和市场，一律体现古代风格，出售古老的木器家具、檀香木雕、珍珠项链、各种贝壳制品及其他精美的手工艺品。它吸引着无数的游人，热闹非凡。集市上的各种店铺和货摊交易活跃，生意十分兴隆，人们在那里可以任意选购皮革、古色古香的木器和各种珠宝、贝壳以及精美的手工艺品。在有的店铺中，还有斐济工匠现场加工木雕和草编。仿古街重现了斐济臣服英国后的社会景象。

古代文化中心内有一个湖泊，湖的一侧有一个人工喷泉，水柱升空近百米之高；另一侧有一座小岛，岛上完全依照古时部落村庄的布局修建。岛的周围有石窟，有削尖的木桩作防护之用。岛的中央有一座高十几米的酋长住房，住房呈"人"字形，屋顶全部用树叶覆盖，室内相当凉爽。游人进入这座文化中心时，几名身穿传统草裙的青年，手弹吉他，口唱民歌，在门口迎候。他们很有礼貌地用斐济语说"布拉"（你好），然后随着歌声和吉他的演奏，他们把客人领到一条船上，由身穿斐济传统服装的船工撑篙启航，进入部落村庄的水道。这时，几只小船突然出现在船边，上面载满了手持斐济传统武器、面部涂黑的斐济武士，小船向部落岛冲去。与此同时，岛上的斐济人喊声四起。转眼之间，两军交战。守岛的武士，此时不分"敌船"还是客船，跳入水道，涉水上船，把一两名游客抓去作为"俘虏"。不一会儿，水面上、岛上，假死假伤者，横躺竖卧，举目皆是。最后，自然是守岛的武士取胜。当被抓的游客被押上断头台，恶作剧至此结束。这时旅游部门人员把"游客被斩"的快照递了过去，游客们也笑容满面了。

乘坐独木舟在太平洋港的运河和环礁湖中，可以纵观古代文化中心的全貌。这种独木舟是双船身的，专为游客设计。泛舟水中，可以看到岸边的一切陈设，居民的起居饮食等习俗都是仿照 19 世纪以前的古老传统。在一座座古代斐济人的茅舍里，一些当地人在制作各种手工艺品，有的在编织彩色花纹的草篮和草席，有的在木器上雕图刻花，还有的在制造独木舟。据说斐济人是很会造船的，岛上保留的一只巨大的独木舟战船，在古代战事中，曾经运送过 100 名斐济武士，建造这样一只大型战船需要整整 1 年的时间。

乘坐独木舟继续往前走，不远处有一座高坡，这时游客可以上岸进餐小憩，也可以在坡顶俯瞰全貌，整个古代文化中心的优美景色一览无余。高坡上设有露天餐厅，备有各种传统佳肴供游客选用。喜爱花鸟的游人，还可以在这里观赏到几百种鸟类和千姿百态的热带花卉。

每到太阳落山以后，古代文化中心都要在古堡旁边的露天舞台上举办富有浓厚民族色彩的演出。兴致勃勃的游人络绎不绝地来到露天餐厅或者河边茅舍，边谈笑，边欣赏土著艺术家传统的歌舞表演，饶有兴味地陶醉于浓郁的异国情趣之中。

2. 科罗森林公园

科罗森林公园是斐济著名的森林公园，坐落在首都苏瓦的北部。由苏瓦市区出发，北行 10 余公里，便进入山林地带。万木覆盖的山峦把整个世界变成了单一的绿色。不少地段随山势形成急弯，汽车要小心慢速行驶。大约行驶 20 分钟，前方出现了"科罗森林公园"的大牌子，随之又出现了一处宽敞的停车场。

根据路标的指引，可进入一条小径。那茂密的热带雨林遮天蔽日，使人顿觉凉爽。公园的温度比市区大约低 2℃ ~3℃。沿小径向前，不断出现立于路旁的微型导游图。游人需要一会儿下坡，一会儿又登高，有几次还需要通过横跨山洞或小溪的小桥。这种小桥全部是木结构，脚下是半米宽的木板，两边有一米多高的横木作扶手，看上去单薄简陋，但十分牢固。

步行 20 分钟，即可到达公园的第一个景点。这是一块落差十余米的小瀑布，瀑布落处是一个直径约 20 米的水潭，此水潭最深处只有 3 米。在水潭周围的山坡上，设有不少休息亭，内设木板桌凳。亭旁便是野餐烤炉，每座烤炉的上方均备有干木柴。科罗森林公园是沿瓦依希拉河水系建成的。瓦依希拉河自海拔 180 米高的山巅出发，沿山势顺流而下，中途又汇集了一条条小溪。当流过十几处高低断崖时，便形成了大小瀑布和水潭，构成了森林公园特有的自然景观和游览纳凉胜地。瀑布集中的一段山谷长约 8 公里。最后一条瀑布在沿途汇集的小溪最多，因而水势最大，水潭也最深，约 20 米。在潭边一棵大树的粗大横枝上，系着一条长绳。游人可由潭边抓住绳端，借着它摇摆的惯性，一跃而入河的中央。土著青年最爱此游戏，他们可以在空中翻几个筋斗，再扎入水中，这里也算是科罗森林公园最精彩的一景。

科罗森林公园除了河流、水潭、小径和休息野餐场所外，全部被林木覆盖。林中落叶长年积存，踏上去软如地毯。这一带雨水甚多，一周有四天要下雨，气温一般在 24℃。公园可游览的地区约有十余平方公里，只有一位管理员值班。但在公园，人人爱护各项设施，自觉收集垃圾，几乎看不到野餐后留下的废弃物。更令人感慨和钦佩的要数森林中的安全防火，整个公园中没有一条"禁止烟火"之类的标语，相反，林中的野餐烤炉设了二三十个，每个炉子上都备有大量劈好的木柴。每逢假日，这里游人如云。林区之内，炊烟四起，香味缭绕。但在最后，每座烤炉都是人走火熄，周围也被清理得干干净净，不能不称赞这里人们的文化素质和道德水平之高。科罗森林公园的确是一个幽静、美丽的绿色世界。①

3. 酋长的家乡——"宝岛"

在维提岛东海岸不远的地方，有一个面积只有 8 公顷的小岛，叫宝

① 徐明远：《南太平洋岛国和地区》，世界知识出版社，2003，第 242～244 页。

岛。这个小岛虽然面积小,但是它在斐济很有名,因为这里是斐济族酋长们的家乡。在几百年以前,在斐济各岛上生活的斐济人,他们用勤劳的双手建设家园,逐步形成许多酋长制的部落和土邦,到 19 世纪 50 年代,宝岛上的酋长卡科鲍逐渐把他的势力扩展到维提岛沿海的村庄,成为全国势力较强的土邦。当时,这个小小的岛屿是斐济的权力中心,居民有三四千人。卡科鲍也住在这个小岛上。1874 年英国殖民者入侵,斐济沦为英国的殖民地,1970 年 10 月 10 日斐济宣告独立,成为英联邦的一个成员国。至今宝岛上还保留着当年酋长制度下的一些风俗习惯,一些高级酋长们的家依然在这个小岛上。

根据传统,游人上岛,头上不能有任何遮掩之物,不管阳光多强,或下雨刮风,人们一律不许戴帽或打伞。

宝岛既然是国王卡科鲍的故乡,卡科鲍家族的宅院自然是岛上建筑物的主体。岛上极少现代楼房,多数是斐济传统的茅屋。卡科鲍宅院中,按辈分高低和长幼,分不同等级居住。除了住房之外,岛上还有一座大教堂。岛上居民全部信仰基督教,假日礼拜和婚丧仪式均在此教堂举行。岛的南部为卡科鲍家族的墓地,自 1883 年起,去世的第一代国王及其后代子孙均葬于此。在岛的北部有一棵参天榕树,树干直径有两米多,枝繁叶茂,树盖如伞。据说,树荫下可坐 500 人。这里便是当年酋长召集部落集会之地。

在此岛的土地上,除了建筑物外,有的地方还种植花草树木,有的地方荒芜,但没有一处开发种植蔬菜或粮食作物。因此,岛上只有淡水可饮,其他食物、日用品等物资需由维提岛运进。

4. 斐济博物馆

斐济博物馆是一个花园博物馆,位于美丽的瑟斯顿热带花园(Thurston Botanical Gardens)内,是世界上收集斐济传统工艺品最多的博物馆,同时它还是最大的关于斐济历史文化的博物馆,这里陈列了大量的英国皇家海军的物品和战利品。

5. 沙巴马尼亚湿婆庙

沙巴马尼亚湿婆庙位于楠迪市,是斐济最大的印度神庙,展现了斐济闻名于世的独特岛国文化，是传统的太平洋岛国的历史缩影。这座神庙从建筑学方面来说也是非常神奇的，体现了斐济古代庙宇建筑的多样性、复杂性和独特性。

6. 贝卡岛

贝卡岛位于维提岛南面。这个小岛景色优美，岛上一片绿色，树木葱茏，有许多柚子树和柠檬树。当地居民经常举行一种"走火仪式"，斐济人叫"维拉维莱雷"，也就是"跳进火炉"的意思。走火仪式一开始，人们先把许多大块石头放到一个放有树枝、木柴的坑里，然后点火燃烧，等到石头发烫、炽热，走火者便光着脚，纵身跳到石头上，时快时慢地在坑里走圈，这些走火者的脚底丝毫没有被烫灼的痕迹。这种奇特的"走火仪式"吸引了广大的旅游者。

7. 瓦努阿岛

瓦努阿岛位于维提岛的东北面，是斐济的第二大岛，亦称北岛。其面积为5538平方公里，人口为10余万人。岛上地形比较复杂，有高耸的台地、陡峻的山峰和峡谷、瀑布，还有20多处温泉，有的温泉水温高达80℃，当地人称这个岛是"太阳燃烧的地方"。

首府兰巴萨市面积不大，人口近万人，兰巴萨河穿过市区北流入海。在市内一条主要街道上，商店林立，行人熙攘，多为印度族人。据说，此岛各城乡印度族人占一半以上。

兰巴萨市周围土地平坦，是甘蔗和大米的重要产地，在市区有斐济的第二大糖厂。由兰巴萨向东11公里处，有一个小镇名为马劳，是本岛北海岸的出海口。此地设有一家现代化的林木加工厂，除加工一般木材外，还生产各种规格的胶合板，向亚洲一些国家和地区出口。从兰巴萨向西，是本岛最大的河流——德拉克底河，由政府投资开办的林场和柑橘种植园都在这一地带。这里林木资源丰富，斐济政府的林业政策是采植并重，多年来一直坚持一面采伐一面栽种新苗的做法，林区一片繁茂。本地生产的柑橘，不仅满足本岛市场需要，而且还运往首都出售。

由林区向南，有的被森林覆盖；有的青草茂盛，牛羊遍地；有的则种植着香蕉或椰树。沿着崎岖的山路，可以领略瓦努阿岛的富足和优美的景色。更使人心旷神怡的是，在迎面而来的山涧中，不时出现大大小小的瀑布，有的从几十米高的山腰落下，汇入山谷的河流中；有的则从一二百米高的山上流下，或如珍珠四溅，或如银河落入九天。远望去，那一座座苍翠的山峰，犹如素裹的少女挥舞着一条条银白的哈达，景色之壮丽，实属罕见，正如唐人张九龄诗云："闪闪青崖落，鲜鲜白日皎。"

8. 塔韦乌尼岛

在瓦努阿岛附近，是长 42 公里、宽 11 公里的塔韦乌尼岛，这个小岛雨量充沛、土壤肥沃，适合各种热带作物的生长，过去塔韦乌尼岛上盛产海岛棉，现在改种椰子。如果从空中鸟瞰，整个岛屿是一片椰林。岛上有一个湖，湖边四周鲜花盛开，这种名叫塔吉玛乌西亚即红花的鲜花，是斐济独有的，非常鲜艳美丽。塔韦乌尼岛是斐济风景最优美的一个小岛。把地球分为东西两个半球的 180°经线正好在塔韦乌尼岛上穿过。因其独特的地理位置，许多旅游者都喜欢到此一游。

9. 比尔·盖茨的蜜月岛

斐济还有许多这样的小岛：只有一个酒店，只有几间客房，只接待一家人。那些好莱坞的大明星和欧洲的皇室成员最喜欢在这样的地方度假，既悠闲轻松又可以躲开狗仔队。当年比尔·盖茨的蜜月之旅就选择在瓦卡亚岛，据说他还曾在岛上举办传统的斐济婚礼。瓦卡亚岛一次只可接待 20 人，岛上有 9 间木屋，木屋四周是种满热带特色植物的大花园。每个木屋前都有一片专属的海滩，可以尽享私人度假时光。如果想体验更具现代感的住处，瓦卡亚岛上有一个 1.2 万平方英尺的豪华别墅，配备司机、管家和私人厨师，令纯粹的假期和家一样的舒适完美结合，难怪名流们都视这里为度假首选。

10. 世界濒危动物：斐济鬣蜥

斐济鬣蜥，学名 Brachylophus Fasciatus，原产地在斐济和东加群岛。栖息环境为海岸及低地雨林区。体长为 58 ~ 61 厘米。存活的适温为 25℃ ~ 33℃。

斐济鬣蜥分布在斐济群岛和东加群岛，数量十分稀少，濒临绝种的边缘，因此被《濒危野生动植物物种国际贸易公约》列为保育类。它共有两个种类：一种是数量较多分布也较广的斐济带纹鬣蜥，另一种则是只分布在斐济群岛主岛西部小区域的斐济大鬣蜥（Fiji Crested Iguana）。

斐济带纹鬣蜥和斐济大鬣蜥的区别主要在于条纹的宽窄，前者的条纹很宽且颜色为灰蓝色。斐济带纹鬣蜥体型比较小，背上的鳞鬣也比较细小；斐济大鬣蜥至少要大上 10 厘米，背上的鳞鬣呈黑色而且比较粗大。此外，斐济带纹鬣蜥雌雄异色，雄性带纹，雌性并没有纹；而斐济大鬣蜥则是雌雄同色，雌雄只能依赖股孔来判别。两个种类都具有变色能力。

斐济鬣蜥属于日行性树栖型蜥蜴，习性与绿鬣蜥十分类似，但是更倾向以果实为主食，以各种昆虫为辅食。它们不太饮用静止的水，主要以叶片上的露水解渴，所以保持高湿度的环境对它们来说是很重要的。

雌性每窝可产 3～7 颗卵，大约需要 5 个月的时间才能孵化出来。幼蜥的饲养难度不高，以类似成蜥的方式饲养就可以养得很好。

二　著名城市

1. 首都苏瓦

苏瓦位于维提岛东部的一个半岛上，原是一个名叫苏瓦武的小村庄，后来由于这个半岛三面环山一面临水，防风条件好，国王卡科鲍于 1882 年把首都从奥瓦劳岛的莱武卡迁到苏瓦。经过百余年的开发，苏瓦已由一个小村庄发展为方圆二十公里的城市。当前，苏瓦不仅是斐济的第一大城市、斐济政治和工商业的中心，而且也是斐济人口最密集的城市。

在市中心，有一座灰色的欧洲式旧建筑，这是政府大厦，斐济的政府各部和议会均设于此。大厦的前面是一片绿草如茵的大广场，政府的重大集会、庆祝活动、节日游行均在此举行，1917 年建立的太平洋大旅社和近几年新建的四星级旅馆，以及市政厅、图书馆等均围绕着它建立。早年修建的豪华的总督府（现为总统府）位于不远处的一座小山岗上，那白色的楼阁巍峨壮观。门口的卫兵别具特色，他手持半自动步枪，上身着红色欧式古典军服，下身为白色裙子，裙子的下端带有一些形状如三角旗形的缺口。卫兵的另一特点是头上不戴帽子，不论风雨多大，阳光如何炽烈，都一动不动，俨然一座雕塑屹立于露天的那块方寸之地。斐济当局为发展旅游业，将卫兵这一独具特色的装束作为旅游一景，不仅允许外国旅游者为卫兵照相，还允许游人手挽卫兵合影。

斐济历史博物馆坐落在苏瓦市风景优美的总统府附近。博物馆的主体是一个可容纳五六百人的大厅，厅内陈列着一些船舶和茅屋的模型及放大了的历史照片。大厅体现了斐济的传统建筑风格。在大厅的一端是两层的楼房，陈列着备有现代化保护设施的各种文物和艺术品。

苏瓦市区多两层楼房，很少有高层建筑物，但室内均有空调及其他现代化设施。街道不是很宽，但市容整洁，交通管理有序。凭着热带海洋气候的优良条件，街道两旁满是椰子树和其他开花树木。在市内，街心公园随处可见，如茵的草地遍布各个角落。苏瓦景色优美，被称为"花园之城"。市区有多处贸易市场，沿街还有出售当地人用椰叶、海螺加工制作的各种工艺品的摊位。离市区不远的北郊是近几年新建的住宅区，民居有的依山而筑，有的傍水而建，一眼望去，气势不凡。

苏瓦港是斐济第一大港，也是南太平洋岛国中最大的天然良港，水深40～120米。苏瓦港的第一个码头修建于1881年。斐济首都自莱武卡迁来苏瓦后，随着工商业的兴起，苏瓦港也逐渐繁荣起来。1912年，修建了国王码头。1961年，重新铺设了码头的路面并更换了基桩。20世纪70年代以来，港口发展迅速，引进了先进技术，以适应集装箱的进出。自1982年10月开始，港口进行了重建，并于1987年完工，耗资约1000万美元。2002年，可进港的最大船只为4.2万吨，80%的货船为集装箱运输。2002年，苏瓦港有三个码头，国王码头长500米，瓦卢贝码头长200米，王子码头长160米。库房区占地近13万平方米，集装箱区可容600个箱位。苏瓦港通过太平洋、大西洋和印度洋连接世界各大洲，并和南太平洋各国有定期班船相通。每年进出苏瓦港的轮船为1000余艘。

苏瓦港既是海上交通运输的枢纽，承担着巨大货物进出口和运送游客的任务，同时，又因它靠近市中心的繁华地区，再加上港外是秀丽的群山，景色如画，也是一个游览的好去处。苏瓦港给苏瓦市带来了繁荣，苏瓦市又养育了苏瓦港。

苏瓦也是斐济的文化教育中心，南太平洋大学就坐落在苏瓦市区。南太平洋大学由南太平洋岛国联合创办，各国国家元首或政府首脑轮流担任校长。它是南太平洋地区的最高学府，现有来自各岛国及其他国家的学生1500余人。南太平洋大学在一些岛国中设有专业性的分校。苏瓦市内有小学100余所、中学50余所、师范学校2所、中等技术学校20余所，学龄儿童入学率达100%。①

2."糖城"——劳托卡

劳托卡位于维提岛的西北海岸，在太平洋的西南部，面积为16平方公里，人口为52220人（2007年），是斐济第二大城市，是西区的行政中心和主要港口。1929年，劳托卡发展成为一个镇。1977年2月，升格为市。劳托卡的工业以制糖业为主，因此也被称为"糖城"，劳托卡也是一个深水港。

劳托卡属热带雨林气候，常受热带飓风的袭击。全年平均降雨量约3000毫米。平均潮差大汛时为1.67米，小汛时为0.91米。港区主要码头泊位有3个，海岸线长395米，最大水深为10.9米。另有4个系船浮，可泊1.8万~2.4万载重吨的油船，有直径为203.2毫米的水下油管供装卸原油使用。主要出口货物为散糖、香蕉、锰矿、菠萝及糖浆等，进口货物主要有粮食、燃料及工业品等。

3.楠迪

楠迪是斐济第三大城市，坐落于维提岛的西部，人口为42284人（2007年）。楠迪是一座多元化的城市，当地主要居民由印度族人和斐济族人组成。制糖业和旅游业是当地重要的经济支柱。楠迪的酒店业在斐济全国居第一位。

楠迪是斐济最大的印度族和斐济族混血人口居住地，同时也是斐济印度教和伊斯兰教的中心。市区位于楠迪河和威西西村以西。斐济著名旅游胜地沙巴马尼亚湿婆庙位于市区以东，此庙也是南半球最大的印度教庙宇和朝圣地。穆斯林的清真寺有楠迪清真寺和艾哈迈迪亚清真寺（Ahmadiya Mosque）。同时，楠迪也是一座商业和旅游城市，2009年已拥有18家

---

① 徐明远：《南太平洋岛国和地区》，世界知识出版社，2003，第203~207页。

酒店。

　　楠迪国际机场于 1939 年由英国斥资兴建，具体由新西兰建造。斐济把国际机场选址在楠迪，是因为该处位于维提岛西岸，气候较干爽。1941年太平洋战争开始时，交予美国陆军航空队使用。1946 年 9 月 20 日，机场由新西兰接管，翌年开始为民航服务。当斐济在 1970 年独立后，斐济政府开始参与管理楠迪国际机场，并于 1979 年全面接管。机场首条以柏油碎石铺成的跑道在 1946 年落成启用，斥资 46500 英镑，全长 2133.6米，宽 45.72 米。楠迪国际机场的停机坪上曾有大量棕榈树、巴豆和木槿树，也有漂白石小径连接客运大楼，但经过多次扩建后，已全部消失。

　　昔日，这个机场是供飞机补充燃料的中转站。现在，斐济仍是太平洋地区的中转站。20 世纪 60 年代初，从奥克兰前往美加、欧洲的乘客在楠迪国际机场转机，因为当年的奥克兰机场只容许螺旋桨飞机升降，乘客便在此转乘波音 707 和 DC－8 等客机继续行程。目前，楠迪国际机场提供太平洋航空公司（斐济的国际航空公司）、新西兰航空公司、太平洋蓝航空公司（Pacific Blue）①、大韩航空公司等国际航线以及斐济航空公司及其姊妹公司太平洋太阳航空公司②等的国内航线服务。因此，楠迪成为斐济最主要的游客入境港口。

---

①　是一家主要服务新西兰的航空公司，隶属于维珍集团下的航空公司——维珍蓝航空公司（Virgin Blue）。公司基地设在新西兰的基督城国际机场和奥克兰机场，主要为来往新西兰、澳大利亚及太平洋岛屿的旅客提供廉价航空服务。
②　有的译为"斐济太阳航空公司"。

第二章

历　史

第一节　古代简史

二战以前，人们对于斐济历史尤其是史前历史的了解基本上处于一知半解状态。二战后，随着有组织的考古工作的展开，斐济史前史的轮廓逐渐显现。

一　斐济人的形成

一般认为，斐济人的祖先是在远古时代从东南亚迁来的美拉尼西亚人。[①] 虽然美拉尼西亚人迁徙的确切年代无稽可考，但很可能是在更新世的冰纪时代，即大约三万年以前。因为当时海平面较低，亚洲大陆和岛屿之间可能因此出现了陆桥，或者至少大陆和岛屿之间的水道变得相当狭小，原始的独木舟即可横渡。后来，冰雪融化，水平面升高，到达岛屿的人被完全隔离，只得在当地的海岛环境里开始新的生活。[②]

许多权威学者认为，从亚洲开始的第一次大迁移中的人们，包括一群身材矮小、皮肤黝黑、毛发卷曲的尼革利陀人。他们在印度尼西亚逗留一段时间之后，便向南迁移到澳大利亚，成为今天那里的土著民族，或向东到达新几内亚岛及其以东几个岛屿。从新几内亚岛向东的移民进入美拉尼西亚很可能是在公元前 1.2 万年前。公元前 7000 年～公元前 6000 年前，

[①] 个别学者认为，斐济人的祖先是巴布亚岛的原始人。

[②] 约翰·亨德森等编《大洋洲地区手册》，商务印书馆，1978，第 103～104 页。

45

移民到达新爱尔兰、新不列颠和所罗门群岛。到公元前4000年前，移民来到新喀里多尼亚和瓦努阿图。这次大迁移中的另一部分，可能包括身材较高、肤色较浅的人，他们是虾夷和其他民族的混血种人。伴随着新移民的到来，尼革利陀人被迫退向内陆山区，或者同这些新来者相融合，形成今天的巴布亚人。在融合的过程中，尼革利陀人的身体特征居于主导地位。

从文化上说，这两群人都是旧石器时代的原始人，他们过着采集和狩猎的游牧生活。他们使用独木舟，在水上只敢傍岸航行，害怕入海，所以，他们只迁移到大陆架外缘的斐济群岛。这些身材矮小的尼革利陀人，不少被迫退入新几内亚岛及某些大岛的内陆，并一直住在那里，文化上没有发生变化。另一些人住在容易同外界接触的地方，便同以后迁来的完全不同的一些人相融合，吸收了后者体型、语言和文化上的特征，发展为以尼革利陀血统为主的美拉尼西亚人。

大约距今5000年前，另一支来自东南亚的移民开始了迁徙。这些移民很可能是波利尼西亚人和密克罗尼西亚人的祖先，他们说一些属于奥斯特拉尼亚语系的相关语言。第一批定居者似乎沿新几内亚岛的北部沿岸居住，然后再向东探索前进。其中一支则向西和西南方发展，到达新西兰、汤加、萨摩亚和美拉尼西亚的部分地区。他们身材高大，肤色浅，头发是直的或波浪形的，很像迁往欧洲的高加索人。波利尼西亚人在文化上也比尼革利陀人进步。他们制作各种各样的陶器，从事原始的农业生产，种植马铃薯、芋头、面包果、香蕉、椰子和西米等，而不是过狩猎或采集的生活。他们造出了更大、更适于航行的筏式独木舟，并具有驶船和航海的杰出技术。在公元前3500年~公元前3000年，另一支名为拉皮塔（Lapita）的人群来到美拉尼西亚和波利尼西亚部分地区。[①] 已有证据表明，这是来自瓦努阿图附近的东美拉尼西亚人向北迁移来到密克罗尼西亚东部定居。约公元前3000年，斐济、汤加和萨摩亚都有拉皮塔人居住。在接下来的1000年时间里，波利尼西亚文化的早期形式在汤加、萨摩亚得到发展。公元前后，早期的波利尼西亚人开始乘坐独木舟到达波利尼西亚三角洲其

---

① Matthew Spriggs, *The Island Melanesians*, Blackwell Publishers, 1997, p.70.

他地方。公元 300 年，他们到达波利尼西亚东部的马奎萨斯群岛。公元 900 年，波利尼西亚的大部分地方都有人居住。

斐济虽然属美拉尼西亚，但事实上处在一个过渡地带，绝大多数斐济人基本上属于美拉尼西亚人，但在文化上，斐济人与波利尼西亚人有更多的共同之处。[①]

经考古学家考证，3000 年前斐济群岛上就有人居住。考古学家在维提岛西部的辛加托卡镇沿海发现了公元前 1290 年的陶器，在维提岛其他地方也发现石头城堡的遗迹。在 15 世纪以前，岛上的居民只有身材不高、皮肤黝黑的美拉尼西亚人，过着原始简单的生活。15 世纪以后，御波而来的波利尼西亚人登上群岛，与美拉尼西亚人通婚融合，成为太平洋诸岛上特殊的混血民族——斐济人。

不过，在斐济更加广为人知的一种说法是，他们的祖先来自非洲。他们认为，在没有记录的遥远年代，他们的原始祖先从非洲的坦噶尼喀出发。他们乘独木舟，经过漫长的海上漂泊，到达了亚洲的印度尼西亚群岛。在那里他们同马来族人长期混血，又陆续向美拉尼西亚各岛屿迁移，并先后在巴布亚新几内亚、所罗门群岛、法属新喀里多尼亚、瓦努阿图和斐济等的岛屿定居，在那里逐渐形成了巴布亚人、新喀里多尼亚人（卡纳克人）、所罗门群岛人、瓦努阿图人和斐济人。[②]

据斐济有关资料记载，斐济人的祖先由大酋长鲁吐纳索巴索巴率领，从东南亚一带出发，经过巴布亚新几内亚和瓦努阿图，最后于 5000 年前到达斐济。在漫长的岁月中，他们又同波利尼西亚的汤加人通婚，最后形成了现代斐济人。

二 斐济人的土地观念与经济发展状况

在斐济人的眼中，土地为同族的社会单位所共有。按照传统，拥有土

[①] 汪诗明、王艳芬：《太平洋英联邦国家：处在现代化的边缘》，四川人民出版社，2005，第 110～112 页。

[②] 徐明远：《南太平洋岛国与地区》，世界知识出版社，2003，第 42 页。

地权的单位是"伊－托卡托卡"。这是由于通婚而具有亲戚关系的若干家庭所构成的小集合体。各个这样的家庭小集合体，其中曾相互通婚的便结合起来，构成一个"玛塔夸利"，若干个"玛塔夸利"联合组成"亚武萨"。

斐济人对土地没有个人所有权的概念，也没有财产所有权的概念。"对他们说来，一切我们称之为'有体动产'①的东西，他们的土地，甚至他们本人的身体，只有在他们能保有它的时候才算是他们本人的。倘若他们能够而又愿意的话，他们完全可以心安理得地把别人的任何一件这样的财物拿过来；同样，如果任何人能够而且愿意把他们的任何这样的财物拿去，他们也不会反对，甚至也不愿意加以反对。"②

斐济人主要以农业为生，但其耕作方法极其原始，一般是使用商人们所引进的砍木刀，在离他们村庄不远的林地或其他土地进行开垦，然后再用挖土棍在地里栽种芋头和别的作物。两三年之后，当耕种的土地业已衰竭，他们便放弃这块地，按照同样的方法另行开垦新的耕地。经过一段时间，譬如十年或十二年之后，衰竭的土地得到了恢复，他们便重新回到原先的土地上进行开垦，周而复始。

斐济人栽种的作物，是太平洋地区土生土长的品种。仅薯类而言，斐济人种植的种类就有很多种，其中最负盛誉的是被斐济人称为"达洛"、在某些岛屿则被称为"博卡"的一种作物。甘薯（即"库马拉"）也在斐济得到大量种植，并成为土著居民的主要食品。此外，薯蓣也是一种重要的作物，一般分为三种：一种被斐济人称为"道尼尼"；另一种红皮白心，土名叫"武赖"；第三种一般块茎颇长，状若圆筒，粗如人臂。还有一种野生薯蓣——斐济人称之为"蒂考"，生长于树林之中，其藤蔓延于乔木和灌木之上，是一种十分珍贵的作物。后来，木薯被引进，成为斐济人普遍栽种的一种作物。随后，马铃薯也从美洲大陆被引进太平洋地区。

---

① "有体动产"即杂物用品。
② 库尔特：《斐济现代史》，广东人民出版社，1976，第32～33页。

椰子树从一开始就是斐济人种植的重要的作物，它不仅可以为斐济人提供食物和饮料，同时还可以用来建造房舍、制造绳索、编织篮筐和制作许多其他物品。此外，由于椰子树生长和结果时间可长达100年，因此一棵椰子树即可使三四代斐济人受益，椰干则是太平洋地区比较重要的商品之一。

面包树亦分布得很广。这种树一般高10多米，最高可达40多米，它的树干粗壮，枝叶茂盛，在它的枝条、树干直到根部，都能结果，结果的时间长达9个月。每个果实都果肉充实、味道香甜、营养丰富，且含有大量的淀粉和丰富的维生素 A 和维生素 B 及少量的蛋白质与脂肪。人们从树上摘下成熟的面包果，放在火上烘烤至黄色时，即可食用。斐济的面包树品种较多，但都被通称为"布科塔布阿"。

热带植物潘达努斯（Pandanus），即"巴拉瓦"的长叶子是编织地席和卧席最重要的材料。在斐济两个较大岛屿的内陆，各处森林沼泽地均可见到潘达努斯的树丛。

此外，斐济还有许多其他种类的植物，其中森林中最大的树被斐济人称为"达夸－马卡德里"，这是针叶树的一种，一度盛产于斐济。它不仅以其木材且亦以其树胶而具有很大的经济价值，但这种树现在已剩下不多了。"亚比阿丁纳"在斐济也随处可见，但往往被人错误地认为是葛根，斐济人喜欢把它作为食物，它也大量地被用作治疗痢疾和腹泻的药物。"巴洪加"是羊齿植物的一种，母亲们每于孩子消化不良时给他们吃这种植物。斐济人把"科博伊"（即柠檬草）浸泡于水中，通常当作茶来饮用；人们把这种植物晒干后用作枕头的填料。"瓦克克"是木槿属植物的一个品种，妇女们喜欢用它的叶子的汁液来使自己绝育。

三　斐济人的社会制度

斐济社会构成的基本单位和中心是"玛塔夸利"或氏族，实际上是一种扩大了的家族，其中所有年长者均为父辈，年轻者则属儿辈。在这种制度下，大家共同劳动，需要建造房子时，氏族中的工匠便在当地酋长的指导下完成这项工作；如果道路被大雨损毁，氏族的成员们便一同前往修整。任何其他的重要工作，都是通过集体劳动的方式加以完成。

斐济人发展了一种对协同工作的爱好。大家在一块儿做事，业已成为斐济土著居民的生活及其思想的一个不可缺少的组成部分。所有具有合作性质的公有制的工作任务都被称为"拉拉"，是人们在酋长的命令下完成的。私人的"拉拉"则是指这个显要人物要求个别人为他而进行的工作和向他缴纳的物品，其中包括作物收成中的一些最佳的产品。捕鱼也是一项合作性质的事业；村民在捕鱼中有所收获，除让酋长分享一份之外，还得把所得的全部海龟上缴给他。这种做法，从前比现在更甚。

斐济农村社会是建立在公有制生活方式的基础之上的，这种生活方式不鼓励无限度的生产，能够维持生计即可。事实上，在斐济人中，谁都没有必要在满足自己的直接需要的范围之外，更多地致力于耕种自己部落所拥有的任何部分的土地，因为当前所耕种的土地足以满足他的一切简单需要了。他从来用不着为谋生而奋斗，但也不会贫困。再者，他有着大量可以自由支配的时间，可以使自己过一种从西方人的观点来看是怠惰、闲散的生活。

农村生活中有种种为习俗所规定的义务，每逢生育、婚嫁和死亡等重大事件，人们都要全力以赴，特别是这类事情发生于一个地位显要的家庭中时，情况更是如此。人们必须为这种事情做好周详的准备工作，其中包括建造临时房舍，以供接待外村宾客之用。一堆堆的土产食品被毫不吝啬地展示出来。"亚格纳"的祝饮仪式构成了所有这一切活动项目中不可缺少的组成部分。在斐济人的正式集会中，这种祝饮仪式具有巨大的社会和心理价值。它是公有制的生活的焦点，也是使公有制的生活得以持续下去的一个重要因素。

斐济人事无大小，全都要依靠酋长们来指导。一个普通人从来用不着为自己操心，因为他的工作总是在公有制之下受到指示而进行的。甚至栽种与本人的生存息息相关的粮食作物，也都成为一件由当权者给予指导的事情。对身份高于自己的人的绝对依赖，在土著居民性格的形成中起着重大的作用。酋长决定一个土著居民该种多少芋头、多少薯蓣和多少甘薯，才能满足他的家庭和举办农村宴饮的需要。促使酋长同他的人民结合在一起的因素有多种，其中之一是他们对土地的共同所有权。虽说在过去村民必须把收成所得的最佳果实奉献给酋长，但事实上这些果实都为酋长治下的人民所共享。一个酋长，不论在平时还是在战时，都需要实行坚强的领导。他可以行使他被赋予的权力，比如说，他可以运用他的特权之一，即随时通知同族人集中待命。他为着自己部落的利益而采取的行动，在人们的预期中应该是这样的一个领导人所采取的行动，即这个领导者不是仅依靠世袭的权力来进行统治，而是依靠自己的领导才能来进行统治。他的权力依赖于被统治者的善意。正是最合适的候选人才被以隆重的仪式拥立为至尊的酋长，而这一最合适的候选人决不会是在资历上居于第二位的人。

第二节　近代简史

一　斐济的"发现"及西方殖民者的入侵

虽然 1521 年，麦哲伦已经在关岛登陆，开启了太平洋历史急剧变化的新世纪，但直到 17 世纪，欧洲人才在太平洋探险中"发现"了斐济。1611 年，维瑟尔斯（Vessels）公爵在非洲好望角附近航行时被强烈的季风远远地吹向了东方，穿过印度洋，偶然中发现了澳洲海岸。于是一张想象中的南海①新大陆版图——从澳洲到南美洲，然后再横跨南太平洋，出现在东印度公司老板的脑海中。这意味着巨大的贸易额，于是 1642 年，他派塔斯曼远征太平洋。

1. 塔斯曼的初访

阿贝尔·塔斯曼（Abel Tasman），1603 年生，属籍荷兰，澳大利亚东南塔斯马尼亚岛（Tasmania）、新西兰南岛、汤加、斐济群岛的欧洲发现者，澳大利亚东北部航海图的绘制者，东印度公司远洋探险的重量级人物。

---

① 太平洋在当时的欧洲被称为"大南海"，而澳洲则是所谓的"南方之地"。

尽管出生在荷兰哥罗宁根附近的小城，塔斯曼一生大部分时间除了在海上便是在东印度公司的总部——印度尼西亚的巴达维亚（今天的雅加达）度过。那时候的巴达维亚占据了东西方贸易的海上要道，是冒险家的天堂。而东印度公司，在赚了大把钞票后仍然想扩大贸易范围，它的目标便是南太平洋。

探险船队只有两艘船，110多名船员。他们计划先从巴达维亚航行至毛里求斯，然后向南，沿南纬52°～54°向东，探测南太平洋新大陆的具体位置。1642年10月8日，他们在毛里求斯维修了船只，补充了给养，沿着预定路线前行。由于天气恶劣，他们无法严格遵循计划线路，于是沿南纬44°～40°东行，于11月底到达澳大利亚东南的一个岛屿，这便是以塔斯曼的名字命名的塔斯马尼亚岛。他们沿着塔斯马尼亚岛南部海岸转了一圈，发现这并非他们想象中的巨大陆地的西南角，于是继续东行。12月13日，他们再次看到陆地，这便是新西兰的南岛。

这些断断续续的发现丝毫不能缓解塔斯曼心中的焦虑，新大陆到底在哪里？他继续向东、向北航行。1643年1月19日，塔斯曼遇到四座岛屿，这便是汤加群岛。热情的岛民欢迎他们上岸，他们维修船只，补充淡水、食物，塔斯曼在他的航海日志中亲切地将之称为"友好的群岛"。

塔斯曼在从汤加群岛返回爪哇岛的途中，在现在的楠努库附近看到了斐济的一些岛屿。但当时塔斯曼并不知道这里是一个海峡，只是发现它们被一大片珊瑚礁阻挡。珊瑚礁延伸很远，几乎没有止境。他们沿着这些珊瑚礁艰难地前进，凭着勇气和技术，最后脱离了险境。因此，当他陷入斐济瓦努阿岛与塔韦乌尼岛西北部的珊瑚暗礁带时，心情实在糟糕透了。难怪他在航海日志中将斐济海域形容得暗礁重重、风浪频生、凶险莫测。他的叙述无疑令后来的很多航海者远远避开这一带海域，直到130年后，英国探险家詹姆士·库克船长（Captain James Cook）在他的第二次太平洋航行中才再次来到这里。就在这段航行中，库克发现了塔韦乌尼岛的北端，并且沿着劳群岛北部的锯考比亚岛行驶了一段路程。当时，塔斯曼把他所看到的这几个斐济小岛称为"威廉王子岛"。

塔斯曼没有找到新大陆，不甘心的他于1644年又进行了一次远航，依然无功而返。这令东印度公司十分恼火，人们一致认为他不是个好船长，是个失败的航海家。然而巧妇难为无米之炊，令塔斯曼找到一个想象中的南太平洋大陆，明显是"不可能的任务"。心灰意冷的他干脆告别了大海，在巴达维亚做起了商人。

塔斯曼的探险，拉开了欧洲人涉足斐济的序幕。然而，此后的一百多年间，没有关于欧洲人在航行中接触过斐济群岛的记载。直到1774年7月，英国探险家詹姆士·库克船长在他的第二次太平洋探险航行中，才观察到了劳群岛南部的小岛"瓦托阿"（Vatoa）以及与此连在一起的珊瑚环岛"阿塔瓦托阿"。

2. 库克的再访

詹姆斯·库克，1728年生，澳大利亚的欧洲发现者，南太平洋上若干岛国的发现者，第一个进入南极圈的人。他的三次航行给出了太平洋上大部分岛屿的"详细清单"，至今南太平洋上还有"库克海峡""库克群岛"。

与塔斯曼有些相似，库克船长对斐济的"拜访"也是来去匆匆。那是他的第二次太平洋航行，他从英国出发，由西向东南下，绕过好望角，穿过南极圈，在到达新西兰之后他打算细细探寻在澳大利亚、新西兰、夏威夷三点连成的三角形之间的岛屿。

在离开汤加之后，他向西航行到南纬20°左右，于1774年7月3日来到瓦托阿岛。那是斐济群岛的一个外围小岛，属于斐济东部劳群岛区域。他们将船停在近海岸处，一些水手通过小艇上了岸，他们试图找到一些淡水与海龟，但是空手而归。实际上斐济有许多无人居住的小岛，库克船长和他的水手们碰上的这个恐怕就是无人岛。这自然难以引起他的兴趣，于是短暂停留后，他们离开斐济向西北航行。

然而库克就像一个交好运的渔夫，在南太平洋"发现"了一系列的小岛：复活节岛、新赫布里底群岛、新喀里多尼亚岛和诺福克岛等。

库克无疑是伟大的，他如勤劳的蚂蚁般一点点填补了世界地图的空白。然而在他的三次航行中，一边是英国海军的巨大荣耀，另一边却是南太平洋上小岛简单、恬适的生活被打破，梅毒被传播开来，火药武器被带来，西方冒险者的贪婪也在这里生根发芽。他最终因为一场船员与土著人的纷争死在了他一生都为之奋斗的南太平洋上。

3. 布莱的到来与"邦迪号"叛乱事件

第三个到达斐济的西方人便是英国海军将领、船长威廉姆·布莱（William Bligh），是他第一次对斐济大多数岛屿进行考察并且绘制了地图。布莱船长是一位非常优秀的航海家，在率领"邦迪号"去塔希提（Tahiti）寻找面包树之前，就作为副手随库克船长参加他的第三次航行，受到库克的赞赏。1779 年，他在夏威夷目睹了夏威夷岛民与库克船队的冲突，也见证了库克船长的死亡。当库克死去之后，正是他安抚人心、率领船只返回英国。他有着丰富的航海知识和出色的勘测能力，他所绘制的航海观测图、记录的海洋资料至今仍被使用。

在这次航行中，他看到了十多个岛屿。在向西北方向通过科罗海时，他还观察到了奈赖岛、恩高岛、姆巴提基岛、奥瓦劳岛、瓦科亚岛和科罗岛，甚至差一点儿闯入马康盖岛北部的珊瑚礁区。在瓦图-伊腊海峡中行驶时，他在右舷地平线上望到了瓦努阿岛，在左舷望到了维提岛，以后便进入亚萨瓦群岛北部的广阔海域。布莱记录了他所看到的岛屿情况，回到伦敦后，出版了关于这些岛屿的地图，这之后的一段时期，这个群岛曾被叫作"布莱群岛"。

布莱带领船员在塔希提上岸之后，就着手搜集面包树，以便将它们移植到东印度作为那里奴隶的廉价食物。应该说，搜集工作进展得十分顺利，但等待合适的季风让他们耗费了半年多的时间。

在此期间，爆发了著名的"邦迪号"叛乱事件。"邦迪号"叛乱事件如此有名，以至于超过 250 本小说、上千篇的杂志报道文章、5 部电影都围绕着这个故事展开。最有名的莫过于好莱坞 1935 年与 1962 年拍摄的两部《叛舰喋血记》。在这两部电影中，两位影帝——克拉克·盖博（William Clark Gable）与马龙·白兰度（Marlon Brando）先后扮演了大副克里斯汀，他被塑造成反抗布莱船长残暴统治的正义之士。

实际上，布莱船长对船员是宽容的。虽然 16 ~ 18 世纪远洋船队的船长的确拥有绝对的权威，鞭刑是船长们常用的惩戒手段，但是"邦迪号"上的鞭刑使用率远低于当时的平均数字。据统计，1765～1793 年，英国皇家海军拥有的 15 艘远洋舰只上，船员遭鞭刑的平均比例是 21.5%，而"邦迪号"上是 19%。库克船长在他的三次航海中，鞭刑的平均使用率分别达到了 20%、26%、37%。

叛乱的真实原因，是他的 45 名水手不愿再返回英国。当时英国皇家海军船员的生活十分艰辛，甚至做船员还不如去监狱待着。当他们经过长时间艰苦的海上航行，到达塔希提后，感觉简直如同到达天堂。尤其是这里的女人开放而热情，于是一种阳光、美酒、纵欲的温柔乡生活便逐渐侵蚀了船员的意志。大副克里斯汀长得十分英俊高大，对女人十分留恋，自然也不放过这样一场脱离于英国文明与道德的原始狂欢。于是，等到"邦迪号"完成任务要离开塔希提时，已经有当地的女人怀上了船员的孩子。当时唯一一个不近女色、意志如钢的便是布莱船长。

为了不再返回英国，1789 年 1 月 5 日，三名水手合力偷了一艘船上的小艇和几把毛瑟枪。布莱愤怒了。他花了整整三个星期的时间找回了这三名逃兵。一名船员被打了 12 鞭，其余两名分别被打了 24 鞭。对于这样严重的违纪，通常的惩戒是鞭刑之后再被吊起来。尽管布莱船长已经手下留情，意志涣散的船员们仍旧把他视为邪恶的魔鬼、他们"幸福"生活的绊脚石。这时候，大副克里斯汀——这位布莱曾手把手教他使用六分仪的亲密朋友，与船员们密谋叛乱了。

4 月 28 日早上，当布莱船长醒来时，他发现自己被绑在了床上，接下来的事情是惨无人道的。船长与追随他的 18 名船员，被扔进一艘仅 7 米长的简陋小船，漂流在广袤而凶险的南太平洋上。

然而就在这时，布莱显示了他出色的航海能力。他先是在附近一座小岛登陆，尽管土著人对他充满敌意，但他们还是获得了 5 天的食物和水。一名水手在当地人的攻击中不幸身亡。布莱决定向印度尼西亚航行，并且将食物分成 50 份，一天只能吃一份。接下来的航程堪称一部史诗，比任何的海上冒险电影都真实和惊险。6 月 12 日，他们终于在帝汶岛登陆，18 人中无一人死亡。至今，斐济最大的岛屿维提岛西北的海域还被称作"布莱海域"。

　　而叛乱的船员看起来就不那么幸运。他们夺取"邦迪号"后先是到了土布艾岛（Tubuai），试图定居下来却一直遭到当地人的攻击，于是克里斯汀扔下了16个人不管，带领8名船员返回塔希提，然后又带上当地的6名女人、12名男人航行至皮特卡恩岛。他们将"邦迪号"烧毁，在岛上定居下来。然而他们的生活并不幸福，与土著人的纠纷、英国军事法庭的通缉……是他们自己，选择了永远的流放之路！

　　1791年英国海军抵达斐济。1797年，英国传教船"达夫号"在一次长途航行返回途中，从塔希提西行穿过了劳群岛。该船船长詹姆士·威尔逊不仅证实了塔斯曼和布莱的一些发现，并又观察到了瓦努瓦巴拉武和一些小岛、珊瑚礁，他根据这些新的"发现"，绘出了较完整的斐济地图。

　　1800年，一艘名为"阿尔戈号"的帆船在西南太平洋的南纬15°～22°、东经175°至西经177°之间触礁沉没。"阿尔戈号"上幸存的水手历经千辛万苦，终于登上海域内的一个火山岛，即今天斐济共和国的一个小岛。"阿尔戈号"帆船的幸存者发现了岛上的檀香木，如获至宝。尔后，蜂拥而至的欧洲人在不到10年的时间内，就将檀香木砍光，檀香木的香气只能残留在人们的记忆中。

　　贪婪的欧洲人并没有停止他们掠夺当地财富的行为，砍完了檀香木，又开始捕鲸，而美国人则在海洋中大量捞取海参。想要发财的欧洲人、美国人垂涎这里的资源，从1825年开始，就有欧洲人在斐济群岛定居，和斐济人通婚，繁衍后代。

　　探险是殖民掠夺的先导，欧洲人对斐济的"发现"，导致了斐济长达96年处于殖民统治之下。但是，这种"发现"也打通了斐济与世界各主要国家的联系，促使其部落制度的解体。

二　西方传教士的渗透

　　随着欧洲人的到来，一些西方海员开始与土著人通婚，这些流浪在南太平洋岛上的海员后来被称作"Beachcomber"，即"流浪者"。19世纪，欧洲商人、卫理公会教徒、传教士、潜逃的澳大利亚因犯来到斐济定居。

1826 年，第一批传教士来到斐济东部劳群岛传教。1835 年，英国基督教卫理公会教传到斐济。1844 年，法国的牧师也来到斐济，开始传播天主教。由于当时土著人仍处于野蛮时代，各部落无力扩大自己的势力范围，经常互相残杀。每次冲突后，为了庆功，得胜方常常举行人肉盛宴，将抓到的战俘吃掉。西方殖民者的入侵也引起了当地土著民族的强烈反抗，因此也发生了一些白人传教士被土著武士抓获后吃掉的现象，这也是斐济被称为"食人岛"的原因。

1867 年 7 月 21 日，卫理公会的传教士托马斯·贝克（Thomas Beck）乘船来到斐济最大的岛维提岛。他此行的目的一是以基督教教义"感化"当地土著人，使他们能够皈依上帝之爱，二是为西方与土著人之间的贸易谈判。

他长篇大论地向部落首领讲述基督教教义，他的真诚打动了首领，首领差点就要认同他所说的一切了。就在这时，贝克做了一个不恰当的动作——他摘下自己的帽子，想与首领交换以表示敬意以及合作的意愿。贝克自作主张将首领头上的梳子取下来，把自己的帽子戴到了对方头上。

这可是当地的大忌！在古代人类中，部落中的禁忌基本上出于两个原则：模拟巫术与顺势巫术。根据顺势巫术，部落首领是禁忌最多的，任何人都不能触碰他，甚至他接触过的东西也严禁别人触摸。而贝克竟然胆敢用手触摸首领的头，愤怒的土著人一拥而上，将他五花大绑并用乱斧砍死。然后，按照对待战俘的方式，他们在贝克的尸体上抹上油，把他架到火上烤。几个小时之后，岛民们围坐在一起，举行隆重仪式，然后将尸体分吃得干干净净。

这个可怜的传教士就这么死掉了。贝克身上所有的东西几乎都被吃掉！土著人花了一个月的时间去煮他的靴子，结果因为还是太硬、难以下咽而"幸存"下来，至今仍有一只靴子陈列在斐济的国家博物馆。

这件事情立即被欧洲商人、传教士得知，迅速传到英国，于是斐济就被戴上了"食人岛"的帽子。斐济甚至还有一套吃人工具，做得相当精美。至今在斐济，游客仍然能够看到这些精美的工具，有的是从古代保存至今的，其中渗透了无数"牺牲品"的精血；然而大部分是土著人现在制作的。不管是哪种，它们在今天都已经脱离了原来血淋淋的用途，而仅成为一种被好奇的目光注视着的"手工制品"了。

斐济现在已是一个文明的国家。2003年11月，维提岛上的村民首领还邀请托马斯·贝克的后代到斐济，并举行了隆重的道歉仪式。在1893年以前却是一个食人部落，食人之风十分盛行。过去，斐济的敌对部落之间经常互相残杀，死者便成为被猎取的食物。他们把在战斗中打死的人称为"长猪"。战胜者把"长猪"拖回本部落后，煮食或者烤食，欢庆胜利。在食人宴会上，还要饮"亚格纳"。

在食人的年代里，斐济人遇到敌对部落的人时，只有两种选择：一是冲上去，勇敢地制服对方，最后把他吃掉；二是可耻地逃跑，或变成一条"长猪"。因此，敌对部落为了猎取"长猪"，经常循环地进行仇杀。即使在今天，对于一个斐济人来说，最大的污辱是骂他"凯西·木布柯拉"①。

三 卡科鲍王朝的建立与英国殖民统治的开始

虽然西方传教士在斐济的活动受到了这样或那样的限制，甚至传教士的生命安全都不能得到很好的保障，但传教士们并不气馁，通过他们坚持不懈的努力，传教事业最终在斐济取得了成功。当然，这与塞鲁·卡科鲍②（Seru Epenisa Cakobau，1815－1883）有着极其密切的关系。

卡科鲍是斐济宝岛的最高酋长拉图塔诺·维萨瓦卡（Ratu Tanoa Visawaqa）的儿子。1852年12月8日，卡科鲍继承父位，成为宝岛的最高酋长，此后，他征服了维提岛和一些岛屿的部落，建立了以他为中心的联盟，即"宝联盟"，宣称宝岛拥有斐济的宗主权，声称自己其实是斐济的国王。然而，他的这一举动没有得到其他酋长的认可，尤其是在卡科鲍崛起的同时，另一个雄心勃勃的外地人——汤加的马阿福则依靠汤加国王

---

① 意思是"下贱的长猪"。
② 有的翻译为"萨空鲍"，斐济望族，其子孙多次担任斐济领导人。

的帮助，在斐济群岛东南的劳群岛和瓦努阿岛确立了自己的统治地位。劳群岛的南面就是汤加群岛，这个部落就叫作"劳联盟"。

两大联盟之间的战争不断发生，直到 1865 年，卡科鲍建立了独立联盟王国"维提"（Viti），后来又成为联盟大会主席。然而两年后，该联盟分裂为"宝联盟"（Kingdom of Bau）和"劳联盟"（Confederation of Lau），卡科鲍僭越成为"宝"的国王。直到 1871 年，卡科鲍才在汤加国王图普一世的帮助下，平息了部落战争，统一了斐济，建立了卡科鲍王朝。

但是，天下并未从此太平。内乱虽然平息了，外患却仍然不断。为了借助洋枪洋炮，卡科鲍在 1854 年皈依了基督教。从此教会活动不断扩大，大量传教士进入斐济。1857 年，英国任命普里查德为第一位驻斐济领事，他也是首位外国驻斐济领事。此后，法国和美国的战舰也相继到达斐济，欧洲人相继移民斐济，在此定居。

面对如此众多强悍的外国人，有的敲诈勒索，有的以武力相威胁，卡科鲍国王有些不知所措。1871 年 6 月，一些外国商人发动了一次政变。他们挟持卡科鲍，在卫理公会教堂宣布建立政府。他们在公告中说，他们拥护卡科鲍为国王，并任命了一些欧洲人为政府部长。在此形势下，英国政府趁火打劫，很快派遣时任新南威尔士总督的罗便臣到斐济。罗便臣一到，就对卡科鲍软硬兼施，百般诱惑。于是，在 1874 年 5 月，他向卡科鲍国王提出了将斐济割让给英国的主张，并起草了一项无条件割让的条约。随之，在罗便臣的威逼之下，卡科鲍于同年 9 月 30 日签署了一封致女王的信。摘要如下：

> 致英国女王陛下：
>
> 我们，斐济国王和斐济的高级酋长们，无条件地把我们的国家斐济交给大不列颠和爱尔兰女王陛下。我们充分信任和信赖地，她将有效地和正义地统治斐济，我们将继续生活在和平与繁荣的斐济。

之后，1874 年 10 月 10 日，罗便臣代表英国王室，卡科鲍、劳群岛大酋长马阿福以及其他 11 位主要酋长，分别在割让条约上签了字。斐济臣服英国，被宣布为英国的属地。罗便臣立即在斐济建立了一个执行委员会，他行使总督的权力。为便于对斐济人实行统治，他把斐济分为 12 个省，下辖 82 个区，并任命土著人为地方行政长官。1875 年 6 月 24 日，英国女王正式任命阿瑟·戈登为斐济总督。从此，世世代代生活在这块土地上的斐济人，不再是这里的主人，而是在女王派驻的总督统治下的英国臣民。

另有一种说法是，美国政府虽然已经承认卡科鲍为斐济国王，但仍然要卡科鲍为 1849 年美国外交官的住宅被烧之事负责，逼迫卡科鲍偿还4.5 万美元。卡科鲍无力偿还，又害怕美国入侵，于是便向英国领事寻求支援。英国领事则趁机提出只有卡科鲍把整个斐济割让给英国，英国人才愿意代其偿还债务。1874 年 10 月 10 日，卡科鲍、劳群岛大酋长马阿福以及其他 11 个主要酋长集体在割让文书上签字画押，正式把斐济割让给英国，斐济正式沦为英国的殖民地。

第三节　英国殖民统治下的斐济

英国殖民统治时期，为了借助土著人的势力对斐济进行统治，英国在斐济推行双重政府制度。在这一制度下，既有具有普遍权力的中央政府及其所属的各技术性部门，也有与其平行地存在着的斐济族政府——"斐济族人事务局"。在中央政府之外，还有一个自治机构——"土著居民土地信托局"。

一　总督制

作为英王直辖殖民地，英国在斐济推行总督制，其总督由英国女王直接任命，并对英国政府殖民地事务部负责。总督任期五年，期满后可以连任。为了协助总督工作，斐济还设立了政务委员会和立法委员会①。

---

①　1970 年 10 月 10 日斐济独立后，立法委员会被取消，被 1971 年 10 月选出的众议院取代。

1. 政务委员会和立法委员会

政务委员会由总督、殖民地事务秘书、首席检察官、财政部长及总督任命的 6 名成员组成。在这 6 名成员中，3 人由总督任命，另外 3 人为立法委员会的非官方成员——欧洲人、印度族人和斐济族人各 1 名，由其民族在立法委员会中的代表挑选出来。

立法委员会由总督和 16 名成员组成。在这 16 名成员中，5 人为斐济族人，经大酋长委员会选举，由官方任命产生；5 人为欧洲人，其中 3 人由选举产生，2 人由官方直接任命；5 人为印度族人，其中 3 人由选举产生，2 人由官方直接任命；另外还有 1 人为立法委员会的议长，一般由欧洲人担任。

除斐济族人外，在斐济的所有欧洲人和中国人都由总督、政务委员会和立法委员会直接进行统治。印度族人虽然也同样受其统治，但印度族人聚居的地区又被分为 13 个管理区，每区都设有"印度族人事务咨询委员会"，充当关于印度族人事务意见的交换站。斐济族人另有他们自己的政府"斐济族政府"。

2. 行政区划及行政区专员

斐济殖民地分为四个行政区，每区由一个"行政区专员"主持，并有一个或更多的"行政区官员"加以协助。这四个行政区是：中央行政区，其总部设在瑙索里；东部行政区，其总部设在莱武卡；北部行政区，其总部设在兰巴萨；西部行政区，其总部设在劳托卡。在苏瓦市设有市政务会，在劳托卡设有镇务局，此外还有五个镇务局。所有这些会、局都有各族群的代表。有关的行政区专员或行政区官员根据其职权都是 13 个"印度族人事务咨询委员会"的当然主任委员。这些咨询委员会没有行政权力。它们的所有其他成员都是印度族人。

各行政区专员，特别是各行政区官员，都与斐济的农村人员密切接触，而且他们相当多的时间要花在撰写报告书上。报告书的内容涉及其所在行政区人民生活的各个方面，包括交通事业、社会服务事业、制糖工业的劳工和劳资关系、为控制犀牛甲虫所采取的措施及有关可可和其他作物的试验种植所获得的进步等。他们要将这些内容写成报告书，并通过他们的上司行政区专员把这些报告书送交设在苏瓦市的中央政府。

此外，各行政区专员及其行政助手，还要亲自听取解决家庭纠纷，关心那些需要救济的贫困户，同那些因没有纳税而被捕入狱的斐济族人保持密切的接触。他们通过其他各种途径很好地了解土著居民及其事务。例如关于土著居民的事务，一个行政区官员在其年度报告书中说："本年的最大成就是修理斐济族人社会的旧汽艇，为此曾以斐济族人社会基金购买了一部新发动机。这艘汽艇如果使用得当，对于斐济族人出售鲜鱼等必大有帮助，对于他们的运输问题一般地也必有所帮助。"[①]

3. 中央政府部门的设置

此外，斐济中央政府还设有教育部、医务部、农业部、林业部、公共工程部等，它们都一视同仁地为所有斐济人服务。在各个部中，教育部和医务部是两个较重要的部门；公共工程部由一些工程师、测量员、建筑师及其他相关人员组成；农业部则下设一个实验室组、一个大田农业组和一个兽医服务站，其行政处由生物化学家、昆虫学家、植物学家及其他对各种作物有专门研究的人员组成。

二 斐济族政府

1. "斐济族人事务局"

同斐济的中央政府平行设置的是斐济族政府——"斐济族人事务局"。它不仅对于一切斐济族人具有管辖权，而且还可以制定适用于斐济族人的各种规章和条例，斐济立法机关则无权对它的行动或它所属任何部门的行动提出质问或批评。此外，它还可以推荐担任各级土著行政官员的人选，然后呈请总督加以任命；它制定各项管理斐济族人的条例，并控制各省的预算；它有与中央政府分开的自己的金库，并有自己的财政顾问和法律顾问；它还有自己的征税制度；等等。

"斐济族人事务局"由下列人员组成：斐济族人事务部部长，立法委

---

① 库尔特：《斐济现代史》，广东人民出版社，1976，第119页。

员会的斐济族成员 5 人，法律顾问和财政顾问各 1 人。其中，该局主任是最高行政首长，由中央政府的斐济族人事务部部长兼任，在对土著居民的全部行政管理工作方面向总督负责。

为确保土著居民公有制的持续存在，以及保持与这个制度有传统联系的各种风俗和仪式，并给予这种公有制的持续存在以法律上的认可，斐济还将所有适用于斐济族人的规章和条例纳入《斐济族人事务条例》，使其具备法律效力。不仅如此，这些条例提供了一种为土著治安官和人民所易于理解的民法和刑法的简单规则，使违反这些条例的案件能够在地方上得到审讯，并使司法工作能够得到迅速的执行。当然，"斐济族人事务局"制定的各种条例需要立法委员会的批准，不过一般情况下，立法委员会都毫无疑问地予以批准。此外，"斐济族人事务局"有权对违法行为判处不超过 50 镑的罚款或不超过一年的监禁，或罚款和监禁两者兼有的惩罚。

上述这些立法反映出斐济族公有制对斐济人的各种要求，这些要求已用法律的形式体现在《斐济族人事务条例》中，如关于修建公路、建造和修理房屋、种植粮食作物、对斐济族来宾提供食等的规定。几乎所有农村斐济族人的大部分日常活动都由各种工作规划和其他规则所控制，而这些工作规划和其他规则则由《斐济族人事务条例》给予法律上的认可。斐济族人有两级法院，处理违反条例、法规和命令的案件。初级法院，即"蒂基纳"法院，只由一名斐济族治安官主持；高级法院即省法院，由三名斐济族治安官组成，或由两名斐济族治安官和一名行政区官员组成。

斐济族政府的起源应追溯到斐济第一任总督阿瑟·戈登（Auther Gordon，1875－1880）的"蒂基纳"政策，尽管这一政策在不同时期受到斐济国内不同利益阶层的挑战，但总体上没有发生大的变化。戈登采取了一系列措施来确保斐济传统社会不受外来文化的过多侵扰并保持它显著的文化个性。为了防止斐济传统社会在欧洲人私营企业的压力下迅速崩溃，1876 年他创立了"土著居民条例局"。该局草拟了对土著居民有影响的根本法，并做出了各种规定，以推行良好政治和增进土著居民的福利，进而有序地管理土著居民事务。后来，"斐济族人事务局"取代了"土著居民条例局"，许多规定被稍微修改之后保留在《斐济族人事务条例》中。

2. 斐济族政府行政区划

（1）"罗科－图伊"与省务委员会

按照斐济族政府的意图，斐济按照原来的部落分布，划分为14个省。每省由若干个"蒂基纳"组成，而每个"蒂基纳"则管辖一批村庄。每省的直接主管人被称为"罗科－图伊"，通常由酋长担任，再经由中央政府任命。实际上，"罗科－图伊"的地位相当于省长，他在"省政务会议"的襄助下进行工作。"省政务会议"每年至少开会一次，处理所有对斐济族人有影响的事项。它的各项正式决议一经"斐济族人事务局"批准后，即具有法律效力。此外，省内所有斐济族人以及原属本省而在省外别处谋生的斐济族人所应缴纳的各种税款，包括学校教育税，均由"省政务会议"征收。

（2）"布利"与蒂基纳政务会议

省下面设"蒂基纳"，整个斐济划分为76个"蒂基纳"，每个"蒂基纳"的首脑被称为"布利"。"布利"通常是一个酋长，由"斐济族人事务局"任命产生，是"蒂基纳政务会议"① 的首脑。在"布利"之下，往往设一名巡警，协助他收集各项统计数字和各项税款，并督导农村的各种活动。当然，这名巡警由省发给薪俸。"蒂基纳政务会议"不仅要管理小路和桥梁的建造和修理，房屋的建筑以及粮食作物的种植，而且对于卫生设施，特别是对于农村的清洁卫生事宜也负有责任。根据《斐济族人事务条例》，不论"蒂基纳政务会议"还是"省政务会议"，都要在各自的管辖范围内，增进斐济族人的福利并推行良治。其中，"蒂基纳政务会议"有权发布命令，而"省政务会议"则有权制定法规，这一类命令或法规一经斐济族人事务部部长核准，即具有法律效力。

（3）"图拉加－尼－科罗"与农村政务会议

在"蒂基纳"之下则是"图拉加－尼－科罗"（村长，亦即一村的酋长），可以说他们是这个政治阶梯的最底层，主要负责吸取"农村政务会议"的意见或建议，并指导全村的公有制活动。②

---

① 即"管理区政务会议"，是一个地区的政务会议。

② 库尔特：《斐济现代史》，广东人民出版社，1976，第125页。

每省都有自己的金库，其来源主要是"省政务会议"对斐济族人的征税。按照规定，每一位斐济族成年男子每年需要缴纳 3 ~ 6 镑的税款。当然，若该男子抚养的孩子达到或超过 5 人，则可以相应地减少税款，直至其儿子达到 18 岁成为纳税人为止。

因此，斐济族政府完全是一个民族政府，甚至在一些人口混杂的省份，它也只处理有关斐济族人的事情。同时，它也是一个国中之国，通过自农村一级至省一级的各级行政首脑管理土著居民的生活。因此，在斐济的 14 个省中，每省事实上有两个政府，其一是斐济族政府，其二是同斐济族政府平行设置的中央政府所属的"行政区政府"。他们各司其职，分别处理斐济族的事务和其他各族人民的事务。

3. 大酋长委员会

当然，在斐济族人事务的管理上，最有势力的组织当属大酋长委员会（The Great Council of Chiefs）。大酋长委员会是土著居民事务的最高行政管理机构，而"斐济族人事务局"则是大酋长委员会的执行机构。大酋长委员会至少每两年开会一次，一般由斐济总督主持开幕式，由斐济族人事务部部长担任会议主席。它不仅可以对斐济的中央政府施加影响，因为它选出了 5 名土著居民为立法委员会的成员，而且还可以把有关增进土著民族福利的建议和提议，特别是把涉及斐济族政府的那些建议和提议送呈总督。法律规定，所有对斐济族人有影响的重大事项的法案在被提交立法委员会之前，必须送交大酋长委员会和"斐济族人事务局"，或送交这两个机构之一审核。

大酋长委员会原先只由一些在斐济族政府或在其他方面担任重要职务的高级酋长组成，但后来逐渐包括了在各省担任行政要职或其他要职的平民。一般情况下，大酋长委员会包括：各省的"罗科"，每省的代表 1 人或 2 人（按照该省的斐济族人的数量由省政务会议选出），斐济族治安官、土著学校教师、斐济族医师各 1 人，城市地区代表 3 人（由斐济族人事务部部长提名）及酋长 6 人（由总督任命）。虽然如此，大酋长委员会仍以压倒性优势代表着斐济族酋长们的态度，并且自其于 1876 年成立以来一贯如此。

大酋长委员会和斐济中央政府虽然一起对斐济族人民进行联合管理，但殖民政府是酋长贵族的"俘虏"，因为斐济殖民政府要进行统治，必须取得斐济酋长们的同意。由此可见，斐济酋长们在英国人之下取得了良好的地位，英国人总是通过间接统治的方式去管理土著居民。

在斐济族政府中，绝大多数重要职务都由酋长们担任。以 1959 年斐济族的文官名单为例，不仅斐济族人事务部副部长以及 11 个"罗科"都是酋长，而且经济发展部的全部官员以及 8 名斐济族治安官员也都为酋长级官员。此外，斐济中央政府立法委员会的 5 名斐济族成员虽然被视为"非官方"成员，但事实上也都是在中央政府中受薪的官员、"斐济族人事务局"的成员。

这样，酋长们就通过大酋长委员会、"斐济族人事务局"和立法委员会把土著居民约束于传统的社会制度和经济制度之下。20 世纪 50 年代以后，斐济族政府越来越成为一个脱离中央政府的、具有完全排他性的自治政府而牢固地存在着。

4. "土著居民土地信托局"

在斐济中央政府之外，还有一个不受政府控制的自治机构——"土著居民土地信托局"。该局是根据《土著居民土地信托条例》在 1940 年建立起来的，其主要成员为斐济的各级酋长，拥有极大的权力。根据《土著居民土地信托条例》，属于斐济族人民的土地将被保留下来，成为土著居民的"保留地"，而这些"保留地"不仅被划定明确的界线，而且还要在斐济全国予以公布。在这些"保留地"中，部分斐济族业主不需要的土地将由中央政府以信托的方式加以管理，并出租给租地申请人。当然，对于申请人并没有严格的限制，不论是斐济族人、印度族人还是其他民族人民，均可申请。

此外，"土著居民土地信托局"还控制了土著居民保留地以外的所有斐济族人已出租的或获有执照的土地，并负责审批这一切土地的转让以及租赁土地的抵押事宜。其主要任务是批准或拒绝租赁土地的申请，评定地租数额以及收集和分配租金。这样，它需要保留充足的土地供斐济族业主们使用，以保护他们的利益；还必须保证政策的执行具有连续性并使土地使用权得到保障；另外，它还要让土著业主从其已出租的土地获得充分的租金，并把所收的租金（扣除了它自己的收费）付给各"玛塔夸利"。

《土著居民土地信托条例》对于已经从土著业主手中租到土地的印度族租户来说极为不利，[①] 因为根据该条例，很多土地租期满了以后都被收回而成为土著居民的保留地，同时该条例也没有明文规定对期满即将迁出的租户就其租赁期间所进行的土地改良给予补偿，因此，靠经营这一类土地谋生的印度族人时刻处于提心吊胆的状态。当然，这一现象的出现，也与酋长们不愿意看到土著居民的土地转让出去有密切关系。因为自从欧洲人入侵以来，斐济的许多良田纷纷落入欧洲人手中。

三 "殖民地制糖公司"

"殖民地制糖公司"也尤为值得关注。虽然它只是一个大型的澳大利亚企业，但是对斐济事务包括中央政府都施加了相当大的影响，以至于当时的人们认为，"斐济的政府一向都是由'殖民地制糖公司'和苏瓦市的大商人管理的"[②]。此外，它还拥有斐济一半的甘蔗地。它把所拥有的甘蔗地出租给种植甘蔗的印度族人，并负责把甘蔗运输到制糖厂，对它的租户和其他农民提供各种服务；制造和储藏食糖，并检查食糖运入市场情况。

双重政府制度在经济、社会和政治等方面极大地影响了斐济的行政管理效率。因为斐济族政府同一个具有普遍权力的中央政府及其所属的各技术性部门平行地存在着，但后者在对土著人民有所影响的事项上又不能漠不关心。同时，斐济族政府和中央政府的各"生产性"部门之间一向缺乏合作，特别是它与对生产发展能提供很多帮助的农业部缺乏合作。

例如，在种植香蕉问题上，双重政府就给斐济带来了极大困扰。种植

---

① 1907年斐济制定了一项条例，准许斐济族人公有的土地出售或出租给私人，一些目光短浅的斐济族人为了一时的利益，都愿意出售他们的土地。1909年该条例被废止。
② 库尔特：《斐济现代史》，广东人民出版社，1976，第131页。

香蕉原本是一种需要农业部密切合作的经济活动，但在各项责任应由谁承担问题上，斐济族政府和农业部之间就存在着混淆不清的情况，而且摩擦不断发生。

四　殖民地时期斐济的经济状况

长期以来，斐济居民主要从事原始的农耕经济，主要种植一些热带农作物，生产单位以族群或部落为主。然而，西方殖民者的到来，不仅改变了斐济的政治结构，而且也改变了它的经济运作模式。

1. 种植园经济的兴起与发展

种植园经济是殖民地初期斐济的主要经济形式。英国吞并斐济后，看到这里人口众多，土地肥沃，气候湿热适度，便决定在这里发展甘蔗种植业。他们强行占有当地居民的大量肥沃土地，到 1874 年，欧洲人耕种了约 1.6 万英亩的土地，但是声称拥有土地所有权的超过了 85 万英亩，约占斐济土地总面积的 20%。[①] 他们一方面开办大型甘蔗种植园，一方面扶持小农经济，从而打乱了斐济的传统经济形式和公社土地所有制。这样，世世代代过着自给自足生活的当地居民，逐渐被卷入殖民者所操纵的种植园经济之中。他们失去了土地，为了养家糊口，为了交纳赋税，被迫到种植园里去劳动，或者从殖民者手中租赁小块土地，为殖民者种植他们所需要的经济作物。

但是，随着种植园经济的发展，土著斐济人已不能满足种植园对劳动力的需要，因此殖民当局也曾试图从大洋洲其他岛屿强征劳工前来，但为数不多，并且遭到反抗，效果很不理想。于是，英国便决定从自己的另一个殖民地印度招募契约劳工。

1879 年，总督戈登开始把印度人引入斐济。合同规定，一个入境印度移民需要在斐济的种植园服务 5 年，服务期满且满足了法庭强加于他的任何额外延长期限之后，便可以领到工业户口证，成为一个"自由

---

① J. K. Chaprnan, *The Career of Arthur Hamilton Gordon, First Lord Stanmore 1829 - 1912*, Toronto, 1964, p. 202.

人"。这时，他可以返回印度但旅费自筹；也可以作为一个自由人再次签订为期 5 年的合同，或者作为一个自由人受雇于任何雇主，从事一门手艺活，或在一小块土地上定居。在这个额外的 5 年期满之后，也就是说在斐济工作 10 年之后，他便享有由斐济政府出资返回本国的权利。当然，由于劳工的招募工作是在印度政府的监督下，印度殖民政府坚持按男女 10：4 的比例搭配组成家庭进行移民，即每招募男子百人，至少要搭配招收 40 名妇女。这样，首批 481 名印度契约工乘坐"莱昂尼德斯号"船被运抵斐济。从此，斐济社会就出现了大量没有土地的印度无产者。[①]

第一批印度劳工来到斐济后，由于他们非常吃苦耐劳，也适应这里的热带气候，并有长期从事农业活动的经验，所以很受种植园主的欢迎。从此，一批又一批印度劳工被陆续运到斐济。截至 1896 年，在斐济的印度族人口已达 1 万人左右。

一般情况下，入境的印度移民在合同期满以后，绝大部分人宁愿从事其他工作，也不愿续签合同继续给种植园干活。据统计，1904～1909 年，根据合同前来斐济的印度人有 8000 人之多，但是合同期满返回印度的仅有 2200 人。以 1907 年 12 月 31 日为例，当时斐济的印度居民为 30921 人，其中与甘蔗种植园签订合同的只有 11689 人，大约占全体印度居民总数的 37.8%，其余则为自由移民。在这一年内，他们中的很多人或者从一些土著居民那里租到了土地，或者直接从政府那里租到了土地。另外，一些人在城镇里或一些公共工程中找到了当家庭仆役的工作或当劳工，还有一些人做零售生意。当然，也有相当多的人从事养牛并定居下来。到 1907 年底，印度人所拥有的自耕土地已达到 17204 英亩，其中稻谷 9347 英亩，甘蔗 5586 英亩。

印度人向斐济有组织地移入一直持续到 1917 年印度政府制止为止。据统计，根据这种合同移入斐济的印度人共计 62837 人，其中 24655 人享受了由斐济政府出资遣送回国的权利，其后又有一些人也回到了印度。印

---

① K. L. Gillion, *The Fiji Indians：Challenge to European Dominance, 1920 – 1946*, Australian National University Press (Canberra), 1977, pp. 1 – 17.

度人通过勤奋的劳动不仅在斐济经济中占据了主导地位,而且凭其智慧使斐济的经济呈现多样化发展的局面。

然而,斐济农业的发展极不均衡。除了种植甘蔗之外,斐济农业生产的其他方面都被忽视了。同时,土地的滥用现象也十分普遍。其主要表现就是种植不当、饲养牲畜过多和胡乱烧毁森林地带。此外,由于非斐济族人租用的土地很难连续租赁,许多斐济族人的出租土地因毫不吝惜地被使用,已在很短的时间内衰退为不毛之地。频繁的水灾和连续的暴晒也是斐济土地受损的重要因素。每当水灾发生,不仅土地可生长植物的表层会遭到破坏,而且河床淤塞形成阻塞河口的障碍物,这些障碍物使洪水不易流入海中,洪水就泛滥于耕地上。

总之,斐济的农业尤其是甘蔗种植业获得了长足的发展。然而,这种发展过于单一,斐济政府还应该采取措施鼓励民众种植棉花、可可、咖啡、菠萝、玉米及其他作物,发展多样化的农业,并在此基础上推动相关产业的进一步发展。

2. 林业

斐济的森林资源虽然十分丰富,占其领土总面积的50%以上,但是斐济对森林的利用和开发程度远远低于其他方面。

斐济丘陵众多,特别适合发展林业,但人们为了开辟园圃和种植园对林木乱砍滥伐,或者为了取得建造房屋所需的木材而胡乱地把树木砍掉,或者为了易于挖取野薯蓣而在树木众多的林地纵火焚烧,使得许多良好的森林被破坏,以致斐济所需的木材约有半数需要进口。

频繁的火灾也严重阻碍了斐济林业的发展。通常,每年的7～10月是斐济火灾的频发季节,当然其中既有自然因素,也有相当一部分原因是人为纵火。对于这样一种人为破坏行为,政府通常会采取严厉措施予以制止,否则将给斐济人民带来惨重的损失。每当火灾发生,政府都需要花费很大的财力予以修复,灾区重建不仅要花费大量的费用,还要动用大量的人力和物力。

3. 畜牧业

不少斐济族人尝试养牛,但由于养牛在他们的传统经济中没有任何地位，斐济试图发展畜牧业的种种努力都没有取得成就。然而，牛在椰子种植园有很大的用处，它们吃掉那里的牧草、野草和其他生长于椰子树下的矮树等，从而使椰子树中间的地面保持干净。可是，斐济族人为了宴饮需要把牛一只一只地宰掉，甚至在只有几头奶牛能为自己的孩子们提供牛奶的情况下，为了举行一次庆祝饮宴，也往往不惜把这些奶牛全部吃掉。

4. 其他农作物与经济作物

斐济属热带海洋性气候，非常适合种植椰子、香蕉、菠萝和烟草等热带作物，因此殖民地时期这些作物也得到了不同程度的发展。

椰子和香蕉是斐济非常重要的经济作物，它们不仅能够满足斐济人自己日常生活的需要，还可以出口到外国换取外汇。然而斐济人对此并没有用心经营，一般情况下都是任其自然生长，不会进行松土、锄草，更不会使用农药帮助其提高产量。同时，它们主要出口新西兰，但由于斐济船只开航的时间不固定，又不容易获取充足的舱位，再加上通风装置欠佳，椰子和香蕉的出口并不理想。

稻谷的种植不仅在数量上日益增加，而且可持续发展的潜力很大，因为在斐济还有很多土地可以用来种植稻谷。比如地势低平的德雷克蒂平原地区，不仅拥有大片的冲积平原，而且在这里还有无数支流交错其间，非常适合灌溉。

烟草的种植也情势良好。在农业部的控制和指导下，斐济的烟草生产得到很好的发展，烟草在斐济畅销。为了推动烟草业的发展，"斐济烟草公司"还在苏瓦市设立一个制造雪茄的工厂，其产品主要供当地消费。

5. 渔业

虽然斐济群岛周围海域海洋生物非常丰富，但捕鱼业几乎完全被斐济人忽视。在主礁的外围海域，人们不仅能捕到鲸，而且也能捕到海豚和鲣鱼；远离海岸的水域则盛产鲟鱼、大青花鱼以及鳕鱼。但通常情况下妇女和儿童只在海礁的浅水处捕鱼，为自己的家庭补充部分食物。

在斐济海滨，大海退潮过后，漫步海滩，那珊瑚沙窝和珊瑚岩缝中，横卧着大大小小的各种海参，俯首可见，唾手可得。从颜色上看，有的白如玉，有的黑似炭，也有的紫如玫瑰；从形体上看，一般都是个头硕大，有的大如皮桂，有的形似茄子，也有的小如手指。当地人对海参从不问津，他们同西方人一样，说那是些不可食用的"黏虫"。所以，多少年来，除了有的当地华人进行少量捕捞外，海参都自生自灭。

6. 制糖业

由于甘蔗是斐济最重要的作物，因此与此相关的制糖业也就成了斐济最为重要的工业。制糖业每年可给斐济带来不菲的收入，约占其总收入的50%以上。但是，由于受世界食糖市场的定额限制，斐济进一步发展制糖业的可能性并不大。

7. 椰干业

椰干业是斐济最早的工业，最初由欧洲移民经营。然而，斐济人虽然拥有适宜种植椰子的土地，但是由于生产方法落后，椰干生产利润较低。因为斐济65%的椰子种植处于生产衰退的状态，不仅椰子林凌乱不堪，没有受到照顾，而且斐济人很少在椰子林使用牛或山羊来帮助他们清除杂草和在椰子树下生长起来的小树。另外，斐济人与太平洋群岛的大多数椰干小生产者一样，也没有发现干燥椰子肉的满意方法。在斐济，人们常用的干燥机器是烟熏干燥机，既不注重生产卫生，也不对椰干按品质划分等级。所有这些都不利于斐济椰干的生产和销售。

8. 采矿业

殖民地时期，斐济的采矿业主要集中在开采金矿，为了照顾斐济族人的利益，一般情况下开采金矿的工作都尽量留给斐济族人去做。在斐济群岛最重要的采金区——塔法地区，斐济族人就有900人，而整个矿区只有1600人。此外，各个矿业公司为了照顾斐济族雇员及其家庭，尽可能地模拟土著居民原住农村的环境，供斐济族人居住的住宅区也是经过精心设计的，在这里充分地为他们提供了各种足以增进生活乐趣的设施。

斐济政府缺乏必要的财政来源为所有儿童提供教育设施。在这里，学校和教师数量不足，有数以千计的儿童无法入学，而这些儿童的父母也都缺乏受教育的机会。基督教的各教会对斐济教育发展起了重大的作用。斐济有着相当数量的印度族人的学校，其经费都是全部地或部分地由印度族的家长和社会团体负担的。他们对那些为欧洲人后裔而设立的学校也提供了一部分经费。全由政府负担经费的学校为数不多，但政府对许多学校都提供补助。

存在于印度族人中间的宗派和竞争，妨碍了他们为斐济的国家利益而团结在一起。他们争吵的起因有多种：一是语言上的不同，因为这些移民都是从有多种语言的次大陆上的一些相隔很远的地区来到这里的；二是职业上的不同，因为他们之中从事商业经营的人，大多来自印度的某一范围狭小的地区（其中许多人是近年来才到来的），他们唯恐失去他们已取得的近似独占权，便牢牢地聚拢在一起，不惜牺牲农民的利益来牟取暴利；三是宗教信仰上的不同——印度教徒与伊斯兰教徒之间的大分裂；四是政治上的竞争形成了各种宗派，而这些宗派又扩大了各个不同集团之间的纠纷。①

相对于农业上可资使用的土地的数量而言，斐济的人口是增加了，特别是第二次世界大战以来，斐济人口增加尤多，而人们又缺乏以其他办法谋生的机会。事实上并不是斐济族人的家庭和印度族人的家庭生育了为数更多的子女，而是由于引进了现代医疗和卫生设备，他们比过去养活了较多的子女并使其成长起来。还有一点就是，印度族人比土著居民更善于哺育自己的孩子。现代有关植物学方面以及有关农业管理和农业操作机械化方面的研究成就，导致了农村居民的就业机会日益减少，而城镇里没有相应的工业发展为他们提供受雇的机会。②

第四节　斐济独立的艰难历程

一　太平洋战争爆发与斐济的卷入

二战爆发后，日本极其希望通过侵略战争建立其在东亚的新秩序，并

---

① 库尔特：《斐济现代史》，广东人民出版社，1976，第 11～13 页。

② 库尔特：《斐济现代史》，广东人民出版社，1976，第 13 页。

将其防御半径向东延伸，即从北方的千岛群岛，向南穿过马里亚纳群岛、威克岛、马绍尔群岛和吉尔伯特群岛，到新不列颠的拉包尔，形成从缅甸到新几内亚岛及其附属岛屿的所谓"大东亚共荣圈"。日本此举意图有二：一是在经济上，为日本的制造业提供巨大和可靠的市场以及稳定的原材料来源；二是在军事上，阻断盟国对中国提供援助，达到进一步孤立中国的目的。[①] 日本"大东亚共荣圈"的野心不仅损害包括中国在内的亚洲各国的主权，而且也给广大的南太平洋岛屿居民的生命财产安全带来极大损害。

早在 1940 年末和 1941 年初，德国军舰就曾袭击过英国在太平洋上的目标，几艘商船被击沉，瑙鲁遭到轰炸，新西兰水域也被布下了水雷。但德国在太平洋上的军事行动并不居主导地位，德国的主战场在欧洲。1941 年 12 月 7 日，日军偷袭美国海空军基地珍珠港，宣告了太平洋战争的爆发。

1. 日军对南太平洋的入侵

1942 年 1 月 23 日，日本侵略拉包尔。驻扎在此的约 1400 名装备不整的澳大利亚军人，被重炮掩护下的 5000 名日军迅速击溃。2 月，日军攻占了所罗门群岛的阿德默勒尔蒂群岛和布克岛（Buka）。3 月 8 日，日军推进到新几内亚岛内陆。10 日，日军遭到美军舰反击，有 7 艘运输舰被摧毁。此阶段日本的政策就是强迫这些岛屿与之签订媾和和约，希望兵不血刃地占领这些岛屿，以巩固其在印支所得并扩大对中国的侵略。[②]

4 月，美国、英国、澳大利亚、新西兰、荷兰五国政府一致同意建立西南太平洋军事指挥部，同时制定和颁布总指挥官的行动准则。经澳大利亚政府提议，麦克阿瑟将军被罗斯福总统委任为西南太平洋战区盟军最高统帅。面对美澳联合，日本受到反攻的压力增大，日本如想反制，就必须占领西南太平洋岛屿，切断美澳之间的联系。日本大本营于 1942 年夏将作战方针调整为：占领新几内亚岛东部和所罗门群岛中的重要岛屿，巩固

---

① K. R. Howe, Robert C. Kiste, Brij V. Lal（eds.）, *Tides of History: The Pacific Islands in the Twentieth Century*, University of Hawaii Press, p. 154.

② 汪诗明、王艳芬：《太平洋英联邦国家：处在现代化的边缘》，四川人民出版社，2005，第 187 页。

西南太平洋日军的控制地位，切断美澳交通线，以使"澳洲今后将不可能靠美国的援助来增强其抗战能力，美国将失去在南太平洋上对日反攻据点，美澳通过太平洋的联系将陷入瘫痪状态"。① 为此，日本计划占领新喀里多尼亚、斐济、萨摩亚，并向所罗门群岛方向推进。出于侧翼防守的需要，日本需在新几内亚岛有一个空军基地。5月初，日军试图对莫尔兹比港发起水陆两栖攻击，从拉包尔派遣两艘战舰，其中一艘用来完成对吐伽里（Tugali）的占领，与此同时，一支强大的海军力量部署在向东的运输通道上去迎击美军。然而，日本在战略上的失败迹象越来越明显。日本人由于急于求成，在太平洋上的进军路线拉得过长而陷入了困境。在对珍珠港袭击六个月后，日本在两个关键性的战役中接连受挫，这为盟军全面反攻提供了条件。

1942年5月7~8日，在珊瑚海战役（Battle of the Coral Sea）中，美国的航空母舰机群对驻扎在莫尔兹比港的日军力量进行打击。美日双方都有战舰被毁，但日军损失惨重。在6月3~6日的中途岛战役（Battle of Midway Island）中，美国舰队击沉了日本一支精良舰队中的四艘航空母舰，并迫使这支舰队逃走，这一行动被看作太平洋战争的转折点。② 也就是从此役起，美军在太平洋战争中开始建立起它在海军和空军方面的优势。7月，美军参谋长联席会议颁布了新的作战计划，计划采用有限的反击战重夺新不列颠、新爱尔兰、所罗门群岛和新几内亚岛东部。日军也在许多岛屿登陆，试图抢占据点，但无功而返。与此同时，日军布重兵在巴布亚东北海岸的高拉（Gona）登陆，攻袭莫尔兹比港。由于日军在丛林战方面训练有素，他们成功地越过赤道，发动了一场对于澳大利亚军人来说完全陌生的战争。在一个月的殊死战斗中，日军到达距离莫尔兹比港只有22英里的山脊。由于补给困难，加上澳军顽强狙击，日军被迫撤退，重新集结。由于在海战中受挫，日军向南推进最终搁浅在所罗门

---

① A. F. Mediansky and A. C. Palfreeman, *In Pursuit of National Interests: Australian Foreign Policy in the 1990s*, Pergamon Press (Sydney), 1988, p. 1146.

② 〔英〕D. G. E. 霍尔:《东南亚史》，商务印书馆，1982，第928页。

群岛的瓜达尔卡纳尔岛（Guadalcanal），并在海岸附近修筑了一个野战机场。8月，美军在瓜达尔卡纳尔岛登陆，占领了几近竣工的机场，并以中途岛战役中一位名叫亨德森·费尔德（Henderson Field）的英雄的名字给该机场命名。

尽管日军在南太平洋地区丧失了战略主动权，但其大本营仍决心尽最大努力守住新几内亚岛的西部地区。为此，日军在荷兰迪亚（今天的查亚普拉）建立了一个较大的供给和保养基地。为进一步加强在新几内亚岛西部的防御，日军还在荷兰迪亚内陆山区修建了数个新机场。1943年6月，盟军发起了对新几内亚岛的反击战。11月，盟军占领了吉尔伯特群岛。1944年2月，美军解放了马绍尔群岛中的其他岛屿。自1944年3月30日起，驻守赛多尔的美军第5航空队属下的远程轰炸机向新几内亚岛沿岸的日军基地发动猛烈空袭，荷兰迪亚的日军机场也遭到反复轰炸，日军约40架飞机被炸毁在机场的跑道上。①

在一年多的时间里，麦克阿瑟的军队一步步地深入日军的防御弧线，已经西进了近3000公里，北进了1000公里，在新几内亚岛战役中，麦克阿瑟成功地实施了其独创的"蛙跳战术"，仅动用有限的兵力即达到了收复新几内亚全岛的战略目标。虽然仍有日军残留在新几内亚岛内陆山区和个别日军据点，但由于与外界的联系被切断，他们的存在对盟军的主要作战行动已不构成威胁。② 在新几内亚岛战役中，有很多军人和平民死于战火。在新几内亚岛的许多地方，都辟有埋葬战争英雄的公墓。这些无声的公墓向后人诉说着这里曾经是正义者与非正义者激烈交锋的地方。

二战后出版的反映盟军作战的大量史料，对以美国为首的盟军作战给予了详细的记载和充分的肯定，但很少涉及西南太平洋岛屿人民的参战，这是有失公允的。根据少量文字史料、口述史料以及战争遗物、图片来看，西南太平洋岛屿是太平洋战场的重要组成部分，岛屿居民以不同的方

---

① 军事科学院军事历史研究部：《第二次世界大战史》（第四卷），军事科学出版社，1998，第218~219页。
② 军事科学院军事历史研究部：《第二次世界大战史》（第四卷），第224页。

式参与这场战争，为太平洋战争的最终胜利做出了贡献。[①]

2. 斐济人民的抗日斗争

在酋长们尤其是一战老兵拉图·苏库拉（Ratu Sukuna）的热情支持下，1943 年大约有 6500 名斐济人走上前线，在 1943 年末至 1944 年中，他们当中有 2000 多人部署在所罗门群岛。他们作战出色，并且因勇敢和善于进行丛林战而赢得了很高声誉。在二战期间，约有 7700 名斐济人自愿在大不列颠的武装部队中服役，其中约有 3000 人在不同时期驻在国外。[②] 斐济人在战争中伤亡较大，其中一个名叫西费奈亚·苏卡奈瓦卢的斐济下士，在掩护他的小分队撤离时遭敌人枪杀，他因此荣获维多利亚十字勋章，这是英国授予勇敢者的最高奖赏。

1943 年，在由美国、斐济、汤加和新西兰部队实施的一系列著名的越岛袭击中，海岸哨兵在不少场合发挥了重要的作用，那时盟军在进入布甘维尔岛[③]之前先向芒达机场、维拉拉维拉岛和金库岛的日军发动袭击。此外，土著居民还利用其自身条件，充当侦察员和向导，营救那些同自己部队失去联系的士兵和救助从飞机上摔下来的飞行员。

二　民族主义的兴起

第二次世界大战给太平洋岛屿带来的变化是巨大的。这不仅表现在战争的进程之中，而且也体现在战后形势的变化方面。正是这些变化触发了这一地区民族主义的兴起。

第一，第二次世界大战又一次打破了太平洋岛屿的孤立和宁静状态。如果说几个世纪以前西方殖民者使土著居民成为殖民牺牲品，那么，日军的入侵让他们感到有责任去保卫自己的家园。这种责任意识就是当地民族主义的最初萌芽。

第二，太平洋岛屿居民在战争这一特殊的环境下与西方人进行了一次

---

① 汪诗明、王艳芬：《太平洋英联邦国家：处在现代化的边缘》，第 191 页。
② 库尔特：《斐济现代史》，第 87 页。
③ 布甘维尔是法国航海家，是第一个看到所罗门群岛的欧洲人，其中最大的岛屿布甘维尔岛就是以他的名字命名的。

富有成效的合作，在合作中他们不仅对西方人有了新的认识，而且也从西方人那里认知了现代文明，他们的生活方式也在不知不觉中发生变化。

第三，大战改变了岛屿居民的思想观念，提高了他们的政治觉悟。他们自愿接受了西方社会尤其是美国的平等进步的观念，这种平等进步的观念对英国维护殖民统治是一个不小的挑战。

第四，第二次世界大战使英国的经济、军事力量受到严重削弱，加快了英国的衰落进程。英国的日渐衰落使得英帝国与自治领或殖民地之间关系的调整不仅成为必要，而且也变成了可能。

第五，国际社会支持民族解放、民族自治或独立运动，这给包括英国、澳大利亚、新西兰在内的宗主国或托管国施加了不小的压力，迫使它们顺应时势做出调整。

三　宪制改革与斐济的独立

1. 宪制改革

（1）英国殖民统治的困境

在西南太平洋岛屿中，斐济是个特殊的政治实体。由于在被殖民统治和开发进程中，斐济大量地输入印度契约劳工，所以它成了西南太平洋岛屿中唯一一个外来人口超过当地土著人口的岛屿。正是受制于人口这一特殊而又敏感的因素，斐济独立面临两个关键问题。一是斐济与英国的关系在宪法上的不断调整，二是斐济内部土著人与印度族人的利益均衡问题。在斐济多元民族社会里，印度族人以人数上的优势呼吁全民公决，斐济族人和欧洲人则坚持维持现状。所以，斐济的独立道路就是通过宪制改革在不同的民族所做出的贡献——来自土著斐济人的土地、印度的劳动力和欧洲人的资本和管理方面寻找平衡。[①]

殖民政府的困境由于人口的增长而加剧。到 1946 年，印度族人在人数上已稍稍多于土著斐济人。1956 年，这种趋势得到加强，印度族人占

---

① 汪诗明、王艳芬：《太平洋英联邦国家：处在现代化的边缘》，四川人民出版社，2004，第 206 页。

总人口的 49%，而土著斐济人只占总人口的 43%。尽管存在人口数量的差异，但是非殖民化进程还是依据"民族平等"的原则。1958 年，来自主要民族的三名非官方代表被引荐到行政委员会。1959 年大酋长委员会被允许选举 5 名斐济人代表（以前是由总督从大酋长委员会推荐的名单中任命）。

（2）修宪的提出及各方的反应

1960 年 11 月，斐济总督建议对斐济宪法进行某些修改。三个月后，有关宪法修改的各种建议出台。最先做出反应的是斐济国内三个最有影响的民族：斐济族人、印度族人和欧洲人。这三个民族都基于各自的民族权益设定了宪法改革方案。斐济族人要求维护自己是国家主体民族以及在政治上的特权地位，要求印度族人返回印度，中国人返回中国，罗图马人及其他太平洋岛屿人返回各自的岛屿，使斐济成为斐济族人（原住居）自己的家。印度族人要求给予自己与其他民族同等的永久居住权以及其他方面同等的权利；欧洲人则支持有限的权力转移，并且保护在人数上处于劣势的欧洲人的利益，尤其是在斐济社会经济中的地位。三个民族凭借优势，在国家管理权力上各执己见。但无论如何，三个民族在政治、经济和社会地位方面的不同要求给殖民者提出了新的课题，迫使他们做出一定的让步。

曾在非殖民化年代里在尼日利亚供职的肯尼思·迈道克斯（Kenneth Maddox）总督对此有着较为清醒的认识，他认为"在公众舆论前而不是落后于它做出一些调整是明智的"，主张应从蒙巴顿在印度的"武装独立"以及后来非洲的独立运动中吸取教训，走有序的非殖民化道路。对殖民者来说，这是维持其既得利益、保证殖民地有序发展的一种手段。

1963 年，公民权扩大到所有斐济妇女。部长成员制是迈向内阁政府的第一步，斐济政府引进了三名成员，每个民族有一名成员，负责通信、社会公益事业和自然资源管理等工作。同年，立法议会议员的数量增加，但是官方代表仍然占据多数。1964 年，"会员资格制"被引入行政委员会。

（3）1965 年制宪会议的准备与召开

其实早在制宪会议召开之前，国务大臣阿瑟·格林伍德（Arthur

Greenwood）就曾于 1963 年 8 月 15 日禀报总督说，已到了给英国与斐济未来关系定性的时候，并建议于 1965 年 2 月召开一次会议。为此，英国殖民政府还进行了一系列的先期磋商，并且达成协定：尚不讨论独立问题，但是大家希望"朝着更大程度的内部自治方向推进"，建立代表制，扩大选举范围（因为当时罗图马人、华人以及其他太平洋岛屿居民均没有选举权）。另外，此协定还谈到了对人权的进一步保护。

1965 年 8 月，为了谋求更大程度的自治，斐济制宪会议在伦敦正式召开，其目的就是制定一部与英国保持联系的宪法，并朝着自治的方向迈进。为使会议能够顺利召开并争取斐济原住民同意出席，英方同意先不涉及独立和斐济原住民土地等敏感问题，而将讨论议题集中在终止殖民统治和立法议会议员产生的方式上。为了民族融合、平等，这一选举制度采用一人一票制，并不考虑斐济原住民、印度裔斐济人两大族群的特别席次分配。

本次会议还在下列问题上达成一致，如取消任命制、采用选举多数制、给予少数民族公民权、实行成人选举权等。但在选举的方法上各方的分歧仍然很大，印度族人坚持在普选制基础上的单一选区制，而斐济族人和欧洲人则坚持维持现状。[①] 最终，英国政府的妥协建议被三方接纳。在新立法议会议员中，斐济族人、印度族人和包括欧洲人在内的一般选民在议会中的代表人数分别为 9 人、9 人和 7 人。这种方案的主要特征是强调了民族差别。斐济族人较之于印度族人，稍占人员上的优势。欧洲人更处在一个特权地位，其人口不足总人口的 5%，在议会中所占议席却高达28%。[②]

2. 斐济政党的建立与斐济独立的推进

斐济作为英国的殖民地，在政治上长期以来处于"冬眠"状态，这一现象引起了国际社会越来越多的诟责。在这种情况下，斐济政治逐渐发

---

① Stephanie Lawson, *The Failure of Democratic Politics in Fiji*, Clarendon Press, 1991, pp. 170 – 171.

② K. R. Howe, Robert C. Kiste, Brij V. Lal（eds.）, *Tides of History: The Pacific Islands in the Twentieth Century*, p. 176.

生变化，开始采纳选举参与制，党派政治活动的组织性也逐渐加强。20世纪60年代，斐济政党纷纷建立。

（1）斐济人联合党

1956年，斐济人联合党（the Alliance Party）在斐济人协会（the Fijian Association）的基础上成立。

1963年，该组织开始表现出较高的政治姿态，不仅要保护土著斐济人土地所有权和大酋长委员会的地位，而且要确保斐济独立后的发展，主张斐济总理一定要由土著斐济人担任。在未来的任何立法议会中，土著斐济人一定要处于绝对优势地位。1964年，该组织在坚持土著斐济人利益优先的原则下，承诺斐济走多元民族之路。1965年，斐济人联合党已发展成为包括斐济人协会、一般选举者协会（the General Elector's Association）、穆斯林民族阵线（the Muslim National Front）、华人协会（the Chinese Association）和罗图马人会议（the Rotuman Convention）等在内的政治组织。

（2）民族联盟党

1963年，在安巴拉尔·帕特尔（Ambalal Dahyabhai Patel）的领导下，印度裔斐济人成立了民族联盟党（National Federation Party），提出了"一个国家、一个民族、一个命运"（One Country, One People, One Destiny）的口号，主张所有斐济公民都应称作"斐济人"，而将土著斐济人称为"Taukei"。该党的主张引起了土著斐济人的不满，十分担心此举将会影响他们优越的地位。就在两派争执不下之时，1966年3月12日，卡米塞塞·马拉（Kamisese Mara）领导的斐济联盟党在苏瓦成立。

（3）斐济联盟党

1966年3月12日，斐济联盟党在苏瓦成立。卡米塞塞·马拉虽然是斐济传统等级制度的领导人，但没有民族歧视意识，他希望结束斐济长期以来由于民族之间的矛盾而带来的混乱、灾难和痛苦，建立一个独立的国家。他在该党成立的新闻发布会上阐明了成立该党的必要性，即"联合起来管理自己，为我们的人民提供一个诚实的和稳定的政府，维护我们已有的制度；如果有必要去审视这些既存制度，我们必须随时应对。我们希望以一个所有的民众都满意的良好政府的形象屹立在世界面前"。① 卡米塞塞·马拉的讲话阐明了该党的首要目标，就是希望结束斐济长期以来由于民族之间的矛盾而带来的混乱、灾难和痛苦，表明该党将采取实际步骤来防止此类事件再次发生。

1966 年，A. D. 帕特尔领导的民族联盟党迫切要求实现享有完全自治领地位的独立国家，该党相信脱离英国是斐济族人和印度族人坐下来磋商解决困扰两个民族的诸多问题的关键。而联盟党内的斐济族人和欧洲人不愿意割断与英王室的联系，把完全独立看作一个遥远的事情。然而，独立还是在四年之后降临了，加速独立谈判进程的一个关键因素是 1968 年的议会补缺选举所带来的紧张局势。这次选举使斐济处在民族冲突的边缘。1969 年接替帕特尔任民族联盟党党首的 S. M. 科亚（S. M. Koya）是个务实的人，他并没有一味地坚持实行普选制，也没有强烈要求选举自己为国家首脑，这两点都是斐济联盟党强烈反感的。另外，斐济联盟党也相机行事，认为通过采取稳妥的保护斐济族人利益的立场和措施来赢得独立是可取的。②

1969 年末至 1970 年初，有关各方秘密举行了旨在实现独立的宪法改革会议。此举意在确保与会各方开诚布公，避免公众的监视所造成的压力，最后制定的宪法文本既未交予全民公决，也没有在议会经过详细的讨论，两个政党的领袖们展现给斐济公众的是一个既成的事实。毫不奇怪，斐济独立的"一致"宪法并不标志着与殖民地过去任何激进的分离，相反，它确保了殖民地时期的一些基本原则。

多元文化社会是斐济殖民遗产的主要特征。旨在保护斐济族人利益的政策与对蔗糖经济的需求的不相容性，突出地体现了殖民地社会的特征。当各民族的领导人开始考虑在没有英国干预的情况下走上独立发展之路

① Brij V. Lal （ed.）, *Politics in Fiji*: *Studies in Contemporary History*, The Institute for Polynesian Studies, 1986, p. 30.

② Brij V. Lal （ed.）, *Politics in Fiji*: *Studies in Contemporary History*, The Institute for Polynesian Studies, 1986, pp. 74 – 75.

时，社会暴力的威胁还是对他们产生了深刻的影响。① 斐济人联合党对发展多元民族社会表现得很不情愿，认为这是对斐济族人利益的出卖。1963年建立的民族联盟党则表现得较为开明。该党认可由斐济族人担任国家元首，并拥有对危及斐济族人利益的法律的否决权，但提议建立一个基础广泛的政府。在 1969 年末的秘密协商中，双方的政治家坐在一起，协商解决问题的良策。斐济人联合党接受了完全独立的原则，斐济联盟党也在普选制方面做出了让步。

3. 1970 年伦敦制宪会议与斐济的独立

1970 年 5 月，在伦敦召开的制宪会议确立了议席的分配方案：在27 个地方议员中，斐济族人占 12 席，印度族人占 12 席，其他人占 3席。在 25 个全国议席中，斐济族人和印度族人各占 10 席，其他人占 5席。

1970 年 10 月 10 日，斐济独立，成为英联邦成员国，卡米塞塞·马拉为斐济第一任总理。令人啼笑皆非的是，这份由英国王储查尔斯交给斐济，设定斐济宪法基础，确认斐济为独立国家的历史性文件——《1970年独立法令》，却在 2005 年遗失，相关官员找遍所有档案和联系各个部门之后，仍无法找到这份文件。最后，不得不联系英国政府，请求获取一份独立法令的影印件。

斐济独立，宣告了英国对其 96 年殖民统治的终结。斐济独立是比较低调的，没有亚洲和非洲大部分地区对外来统治者的极度憎恨和激烈的民族斗争，相反，斐济脱离与英国的殖民关系是基于一种信任和友谊，并以一种在太平洋其他地区非常典型的有序、宪制及和平的方式来完成的。从某种意义上说，斐济独立的相对晚来并不是英国不情愿撤离，而是斐济各政治派别在沿着完全自治方向迈进的性质和速度方面存在严重分歧。②

① 汪诗明、王艳芬：《太平洋英联邦国家：处在现代化的边缘》，四川人民出版社，2004，第 210～211 页。
② 汪诗明、王艳芬：《太平洋英联邦国家：处在现代化的边缘》，四川人民出版社，2004，第 211 页。

第五节　著名历史人物

一　"斐济之王"——塞鲁·卡科鲍

拉图[①]塞鲁·卡科鲍（1815～1883）是斐济宝岛的最高酋长拉图塔诺·维萨瓦卡与他的妻子阿迪萨武萨武[②]（Adi Savusavu）的儿子。1852年卡科鲍继承父位，成为宝岛的最高酋长。此后，他又征服了维提岛和一些岛屿的部落，建立了以他为中心的联盟，即"宝联盟"，宣称宝岛拥有斐济的宗主权，声称自己其实是斐济的国王。但在卡科鲍崛起的同时，另一个雄心勃勃的外地人——汤加的马阿福则依靠汤加老乡的帮助，在斐济群岛东南的劳群岛和瓦努阿岛确立了自己的统治地位，建立了"劳联盟"。两大联盟之间不断发生战争，直到1855年，卡科鲍才在汤加国王的支持下，在卡巴之战中击败对手。1865年，卡科鲍建立了独立联盟王国"维提"。1871年，卡科鲍在汤加国王图普一世的帮助下，平息了部落战争，统一了斐济，建立了斐济联合王国，定都莱武卡。由于斐济是在他的领导下最终完成了国家统一，所以他又被称为"斐济之王"。1874年斐济正式成为英国的殖民地后，卡科鲍仍然保留斐济最高酋长称号，平静生活到1883年死去。

二　现代斐济之父——卡米塞塞·马拉

卡米塞塞·马拉（1920～2004）是斐济现代国家的创立者，被称为"现代斐济之父"。他出生于劳群岛的瓦努阿姆巴拉武，是武阿尼雷瓦部落首领拉图特维塔·乌卢伊拉凯巴和他的第一个妻子、有汤加皇族血统的卢西安娜·恩戈利科罗的儿子。卡米塞塞·马拉先后就读于新西兰的圣心

---

① 拉图是斐济军衔，与之对等的女性军衔则称为"阿迪"。在马来文中，拉图是对爪哇文化统治者的尊称。

② 当时维萨瓦卡有9个妻子，萨武萨武是其中之一。

学院、诺克斯学院、奥塔哥大学以及英国的牛津大学，学习医学和历史，并干 1962 年获伦敦政治经济学院经济学硕士学位。1973 年奥塔哥大学又授予他荣誉法律博士的称号。

1950 年，马拉回国后开始在英国的海外殖民机构任职。1953 年被提名为斐济立法会委员，1959 年进入行政委员会，1963 年成为政府事务主管、国家资料库成员，1964 年被大酋长委员会接纳。1966 年他创立了斐济联盟党，在斐济族人和欧洲裔中赢得很高支持，并在 1966 年斐济选举中赢得多数席位。

斐济独立后，作为首席部长的马拉被任命为总理，但在 1987 年的大选中被蒂莫西·巴万德拉击败。5 月，兰布卡发动政变后被大酋长委员会任命为外交事务和民航顾问委员会委员，后仕看守内阁外交部部长。

1992 年马拉将权力交给民选政府，6 月成为副总统。1993 年 12 月 16 日加尼劳总统去世后，他继任总统。2000 年，斐济再次发生政变，乔治·斯佩特带领武装步兵闯进议会大楼，绑架了总理乔杜里和一些内阁成员及议员。马拉也被遣往拉凯巴岛的住所，其政治生涯就此结束。

第三章

政　治

第一节　概况

1874 年斐济沦为英国的殖民地后，斐济人民为争取民族独立进行了不懈的斗争，1970 年 10 月 10 日斐济终于获得独立并颁布了宪法，"现代斐济之父"卡米塞塞·马拉成为斐济第一位总理。然而，由于斐济国内斐济族与印度族之间的矛盾，1987 年 5 月斐济发生了首次军事政变。1987 年 9 月、2000 年 5 月和 2006 年 12 月，斐济又接连发生了三次军事政变。2007 年 1 月，斐济成立临时政府，乔萨亚·沃伦盖·姆拜尼马拉马（斐济语：Josaia Voreqe Bainimarama）[①] 任临时政府总理。2012 年 11 月，埃佩利·奈拉蒂考（Epeli Naılatikau）当选斐济过渡政府总统。2014 年 9 月 17 日，斐济举行大选。22 日，大选结果揭晓，总理姆拜尼马拉马所领导的斐济优先党获得了议会 50 席中的 32 席，成为执政党。

一　议会民主制

斐济独立后，其政治体制采用英国的议会民主制，国会也仿效英国的两院制。原来的立法议会转型成为下议院，议员数量为 52 席，根据民族分配席次，同时取消了《1966 年宪法》中大酋长委员会和总督派任的议员，

---

① 即弗兰克·姆拜尼马拉马（Frank Bainimarama）。

因此，在下议院，斐济原住民已经无法在掌握多数席位的情况下确保自己的权益。上议院则采取任命制，分别由大酋长委员会、首相、在野党以及北方岛屿罗图马议会按 8：7：6：1 席次分配派任。尽管如此，斐济原住民在上议院中也不拥有绝对优势，他们的"至高权利"显然无法完全获得保障。

二 民族矛盾与政治冲突

土著斐济人的优越地位引起了印度裔斐济人的强烈不满，他们凭借经济优势不断斗争，最终在 1987 年 4 月举行的全国大选中获胜，组建起印度族人占多数的政府。斐济族人十分担心斐济最终会成为印度族人的国家，本族会沦为"次等土著人"，也唯恐印度族人控制的政府会剥夺斐济族人的土地和权利，遂群起反对，游行示威和骚乱活动此起彼伏，要求恢复斐济族人对政府的控制权。为了消除骚乱，恢复斐济族人的生活方式，西蒂韦尼·兰布卡发动军事政变，并修改了宪法，规定斐济族人永远在政府中居支配地位。印度族人对此极为不满，亦群起反对，商人停业，职员罢工并游行抗议，不承认政变当局，不承认新宪法，要求恢复民主。两族矛盾趋于激化。

1999 年 5 月斐济举行大选，以印度族人为主的斐济工党获胜，马亨德拉·乔杜里（Mahendra Chaudhry）成为斐济历史上第一位印度裔总理。2000 年 5 月 19 日，斐济再次发生军事政变，政变者扣押了包括总理在内的 52 名官员，斐济再次陷入危机之中。直到 5 月 29 日，斐济军方采取断然行动宣布全国实施军事管制并下令戒严 48 小时，此次政变才被镇压。2000 年政变后，斐济军方接管国家权力，成立军人政府。

2006 年恩加拉塞担任总理后，其偏袒和保护土著斐济人的做法，引起了军队司令姆拜尼马拉马的强烈不满，军事政变再一次在斐济上演。12 月 5 日，姆拜尼马拉马宣布接管国家行政权力，并解散政府和议会。2007 年 1 月，斐济成立临时政府，姆拜尼马拉马任临时政府总理。2009 年 4 月 9 日，斐济上诉法院宣布斐济临时政府非法。10 日，伊洛伊洛总统宣布废除宪法、解除所有法官职务并于 2014 年 9 月前举行大选。11 日，伊洛伊洛重新任命姆拜尼马拉马为总理。

二 政府机构

2014 年 9 月大选后，姆拜尼马拉马 9 月 22 日宣誓就职，并组阁。斐济内阁现有 20 名成员：总理兼土著事务、糖业部长姆拜尼马拉马；总检察长兼司法、财政、公共企业、公共服务部长艾亚兹·赛义德 - 海尤姆；工业、贸易和旅游部长法亚兹·科亚；基础设施和运输部长皮奥·蒂科杜阿杜阿；地方政府、住房和环境部长帕尔文·库马尔；土地和矿产资源部长梅雷塞伊妮·武尼万加；渔业和林业部长奥塞亚·纳因加穆；农业、乡村、海洋发展、国家灾害治理部长伊尼亚·塞鲁伊拉图；外交部长伊诺凯·昆布安博拉；移民、国家安全和国防部长蒂莫西·莱西·纳图瓦；卫生和医疗服务部长乔恩·乌萨马特；教育、文化遗产和艺术部长马亨德拉·雷迪；就业、生产力和产业关系部长乔治·科努西·孔罗特；青年和体育部长莱塞尼亚·姆巴莱·图伊南鲍；妇女、儿童和减贫部长罗茜·索菲娅·阿克巴尔；财政、公共企业、公共服务、贸易和旅游助理部长洛娜·埃登；农业、乡村、海洋发展、国家灾害治理助理部长乔埃利·萨瓦基；卫生事务助理部长维娜·库马尔·巴特纳格尔；教育、文化遗产和艺术事务助理部长维贾伊·纳特；青年和体育事务助理部长伊利埃萨·恩德拉纳。

斐济历任总统、总理见表 3 - 1、表 3 - 2。

表 3 - 1 斐济历任总统

姓　名	生卒年月	执政时间	所属党派	备　注
西蒂韦尼·兰布卡	1948.9.13 ~	1987.10.7 ~ 1987.12.5		临时军政府
佩纳亚·卡纳坦巴图·加尼劳	1918.7.28 ~ 1993.12.15	1987.12.5 ~ 1993.12.15		死在任上
卡米塞塞·马拉	1920.5.6 ~ 2004.4.18	1993.12.16 ~ 2000.5.29	斐济联盟党	被废黜
弗兰克·姆拜尼马拉马	1954.4.27 ~	2000.5.29 ~ 2000.7.13		临时军政府

姓　名	生卒年月	执政时间	所属党派	备　注
约瑟法·伊洛伊洛	1920. 12. 29 ~	2000. 7. 13 ~ 2006. 12. 5		被废黜
弗兰克·姆拜尼马拉马	1954. 4. 27 ~	2006. 12. 5 ~ 2007. 1. 4		临时 军政府
约瑟法·伊洛伊洛	1920. 12. 29 ~	2007. 1. 4 ~ 2009. 7. 30		退休
埃佩利·奈拉蒂考	1941. 7. 5 ~	2009. 7. 30 ~ 2009. 11. 5		代总统
埃佩利·奈拉蒂考	1941. 7. 5 ~	2009. 12. 5 ~		现任总统

表 3－2　斐济历任总理

姓　名	生卒年月	执政时间	所属党派
卡米塞塞·马拉	1920. 5. 6 ~ 2004. 4. 18	1967. 9. 20 ~ 1987. 4. 13	斐济联盟党
蒂莫西·巴万德拉	1934. 9. 22 ~ 1989. 11. 3	1987. 4. 13 ~ 1987. 5. 14	斐济工党
（空位）		1987. 5. 14 ~ 1987. 12. 5	
卡米塞塞·马拉	1920. 5. 6 ~ 2004. 4. 18	1987. 12. 5 ~ 1992. 6. 2	斐济联盟党
西蒂韦尼·兰布卡	1948 ~	1992. 6. 2 ~ 1999. 5. 19	斐济族政治党
马亨德拉·乔杜里	1942. 9. 2 ~	1999. 5. 19 ~ 2000. 5. 27	斐济工党
特维塔·莫莫恩多努	1941 ~	2000. 5. 27	斐济工党
（空位）		2000. 5. 27 ~ 2000. 7. 4	
莱塞尼亚·恩加拉塞	1941. 2. 4 ~	2000. 7. 4 ~ 2001. 3. 14	
特维塔·莫莫恩多努	1941 ~	2001. 3. 14 ~ 2001. 3. 16	斐济工党
莱塞尼亚·恩加拉塞	1941. 2. 4 ~	2001. 3. 16 ~ 2006. 12. 5	团结的斐济党
乔纳·巴拉维拉拉·塞尼兰·加卡利	1929 ~	2006. 12. 5 ~ 2007. 1. 4	
弗兰克·姆拜尼马拉马	1954. 4. 27 ~	2007. 1. 5 ~ 2009. 4. 10	
（空位）		2009. 4. 10 ~ 2009. 4. 11	
弗兰克·姆拜尼马拉马	1954. 4. 27 ~	2009. 4. 11 ~	

第二节　议会制度的建立与完善

一　《1970 年宪法》与议会制的确立

根据 1874 年 10 月 10 日，斐济最高酋长卡科鲍和其他最高酋长与英国女王的代表赫尔克里士·乔治·罗伯特·鲁滨逊爵士所缔结的、世称割让契约的协定，以及 1879 年 11 月罗图马岛的酋长们通过的罗图马岛割让契约，基于对英国女王伊丽莎白二世及其世世代代继承人的忠诚，对上帝的崇敬，以及下列不可动摇的信念"人人都有权获得基于法治并受法治保障的基本人权与自由"，斐济通过了《1970 年宪法》，成为行政、立法、司法三权分立的议会制国家。

1. 行政权

斐济行政权属于英国女王。总督是女王在斐济的代表。除宪法另有规定者外，行政权由总督代表女王，或直接行使，或通过总督的下属官员行使。

（1）总督

设斐济总督兼总司令，由女王任命，其任期由女王任意确定，该总督为女王派驻斐济的代表。凡遇总督缺位，或离开斐济，或因故不能履行职务时，其职务应由女王指定的人员代行，如果斐济无适当人选可以指定，则由首席法官代行之。凡根据规定受命担任总督的人员，在就职前应按照宪法规定，举行效忠宣誓并在宣誓书上签字，宣誓仪式由首席法官或首席法官所指定的最高法院其他法官主持。

（2）政府（内阁）

政府由总理、总检察长以及由议会规定的各部部长组成。各部部长由总督根据总理的提名任命。

总督经深思熟虑后，任命一名他认为最能获得众议院多数议员支持的众议员担任总理。

各部部长（不包括总理）由总督根据总理的提名任命。但是只有获得在斐济担任开业律师资格的人员，方能被任命为总检察长；凡已经辞去部长职务的任何个人，在该届议会解散前，不得再被任命为部长，除非在重新任命时，该人已担任众议院或参议院议员。

如果总检察长因故不能履行职务，总督应根据总理的提名，指定一名有资格在斐济担任开业律师的人士（不论此人是否为众议员或参议员）代行总检察长职务。

除特殊规定外，总督在履行宪法或其他法律赋予的职权时，必须听取内阁或由内阁授权的部长的建议。根据宪法，总督有时甚至需要按照或征询内阁以外的任何个人或机关的建议，有时可由总督自行考虑决定行使职权。[①] 总理必须向总督提供有关斐济政府日常工作的详细报告，以及总督需要的同斐济政府有关的具体事项的资料。

2. 立法权

立法权属于议会，议会由众议院和参议院组成。在遵守宪法的前提下，议会有权为维护斐济的和平、秩序和良好政府制定各种法律。

（1）众议院

众议院有议员 52 名，任期 5 年，均根据宪法的规定由各选区选举产生。

根据《1970 年宪法》，凡年满 21 岁的斐济公民均为选民，按民族分别登记选册，即斐济族选民册、印度族选民册、既非斐济族又非印度族选民册。此外，所有按规定登记过的选民还须在另一本名册（在《1970 年宪法》中被称为"国民名册"）上登记。

然后，选民们从斐济族选民册的登记选民中选出 22 名（1992 年后改为 37 名）众议员，从印度族选民册的登记选民中选出 22 名（1992 年后改为 27 名）众议员，从既非斐济族又非印度族选民册的登记选民中选出 8 名（1992 年后改为 6 名）众议员。

在大选后的众议院首次会议上，再从议员中选举议长与副议长各 1

---

① 上海社会科学院法学研究所编译室编译《各国宪政制度和民商法要览》（美洲·大洋洲分册），法律出版社，1986，第 404 页。

名。若此后，该议长或副议长失去众议员资格，或担任政府部长或副部长，或众议院以议员总数的2/3多数票通过决议要求解除其职务，则其必须离职。凡担任议长或副议长者须以亲笔签名的辞职书，向众议院提出辞职，在众议院秘书收到该辞职书后，议长或副议长职位即告缺位。如果议长缺位，在选出新议长前，众议院不得审议任何事项。

（2）参议院

参议院由22名（1992年后改为34名）议员组成，除另有规定者外参议员任期6年，且不受议会解散的影响。在这22名参议员中，8名由总督根据大酋长委员会的提名任命、7名由总督根据总理的提名任命、6名由总督根据反对党领袖的提名任命、1名由总督根据罗图马岛委员会的提名任命。

在参议院的首次会议上，将从参议员中选出议长与副议长各一名；如议长或副议长空缺，参议院应在发生缺位后的下一次会议上尽早选出一名参议员补缺。如果议长或副议长失去参议员资格，或担任政府部长或副部长，或参议院以全体参议员的2/3多数票通过决议，要求解除其职务，议长或副议长将离职。凡担任议长或副议长职务者，须以亲笔签名的辞职书向参议院提出辞职，在参议院秘书收到该辞职书后，议长或副议长职位即告空缺。

（3）权限与程序

任何法案只能由众议院提出。众议院所通过的任何法案，必须送交参议院，由参议院正式通过，并且在参议院提出的修正案已取得两院一致同意后呈报总督，然后在总督对呈报的法案表示同意后，该法案才能成为法律，总督应立即将它作为法律予以公布。议会制定的任何法律，只有在公报上公布后方可生效。但是，议会有权推迟任何法律的生效日期，并有权制定具有追溯效力的法律。

议会的官方语言为英语，但是两院的任何议员都可用斐济语或印度斯坦语对两院的会议主席讲话。

众议院会议由议长主持，如议长缺席，则由副议长主持会议，如正、副议长都缺席，则由众议院推选一名议员（不担任政府部长或副部长者）

主持该次会议。

参议院会议由议长主持，如议长缺席，则由副议长主持会议，如正、副议长都缺席，则由参议院推选一名议员（不担任政府部长或副部长者），主持该次会议。

众议院开会的法定人数为17人（会议主持者除外），参议院开会的法定人数为7人（会议主持者除外）。如果议会任何一院开会时，出席人员未达到法定人数，因此有议员不同意开会时，应在按该院议事规则所规定的时间等候后，再由会议主持者确认出席者未达到法定人数，宣布休会。

除宪法另有规定外，在议会两院中交付表决的一切问题，均须以该院出席并投票议员的多数票决定。议会两院的会议主持者不得对交付各该院表决、应以该院出席并投票议员的多数票决定的任何问题进行投票，但是，如果表决结果是赞成与反对的票数相等，则会议主持者应行使决定性投票权。

总检察长有权出席并参加议会两院任何一院的活动，不论其是否为该院议员或另一院议员，但是总检察长在根据规定出席两院任何一院的任何活动时，均无表决权，也不得视为该院议员。

此外，《1970年宪法》对于财税、征税及涉及斐济族事务法令，1965年斐济发展基金法令，国土法令，国土托管法令，罗图马岛法令，1959年罗图马岛土地法令，农业地主与佃户法令，巴纳巴岛土地法令，巴纳巴岛租界法令等诸多法令做出了更加详细的具体规定。

3. 司法权

斐济既无宪法法院又无行政法院，有关宪法的问题由普通法院判决。

（1）最高法院

最高法院拥有对一切民事、刑事诉讼进行审判的无限初始管辖权，以及《1970年宪法》和其他法律所赋予的其他管辖权和权力。其法官由首席法官和若干名陪审推事组成，陪审推事的人数由议会确定。其中，首席法官由总督征询总理及反对党领袖的意见后任命，陪审推事由总督征询司法与法律行政委员会的意见后任命。任何法官职务均为终身制，除非经本人同意，否则不得废除。最高法院法官只有因无能力（身心虚弱或其他原因）履行职务，或者行为不端才能被免职。

（2）上诉法院

上诉法院由首席法官即上诉法院院长、上诉法院法官若干名以及最高法院的陪审推事组成。上诉法院法官一律由总督同司法与法律行政委员会协商委派，上诉法院法官的任职要求由宪法规定。

上诉法院法官的任期至少三年，但同时兼任英联邦其他地区法院法官或非英联邦国家法院法官职务者除外。上诉法院法官只有因无能力履行职务（身心虚弱或其他原因）或行为不端，才能被免职。

若不服上诉法院的判决，必须就宪法规定的各类案件，向枢密院司法委员会提起上诉。

斐济全国各地都有地方法院，由合格的专职律师任院长，审理一切民事和刑事案件。另有区法院审理不遵守《斐济族人事务条例》的违法案件以及斐济族当事人之间的民事诉讼案件。不服区法院的判决可向省法院提起上诉，依此顺序，再可向最高法院提起上诉。

（3）总检察长

《1970年宪法》规定任命警察总监和总检察长。总检察长不受任何法官的指导或控制。总检察长有权提起刑事诉讼，接管或继续进行其他任何个人或机关所提起的任何刑事诉讼，并有权在案件宣判之前的任何阶段，中止任何刑事诉讼。

二 1987年政变与《1990年宪法》的颁布

1. 1987年政变与《1970年宪法》的废止

1987年4月议会大选揭晓，工党与民族联盟党的竞选联盟获胜，其共同领导人巴万德拉组阁当选总理。由于民族联盟党得到印度裔斐济人的支持，因此巴万德拉内阁成员多由印度裔斐济人担任，引起了斐济原住民的恐慌和危机感。军方趁机发动政变，军事强人兰布卡中校接管政府，宣布废止《1970年宪法》。新政府成立后，大酋长委员会随即任命加尼劳爵士为总督，再由加尼劳任命马拉为总理。

9 月 23 日，斐济联盟党与民族联盟党达成协议，组成两族分享权力的政府。然而，兰布卡却认为实现斐济族人统治的目标并未达到，于是在 9 月 25 日再次发动政变。如果说第一次政变的目的是保护土著斐济人的利益，那么，第二次政变的目的则是脱离英国的控制，不再奉英国女王伊丽莎白二世为斐济国家元首，建立以总统为首的斐济共和国。

10 月 5 日，兰布卡在苏瓦与加尼劳总督、巴万德拉以及前总理马拉就斐济前途举行会谈。在会谈中，由于巴万德拉拒绝了兰布卡提出的在议会中斐济族人应占多数，在政府中总理、外长和内政部部长应由斐济族人担任的"最低限度要求"，会谈宣告破裂。10 月 6 日，兰布卡宣布斐济为共和国，前总督加尼劳就任斐济共和国第一任总统，前总理马拉任总理，并组成了以马拉领导的斐济联盟党和军政府成员为主的新内阁。

1988 年 9 月，斐济新宪法草案被临时政府正式批准，1990 年 7 月得到斐济大酋长委员会的最终同意。

2. 《1990 年宪法》

新政府于 1990 年 7 月公布新宪法。有鉴于《1970 年宪法》未能确保斐济原住民的权利，因此，新宪法的首要任务就是保护斐济原住民的土地权、传统文化、价值观等"至高无上的权利"。[①] 宪法保证斐济原住民在众议院 70 个议席中拥有 37 个多数议席，斐济印度族人拥有 27 席，还有 5 席由其他民族（主要是欧洲人后裔）占有，波利尼西亚人居住的罗图马岛拥有 1 个席位。成立参议院，设 34 个议席，其中 24 个议席须由斐族人占有。至此，斐济族人在政治上居于统治地位的局面随着新宪法的生效而合法化。

同时，1990 年公布的新宪法承认大酋长委员会在宪法上的地位，并将其组织和职权制度化，主要包括：①在政府组织上，使斐济原住民身份成为担任总理的必要条件；②修改议员的选举方式，规定按民族分别投票，在众议院 70 席议员中斐济原住民分配 37 席，掌握稳定的多数席位。参议院 34 席议员中，大酋长委员会提名 24 席，罗图马议会提名 1 席，其他族群选出 9 席，交由总统正式任命。

---

① Lawson Stephanie, 2002, pp. 48 - 50.

1990 年制定的新宪法主要目的就是要确保斐济原住民的"至高无上的权利",并没有考虑印度裔斐济人的权利,印度裔斐济人感到生存空间受到严重压缩,中产阶级知识分子和技术人员纷纷移民海外。截至 1995年移居海外的人数已经达到 7 万多人,约占总人口的 10%。这些移出者大多是企业的负责人、技术人员和医师,他们在斐济社会占有重要的地位,是社会的核心阶层。因此,《1990 年宪法》对斐济的经济发展带来重大打击,给斐济社会造成较大影响,也使得国外投资减少、失业率增加。国际社会也认为这是"民族歧视"的宪法,尤其是新西兰担心国内的毛利人效仿。

三 修宪与《1997 年宪法》的出台

1. 修宪的背景

由于印度裔斐济人大量移民国外,斐济原住民在总人口中再次占据多数,印度裔斐济人取得政权的机会相对降低。因此,曾经发动 1987 年军事政变的领导人兰布卡所领导的斐济人宪政党在 1992 年 5 月举行的国会大选中成为第一大党。6 月,兰布卡组阁之后与印度裔的在野党领袖合作成立"宪法审查委员会"(Constitution Review Commission),重新讨论《1990 年宪法》并着手修宪工作。

2. "宪法审查委员会"与《1997 年宪法》的制定

"宪法审查委员会"的主要成员包括前新西兰总督、毛利人保罗·李布斯(Paul Ribus)、斐济原住民托马斯·巴卡都拉(Tomosi Bakatora)以及印度裔斐济人布里奇·拉尔(Bridge Ral)。1996 年,该委员会向国会提出新宪法草案,之后国会成立"两院联席特别委员会"进行审查,经国会审议通过,于 1997 年 7 月 25 日由马拉总统签署并公告一年,1998 年7 月正式实施。

根据《1997 年宪法》,斐济议会由参议院和众议院组成,其中参议院由 32 人组成,众议院由 71 人组成,从年满 21 岁的公民中普选产生。其中众议院的席次分配为:斐济原住民 23 席、印度裔斐济人 19 席、罗图马人 1 席,其他族裔 3 席,其余的 25 席议员任期均为 5 年。参议院 32 席全部由任命产生：大酋长委员会提名 14 席、总理提名 9 席、反对党领袖提名 8 席、罗图马议会提名 1 席，提名后形式上再由总统任命。

3. 印度裔政府的组建与 2000 年军事政变

《1997 年宪法》实施两年后，于 1999 年 5 月举行了众议院的第一次选举，结果印度裔政党"斐济工党"（FLP）获得大胜，在 71 席中获得过半数的 37 席，印度裔党魁乔杜里就任新总理，组建新政府。在乔杜里依据宪法组建新政府时，前总理兰布卡要求担任副总理，遭到拒绝后不再参与多党内阁政府。兰布卡辞去斐济人宪政党主席和国会议员的职务，于 1999 年 6 月被选为大酋长委员会主席，与新政府形成对立的态势。

印度裔斐济人领导的新政府拒绝兰布卡入阁，再度引起斐济原住民的不安，再加上租借原住民土地的契约期限问题一直未获得妥善解决，原住民更加担心在印度裔政府下失去土地。而且在这段时期印度裔斐济人仍然持续移居海外，国外的投资也不见有任何增加，经济并未复兴。在这样不安定的情势之下，2000 年 5 月 19 日，商人乔治·斯佩特（George Speight）发动政变。

4. 2002 年国会大选

2002 年 8 月 25 日至 9 月 1 日，斐济举行国会大选，为显示斐济政府通过自由公平的选举来恢复宪政民主政体的决心，斐济内阁特邀联合国、英国、欧盟等派观察团前往观选，共同监督大选投票及计票过程，选举结束后可继续停留 5 天观察当地人民的反应。

在 71 席中，看守政府总理卡洛斯领导的"团结的斐济党"（SDL）获 31 席，在 2000 年 5 月政变中被废黜的印度裔前总理乔杜里所属的斐济工党获 27 席，保守联盟（CAMV）获 6 席。比较重要的人物如看守政府总理卡洛斯、前总理乔杜里、政变领袖斯佩特、看守政府外交部长卡利奥帕蒂·塔沃拉（Kaliopate Tavola）均当选连任，卡洛斯则继任总理。

四 2006 年政变与《2013 年宪法》的颁布

1. 2006 年政变与《1997 年宪法》的废除

2006 年 5 月举行大选，卡洛斯领导的"团结的斐济党"再度获胜，但在组织多党内阁的席次上与反对党一直无法取得共识，使政局无法安定。12月，军事强人姆拜尼马拉马发动政变推翻卡洛斯政府。2007年1月，姆拜尼马拉马出任临时政府总理。

2009年，姆拜尼马拉马宣布废除《1997年宪法》。2009年4月上诉法院裁定政变发动者姆拜尼马拉马领导的过渡政府不符合宪法，时任总统伊洛伊洛宣布接管政府权力并废除宪法，斐济进入宪法真空期。

姆拜尼马拉马废除国家宪法、用钦点官员取代所有国家法官的做法，遭到了国际社会的批评，斐济也被太平洋岛国论坛暂停了会员资格。但他抵制住所有压力，坚称必须先制定新宪法。

2. 《2013年宪法》的颁布

2013年1月1日，姆拜尼马拉马对全国发表新年致辞，表示斐济新宪法会在三个月内完成，他说："这部新的、现代的和不朽的宪法将在新年的第一季度末准备好"，这为2014年的大选"铺平道路"。同时，他表示当局还会制作一面新的国旗，来"强调斐济人的新国民身份"。

9月6日，斐济总统奈拉蒂考批准《2013年宪法》，宣布《2013年宪法》是斐济最高法律，于7日正式生效。

与此前宪法不同，新宪法不以民族定义和划分人群，而是使每一名斐济公民都获得"斐济人"称谓，这符合人人平等这一最根本民主原则，对斐济而言是了不起的成就。

根据《2013年宪法》，斐济最高权力部门——议会实行一院制，共设50席。议会选举每4年举行一次，仅设全国范围单一选区，年满18周岁的斐济公民有投票权。在议会占最多席位的党派领导人出任政府总理。总统是国家元首并礼节性担任斐济武装部队统帅。这一宪法的颁布，使这个南太平洋岛国正式结束宪法真空期，同时也为在2014年举行的大选铺平了道路。

第三节　酋长制度

南太平洋各岛屿，都曾经历过酋长制度的历史阶段。进入现代社会以来，虽然酋长制度逐渐消失，往日的酋长多数成为政党的领袖。但是，由于历史的原因和社会发展的不平衡，以及社会习俗的差异，有的岛国如马绍尔群岛、汤加曾设立过酋长院作为国家最高权力机构之一，后来被逐步取消。但库克群岛迄今仍保留有酋长院，酋长院成员为各岛酋长，他们有向议会提出建议的权力。当前，在大多数的岛国中，酋长制度虽不存在了，但酋长的影响依然十分深远。在一些共和国，全国性的酋长系统逐渐解体，酋长也不再执政，但在一些偏远的乡村仍然是酋长居于领导地位。

在斐济，酋长制历史悠久。随着现代社会发展和民主进程的推进，各政党相继出现，酋长的权力逐渐被削弱，权力转到政党领袖手中。酋长制的最高权力机构——大酋长委员会在政府中只起到咨询作用，但仍然受到各界的尊重。

斐济同其他岛国酋长制的发展历史一样，酋长制组成了当时社会结构的基本框架，酋长世袭行政管理权。因为酋长就是行政长官，只不过不称官名而称酋长，不是选举或任命而是世袭的。斐济的酋长分为四个等级：第一级是最高酋长，全国有 3 位；第二级是大酋长，全国共 215 名，从其职权看，相当于中央政府的高级官员；第三级是酋长，有 1390 名，相当于高一级的地方政府领导人；第四级也是酋长，有 5280 名，这是最基层的酋长，负有人口登记注册之责。此外，还有村社的氏族头人，他们是基层酋长的助手，协助处理日常事务。在酋长制的社会里，男人为一家之长。但对于长者，不分男女都要尊重。除上述酋长体制之外，全国有一个由 154 人组成的大酋长委员会。

1987 年，发生了以保证斐济族人掌权为目的的军事政变，原来已经退居幕后的大酋长委员会，在斐、印两大民族矛盾激化的关键时刻，又重新登上了政治舞台，并以其显要的作用表明了它的存在和不容忽视的权威。当兰布卡中校于 1987 年 4 月 14 日发动政变和他的部长会议新政权遭到当时的总督加尼劳反对时，大酋长委员会对加尼劳总督投了不信任票，迫使总督改变了主意。经各方协商，成立了以兰布卡为重要成员的顾问委员会。从此，大酋长委员会一再左右斐济政局，直到 1990 年斐济通过并批准了新宪法，在宪法中重新肯定了大酋长委员会的作用。

根据《1990 年宪法》，斐济议会参议院 34 席中的 24 席，应由大酋长委员会提名。宪法还规定由大酋长委员会提名国家总统。1994 年，原斐济总统加尼劳病故，大酋长委员会提名副总统马拉为总统。为了顺应历史发展的潮流和维护斐济各民族的共同利益，并加强各民族的团结，经过多年的协商，1997 年斐济再次修改宪法，宣布各民族的权利一律平等，大酋长委员会再度获得宪法的承认，并规定大酋长委员会是提名总统和副总统候选人的唯一机构。参议院 32 名议员中，14 名要由大酋长委员会提名。2000 年 5 月，斐济商人斯佩特发动政变，在政变者同当局僵持不下的关键时刻，以兰布卡为首的大酋长委员会召开紧急会议，兰布卡表示虽然不赞同政变者拘留人质的政变方式，但同情政变者的目的。在斐济这样一个斐印两族人口相当，但政治和经济权利分配不均衡的国家，在民族矛盾未得到彻底协调的历史阶段，斐济的大酋长委员会看来也是难以轻易退出历史舞台的。

第四节　政党与重要社团组织

一　主要政党

（一）团结的斐济党（United Fiji Party，斐济语缩写为 SDL）

1. 简明历史

团结的斐济党 2001 年 5 月 26 日由看守政府总理恩加拉塞发起成立，主要支持者是斐济族的一些商界人士。同年 8 月大选中该党获 31 个议席，成为议会第一大党。该党领袖恩加拉塞于 9 月 10 日由总统任命为新政府总理并受命组阁。2006 年 5 月国会大选，该党以 5 个议席的微弱多数战胜主要反对党工党获得组阁权，由于宪法规定拥有 10% 以上众议院席位的政党有权进入内阁，恩加拉塞连任总理后邀请工党入阁，组成联合政府。同年 12 月，斐济发生军事政变，联合政府被推翻，斐济军队司令姆拜尼马拉马组成过渡政府并自任总理，前总理恩加拉塞被软禁。现任党的领袖为莱塞尼亚·恩加拉塞（Laisenia Qarase）、主席卡洛卡洛·洛基（Kaloukalou Loki），全国主任是佩舍里·卡布（Peceli Kabu）。

2. 理论纲领

团结的斐济党主张在争取斐济全国民族和解的同时，更多地照顾土著斐济人和罗图马人的利益，确保斐济族人拥有国家的最高权力。认为多党内阁概念在斐济难以实施。

3. 政策主张

（1）对内

团结的斐济党重视发展民族经济，强调发展私营企业，建立宽松的政策环境，促进投资和出口，逐步把经济发展成"高增长、低税收、富有活力"的外向型经济；主张采取措施缩小斐济族与其他族群人民生活水平的差距，改变现行的土地租赁、管理制度，保障土著居民的利益；加强法治，维护司法独立，用《土著土地信托法》（NLTA）取代《农用土地租赁法》（ALTA），以保证佃户获得稳定的土地使用权，同时保证土地所有者根据市场变化获得保值的租金。

（2）对外

团结的斐济党对外主张根据《联合国宪章》处理国家间关系，建立国际经济新秩序；保护南太平洋地区自然环境和资源，反对在南太平洋海域进行漂网捕鱼；反对任何形式的核试验，支持建立南太平洋无核区；主张与更多的国家建立外交关系，在发展与澳、新关系的同时，积极发展与亚洲国家的关系。

4. 组织力量

团结的斐济党曾是斐济主要执政党，在众议院 71 个议席中占有 36 席，是议会第一大党。有部分成员曾以个人身份在过渡政府中任职，自称有 8 万名党员，在斐济族人中拥有较广泛的支持。主要领导人包括领袖、前政府总理莱塞尼亚·恩加拉塞，主席卡洛卡洛·洛基，全国主任佩舍里·卡布。最高权力机构为党的全国代表大会，日常管理机构为管理理事会（设有执行委员会），下辖选区理事会、妇女支部和青年支部，由选区理事会管辖各村镇支部、城市支部和新住宅区支部。

5. 主要人物介绍

（1）莱塞尼亚·恩加拉塞

团结的斐济党领袖。生于 1941 年 2 月 4 日，斐济族人。中学就读于著名的维多利亚女王学校及苏瓦男子中学。1963 ~ 1966 年在新西兰奥克兰大学攻读商业学士学位，1969 ~ 1970 年在英国不列颠合作学院学习，1975 年是奥克兰技术学院联系成员。1957 ~ 1966 年在斐济族人事务局做实习生，后又在政府部门从事合作社登记注册工作。1979 ~ 1980 年任工商部常务秘书，1980 ~ 1983 年任公职人员委员会常务秘书。1983 年起进入私营部门，曾担任过斐济邮电有限公司、斐济电视有限公司、南太化肥有限公司董事长，还曾在斐济太平洋航空公司、斐济国际电信有限公司、斐济林业有限公司、斐济发展银行、卡尔顿酒业斐济有限公司、康联保险公司和斐济信托投资公司等担任董事职务。1983 ~ 1997 年任斐济发展银行总经理，1997 ~ 2000 年任斐济招商银行总经理。2000 年 7 月 4 日被任命为斐济临时政府总理兼民族和解与团结部部长。2001 年 3 月 15 日被伊洛伊洛总统任命为看守政府总理。2001 年 9 月恩加拉塞领导的"团结的斐济党"赢得大选，恩加拉塞连任政府总理。2006 年 12 月，恩加拉塞政府被军事政变推翻，恩加拉塞本人遭到软禁。

1973 年恩加拉塞在政府部门任职期间曾率领商界人士访华，参加了广交会。1980 年曾陪同斐济副总理访华。2002 年 5 月率斐济政府代表团访华。2013 年 5 月，团结的斐济党被迫根据新政党法令重组并更名为"社会民主自由党"（Social Democratic Liberal Party，SODELPA），党领袖为泰穆穆·凯帕（Ro Teimumu Kepa）。

（2）卡洛卡洛·洛基

卡洛卡洛·洛基是团结的斐济党主席，1960 年 7 月 23 日出生，曾任中学教师，"团结的斐济党"创始人之一，2001 年起任该党主席。1998 ~ 2003 年任苏瓦地区发展委员会委员；后来成为斐济大酋长委员会委员，高级大酋长，奈塔西里省议会议员，省卫生、教育与发展委员会成员。2006 年 7 月，率"团结的斐济党"代表团访华。

（二）斐济工党（Fiji Labour Party，FLP）

1. 简明历史

斐济工党成立于 1985 年 7 月，是以印度族人为主体的多民族政党，由印度族蔗农、知识分子和青年组成，主要代表中下层印度族人的利益，在工会中有较大影响。1985 年在苏瓦地方议会选举中胜出，1987 年与民族联盟党（NFP）联合赢得大选并组成联合政府，同年在政变中被迫下台。在 1999 年大选中获 37 个议席，作为主要执政党与斐济协会党（FAP）、民族团结党（PANU）和基督教民主联盟党（VLV）等政党共同组成人民联盟政府。该党领袖乔杜里出任斐济历史上第一位印度族总理。由于斐印两族民族矛盾激化和对总理乔杜里执政方式的不满，2000 年 5 月以商人斯佩特为首的武装分子发动政变，乔杜里政府被推翻。2001 年 6 月，该党领导人之一、原人民联盟政府副总理图佩尼·班巴率一批斐济族成员脱党，并组成斐济新劳工团结党，班巴任领袖。

斐济工党在 2001 年大选中获 28 个议席，成为议会第二大党，根据斐济宪法，大选中获得 10% 以上选票的政党有权参加政府组阁，工党随后就恩加拉塞政府未按宪法规定与该党组成多党内阁提出上诉。2002 年 2 月，工党在多党内阁案中胜诉，2004 年 7 月又在多党内阁成员比例案中胜诉，但以恩加拉塞政府提供的内阁职位无足轻重为由拒绝入阁。2004 年 11 月正式宣布成为反对党。2006 年 5 月工党在大选中获 31 个议席，为议会第二大党，与"团结的斐济党"联合执政，但乔杜里未接受出任内阁部长的邀请。2006 年 12 月，斐济发生军事政变，2007 年 1 月，乔杜里出任临时政府财政、糖业与国家计划部部长。

2. 理论纲领

斐济工党主张保护公民基本的政治权利，维护司法公正，消除阶级、民族、性别、宗教和年龄歧视，消除贫困，提倡财富和机会均等，保护环境与资源，实现生产、分配和交换的民主社会主义化，消除反社会的剥削行为。

3. 政策主张

（1）对内

斐济工党在经济上主张建立有竞争力的非垄断私有经济，重视发展本国小型经济；改善投资环境，促进经济的持续发展；改革金融保险业，重组斐济发展银行，重点发展工商业；建立农业银行，促进农业发展；政府通过控制水、电和通信等的价格，扶持中小企业发展。

斐济工党的社会政策主要是提倡男女平等、提高就业率，改善工作环境，保护劳工权利，鼓励工人参与决策；政府向低收入者提供低息住房贷款，拨专款用于扶贫和发放养老金；改革教育体制以适应现代化的要求；保证基本医疗、教育和社会福利，增加对医疗卫生的投入等。

（2）对外

斐济工党对外奉行以促进国家经济发展为目标的务实外交政策，主张由国际社会提供补贴和优惠政策保护南太平洋岛国经济发展，并由前宗主国和斐济主要贸易伙伴出资建立特殊发展基金。重视与西方发达国家的关系，重点维持和发展同澳、新的全面关系，同时保持与南太平洋岛国的传统关系。支持发展同亚洲各国特别是同中、日、韩三国的关系。

4. 组织力量

斐济工党在全国的常设机构有代表大会、全国委员会、管理委员会和秘书处；地方一级设党支部、妇女组织和青年组织。主要领导人有领袖马亨德拉·乔杜里、主席考罗伊（Jokapeci Koroi）。现为在野党。

5. 主要人物介绍

马亨德拉·乔杜里，工党领袖。1942 年 9 月 2 日出生于斐济，印度族。1985～1994 年任斐济工党助理总书记。1987 年 4 月当选众议员，同年出任财政部长。1992 年、1994 年连续当选众议员。1994 年起任工党领袖兼总书记。1999 年 6 月出任政府总理兼财政、公共企业、糖业和信息部部长，是斐济历史上第一位印度族总理。2005 年 5 月因政变下台，继续担任工党领袖和农场主协会总书记。2004 年 11 月工党正式成为反对党后，出任反对党领袖。2006 年 5 月，工党加入执政联盟，乔杜里成为议会工党领袖。2007 年 1 月，加入军事政变后成立的临时政府，出任临时政府财政、糖业与国家计划部部长。

（三）联合人民党（United People's Party，UPP）

联合人民党 1998 年成立，原名"联合一般党"，1999 年大选前代表少数民族利益。2003 年 12 月修改党章，决定向各民族开放并改为现名。领袖为米克·贝多斯（Mick Beddoes）。

（四）民族联盟党（National Federation Party，NFP）

1963 年成立，为斐济第一个印族人政党。成员为印族人，主要代表印族中上层利益。领袖为普莱姆·辛格（Prem Singh），总书记为普拉莫德·雷伊（Pramod Rae）。

（五）斐济民族联合党（National Alliance Party of Fiji，NAPF）

斐济民族联合党又称新联合党（New Alliance Party），2005 年 4 月成立。核心成员为斐济前政治家马拉的追随者。该党向各民族开放，主张消除民族歧视，实现各民族平等。主席为大酋长委员会前主席和国防、国家安全和移民部前部长埃佩里·加尼劳。

2013 年 1 月，斐济政府颁布实施《2013 年政党（登记、行为、资金和公开）法》，规定自 1 月 18 日起所有政党必须在 28 天内重新登记，并应符合该法规定的有关条件，否则将被视为非法。人民也可根据该法组建新的政党，但必须满足相关条件。截至 2014 年 9 月，经登记注册的合法政党共 7 个，分别为：斐济优先党、社会民主自由党、斐济工党、民族联盟党、人民民主党、斐济团结自由党和壹斐党。[①] 关于 2013 年新成立的斐济优先党和人民民主党简介如下。

斐济优先党（Fiji First Party）：执政党。2014 年 6 月成立。党领袖为现总理姆拜尼马拉马。该党主张族裔平等，重视发展经济、改善民生，提出"要为全体斐济人建设一个更好的斐济"，主要支持者包括广大印族民众、斐族基层民众以及商界名流、知识分子和青年人等。

人民民主党（People's Democratic Party）：2013 年 5 月成立。党领袖为菲利克斯·安东尼（Felix Anthony）。2013 年 1 月在斐济工会大会的倡议下组建，主要代表工人和工会利益。

---

① 中华人民共和国外交部网站，http：//www.fmprc.gov.cn/mfa_ chn/gjhdq_ 603914/gj_ 603916/dyz_ 608952/1206_ 609054/。

二 工会组织

斐济的工会组织主要包括：斐济蔗糖工人工会、斐济蔗糖业主联盟、斐济注册码头工人工会、斐济公务员协会、斐济银行金融业雇员工会、斐济航空公司飞行员工会、斐济饭店与相关行业雇员工会、斐济通信雇员协会、斐济出租车联盟、斐济教师工会、斐济教师协会、工厂和商业工人全国联盟、饭店餐饮业雇员联盟、公共行业工会、运输工会等。

三 非政府组织

斐济的主要非政府组织包括：斐济公共诚信太平洋中心、乡村企业与开发一体化基金会、太平洋妇女联系会、绿色和平、国际鸟类组织、斐济清洁、斐济全国信托、野生动物保护协会、斐济人居组织、斐济妇女权益运动、妇女变革行动组织和妇女危机中心等。[1]

---

[1] 《斐济投资指南》（2013 年），第 9 页。

第四章

经　济

第一节　概况

一　二战以来的经济发展概况

斐济自独立以来经济一直保持缓慢增长。斐济政府大力发展农业，重视制造业和加工业，发展林业，开发海洋资源。1987年政变后，临时政府采取了积极发展农业、鼓励出口、吸引外资、促进发展旅游业等一系列政策，使经济逐步恢复，1989年底达到政变前水平。

1. 经济发展水平

斐济是南太平洋岛国中发展程度较高的国家，2008～2012年斐济经济情况可见一斑（见表4-1）。

表4-1　2008～2012年斐济经济情况

单位：斐元

年份	实际GDP总值 （基于2005年价格）	年增长率（%）	人均GDP
2008	44.15亿	1.0	5275
2009	43.57亿	-1.3	5175
2010	43.64亿	0.16	5146
2011	44.45亿	1.9	5217
2012	46.77亿	5.2	5489

资料来源：斐济国家统计局、斐济财政部2013年预算说明。

2013 年，斐济国内生产总值为 44.5 亿美元，人均国内生产总值约为 5300 美元。2014 年，国内生产总值增长率为 4%。

2. 主要产业及占 GDP 的比重

斐济的主要产业为服务业、农业、林业、渔业和加工业等。主要创汇产业为旅游业、制糖业和服装加工业。2011 年第一、二、三产业所占比重分别为 13.4%、18.7% 和 67.9%。2012 年斐济第一、二、三产业所占比重分别为 11%、19.7%、69.3%。

3. 财政收支状况

2012 年斐济国家财政收入为 19.3 亿斐元，支出是 20.04 亿斐元，财政赤字为 0.74 亿斐元。2013 年国家财政收入为 21.1 亿斐元，预算支出为 23.3 亿斐元，财政赤字为 2.2 亿斐元。[①]

4. 外汇储备与外债余额

截至 2012 年底，斐济官方外汇储备为 16.4 亿斐元，能满足 5.2 个月进口需要；斐济政府债务为 37.7 亿斐元，其中外债为 10.2 亿斐元，内债为 27.5 亿斐元。2013 年 4 月穆迪公司给斐济的主权债务评级为 B1。2012 年全年通货膨胀率为 3.5%。

二 国内市场概况

1. 消费总额

根据国际货币基金组织统计，2012 年斐济政府财政收入为 19.3 亿斐元，政府总支出实际为 20.04 亿斐元。[②]

2. 物价水平

由于国土面积小、人口少，斐济国内市场并不大。但由于斐济地处南太平洋岛国的中心，很多商品需要从斐济转口到周边岛国，所以它的市场辐射作用不可忽视。斐济除部分农产品外，所需的食物大部分依赖进口，

① 《斐济投资指南》（2013 年版），第 12 页。
② 《斐济投资指南》（2013 年版），第 14 页。

因此物价水平较高。我们以 2013 年 3 月的价格为基准，管窥一下斐济的物价水平（见表4-2）。

表4-2 2013 年 3 月斐济的物价水平

名称	单价	名称	单价
大米	约1.50 斐元/公斤	牛肉	10.00~16.00 斐元/公斤
面	约1.50 斐元/公斤	蛋	约5.0 斐元/打
食用油	约4.00 斐元/升	鸡肉(整鸡)	约12.00 斐元/公斤

资料来源：中国驻斐济大使馆经济商务参赞处。

三 经济发展规划和目标

斐济政府中长期经济发展目标为：促进经济可持续发展，增加投资，保持财政可持续性。根据 2013 年斐济财政部的资料，斐济政府未来三年国家发展规划和目标见表4-3。

表4-3 斐济政府未来三年国家发展规划和目标

经济指标	发展目标	经济指标	发展目标
经济增长率	2.7%,2.4%,2.2%	财政赤字	将财政赤字维持在可控范围内
通货膨胀率	保持在 3% 左右	政府债务	降至 GDP 的 45%
外汇储备	保证充足的外汇储备	投资	增至 GDP 的 25%

资料来源：斐济财政部，2013。

第二节 经济政策

一 实施贸易自由化政策

在 1989 年之前，斐济实行外向的进口替代战略，通过一系列复杂的配额、关税和补贴保护本土产业，例如本国生产的大米、牛奶、家禽、牛肉、猪肉和烟草。1989~1995年，农业部门成为国家实施解除管制政策的焦点，其贸易保护措施从实行许可证制和进口管制转变为关税保护和逐渐降低关税水平。

这一政策实施初期，人们对它予以充分肯定，认为其有利于增加出口。然而，在随后的研究中，人们逐渐改变了认识，认为斐济贸易自由化的经济政策并没有提高经济的年均增长率，也未能促进斐济的经济增长。不过，也有人通过一系列可计算一般均衡模型的实验表明，斐济可以通过把对糖的优惠援助转变为对基础设施发展的优惠援助以实现经济的显著增长，走上更快的经济增长道路。

1. 斐济与《太平洋岛国自由贸易协定》

2001年8月，第三十二届太平洋岛国论坛首脑会议在瑙鲁举行，会议通过关于地区自由贸易与经济合作安排的《太平洋紧密经济关系协定》（PACER）和《太平洋岛国自由贸易协定》（PICTA）。其中《太平洋岛国自由贸易协定》的签署国同意到2010年完全去除关税与非关税壁垒，致力于实现贸易自由化。2001年签署的第七条协定要求：成员国之间依照《太平洋岛国自由贸易协定》时间表，在协定生效的10~12年，降低和消除对"外来货物"征收的所有关税，最终降为零。遗憾的是，到现在为止，还没有完全实现零关税。

二 开辟自由贸易区吸引外资

为复兴经济，斐济经济战略委员会已决定开辟自由贸易区，鼓励外国投资，发展外向型经济。

1988年1月中旬公布了两处自由贸易区：一处在首都苏瓦的卡拉波（Kalabo），占地12公顷；另一处在西部的工业城市劳托卡的纳乌吐（Navutu）。贸商部还在其他地方另辟8~12公顷的自由贸易区。为了加快吸引外资，斐济政府规定，从1988年1月起一年内获准在自由贸易区投资建厂的，可以免税13年，进口设备和建筑材料免税，用电给予优惠。但要求工厂保证产品质量，95%的产品必须出口。国内销售部分要征进口税。

澳大利亚、新西兰、美国、加拿大对斐济等南太平洋岛国有进口配额和减免关税优惠，因此很适合投资者在此建厂，生产服装出口。由澳大利亚商人与当地华裔商人合资筹建的服装公司已率先获准在自由贸易区建厂，占地 4600 平方米，雇用上千名工人。

三 实施"向北看"战略，发展与亚非拉的关系

自 2007 年姆拜尼马拉马出任斐济临时政府总理以来，着力发展"向北看"战略，即在保持同澳大利亚、新西兰等邻国传统关系的同时，积极发展同亚洲各国以及非洲和美洲国家的关系。

在这一战略的指导下，斐济经济已取得巨大效益，仅中斐贸易额，每年保持大幅增长。斐济与韩国、日本之间的贸易额也逐年激增。斐济的主要出口国为澳大利亚、美国、英国、日本和新西兰，斐济的主要进口来源国是新加坡、澳大利亚、新西兰、中国和美国。

第三节　农业

斐济农业主要以种植甘蔗、椰子、香蕉和根茎作物为主，农业用地面积为 42.7 万公顷，其中耕地面积 16.7 万公顷，永久作物面积为 8.5 万公顷，草地和牧场为 17.5 万公顷。农业生产主要依靠小型耕作单位。粮食不能自给，小麦全靠进口，大米大部分需进口。近年来，斐济政府努力发展多种经营，推广水稻种植。

一 以经济作物栽培为主的农业

斐济耕地只限于维提岛及瓦努阿岛的比较平坦地带，主要种植甘蔗、椰子、香蕉和根茎作物等。

1. 甘蔗

糖是人们主要的营养源之一，由甘蔗提取的蔗糖是主要糖源。全世界有 110 多个国家生产蔗糖，其中产量最大的当属巴西，年产 1000

万吨左右。在世界蔗糖贸易中，享有盛名的却是三个微型岛国：一是被称为"甜岛"的斐济；二是被称为"糖岛"的毛里求斯；三是被称为"糖罐"的古巴。这三国分布在世界的三大洋中，纬度位置相当，均为南北回归线附近的热带岛国，气候和土壤均适宜种植甘蔗。这些地区长年暖热，终年无霜冻之害，降水丰富，且有明显的干湿季。甘蔗每种一次可连续收割 8～10 年。甘蔗生长后期，适逢干季，既便于收割，又利于提高含糖量。三国土壤肥沃，土质疏松，有良好的保水性和通气性，因为多是火山岛，其下层为肥沃的火山土，有利于甘蔗生长。三国的蔗糖出口在世界占有重要地位，也给国内经济增添了活力。

甘蔗是斐济最重要的经济作物，其产值一般占国内生产总值的 8.5% 左右。全国有 1/4 的人口直接以此为生，大部分是印度族人。目前甘蔗种植地主要分布于主岛的西南至西北沿海以及北岛的兰巴萨和西卡卡（Seaqaqa）地区。在这两个岛上，约有蔗农 1.8 万户（其中印度人占 76%，斐济人占 24%），甘蔗种植面积超过 5 万公顷，平均每户种植面积约 2.8 公顷。大部分甘蔗由个体蔗农租地种植。

1996 年，斐济甘蔗产量达到 4.38 亿吨，制糖业产值占当年 GDP 的 11%，蔗糖出口占当年总出口额的 37%。此后由于种种原因，甘蔗种植面积及甘蔗产量连年下降，单产能力也减弱。2009 年，甘蔗种植面积为 4.9 万公顷，甘蔗产量 232.1 万吨，平均每公顷收获 47.4 吨。逐年萎缩的甘蔗产量已无法满足制糖厂的需求。对此，斐济糖业公司采取了一系列手段，包括扩大甘蔗种植面积、提高土地利用效率、为蔗农提供咨询服务、与蔗糖购买商合作经营农场、改善甘蔗收获及运输条件等，以期提高甘蔗的产量。2005～2009 年斐济甘蔗种植面积和产量见表 4 - 4。

斐济全国有 4 座大糖厂，年产蔗糖 60 多万吨，90% 供出口。每年蔗糖的出口收入约占出口总额的 70%，所以甘蔗和蔗糖历来是斐济国民经济的重要支柱，人均占有蔗糖量高达 800 公斤，故有"甜岛"之称。

表 4 - 4　斐济甘蔗种植面积和产量（2005~2009 年）

年份	2009	2008	2007	2006	2005
蔗农数量(户)	17762	18683	18691	18636	20290
种植面积(千公顷)	49	51	54	58	58
产量(千吨)	2321	2478	3226	2789	3786
单产(吨/公顷)	47.4	48.6	59.7	48.09	65.3

数据来源：斐济统计局。

2. 木薯

木薯是斐济人重要的食物。然而，斐济对加拿大的木薯出口面临其他木薯出口国的激烈竞争。加拿大工业部发表的一份贸易投资报告显示，目前加拿大全国企业采购的木薯主要来自哥斯达黎加、多米尼克甚至中国，激烈的竞争使得斐济逐渐失去在加拿大的市场份额。加拿大工业部的这份报告还显示，2008 年，仅哥斯达黎加对加拿大的木薯出口总额就达到 430 万斐元。但据报道，2008 年斐济在加拿大木薯市场占有的份额货值仅为 55686 斐元，斐济大使馆前市场拓展负责人、驻加拿大贸易领事阿斯旺特·德威沃德（Ashwant Dwivedi）认为这一事实传递给斐济的供货商一条明显的信息，即木薯再也不是唯一一令斐济引以为豪的可变现产品，斐济木薯在加拿大市场面临更激烈的竞争，要在国际市场求得生存与发展，就必须参与到竞争中。

3. 椰子

（1）椰干

椰子是斐济第二大经济作物。政府对椰干生产实行价格补贴。椰干产量受世界市场和风灾的影响，经常波动。自 1970 年以后，斐济椰干不再出口，改在国内加工，出口椰油和椰肉。

1998 年，继斐济批准农产品贸易商企业（CTF）可申请椰干出口许可证之后，斐济又宣布解除椰干出口禁令。上述许可证有效期为一年，经年审后方可使用。

由于斐济椰干产量直线下降，为了刺激椰干生产，CTF 规定每生产 1

吨椰干补贴 50 斐元。①

（2）天然染料源

据菲律宾科技部报道，椰子除了有医药及保健等方面的用途外，也是一种很好的天然染料源，这一发现将有助于发展斐济的纺织业。过去研究人员发现，椰子可作为棕色染料源。然而，菲律宾科技部纺织研究所的研究人员发现，纺织业使用的粉红色染料可以从椰子加工废料中提取。

由于天然染料更环保、无毒和无致癌物质，菲律宾科技部纺织研究所将在纺织业中使用天然染料。②

（3）"斐济矮"椰子具有抗病性

美国农业研究服务局（ARS）的科学家在佛罗里达州迈阿密实施的椰子品种改良计划主要推广"斐济矮"（也称为 Niu Leka）椰子品种，以解决在佛罗里达州绿化市场中椰子种质资源减少的情况。这一品种在景观绿化市场需求较大。

在 20 世纪 70 年代，致死黄化病冲击了佛罗里达州的椰子产业，1983 年摧毁了约 10 万株椰子树。因此，佛罗里达州的林业公司在迈阿密建立了一个 ARS 亚热带园艺研究站，启动了椰子育种计划。该计划的目标是用抗病型的矮种椰子替换易染致死黄化病的高种椰子品种。1999 年 ARS 遗传学者阿兰·米罗（Alan Meerow）对亚热带园艺研究站的椰子质量进行了评价，认为"斐济矮"是一个有较高价值的椰子品种，它树冠浓密、叶色浓郁、生长期短的特征受到景观设计者、园艺师等的青睐。

自 2001 年起，亚热带园艺研究站的研究人员已经利用分子技术对"斐济矮"和其他椰子品种的遗传现象进行研究，相关数据显示，"斐济矮"在众多椰子品种中的遗传多样性居第二位，仅次于高种品种，例如"巴拿马高"，并拥有品种群内部最多的独特变异性或等位基因。2002 年

---

① 罗启香：《斐济准许椰干出口》，《世界热带农业信息》1998 年第 12 期。

② 谢龙莲：《椰子可做粉红色染料》，《世界热带农业信息》2008 年第 5 期。具体参见菲律宾椰子联合协会网站，http：//www. ucap. org. ph，2008 - 06 - 12。

以来，在亚热带园艺研究站尚无"斐济矮"植株感染致死黄化病的病例发生。ARS 的科学家怀疑"斐济矮"携带抗致死黄化病的基因。[①]

随着社会的发展，斐济人的食物结构发生了很大变化。在主食方面，除了传统的木薯、芋头、面包果、椰果等之外，不少地区还种植了玉米、豆类和稻米。此外，斐济还进口面粉制作面包及其他面食。

4. 棕榈

棕榈树是斐济的常见树。在斐济，无论大街还是小巷，到处都可以见到棕榈树。2001 年 4 月 29 日斐济发行《斐济特有棕榈树》异形小型张，画面上是名为"Balaka"（巴拉卡）的棕榈树，枝繁叶茂，蜻蜓和蝴蝶等栖息在宽大的棕榈叶上，右上端蜘蛛网结枝头，右下端露出地表的根茎盘根错节，左上方的棕榈枝叶还"破"了小型张的规矩，"异"点就此生成。面值是 2 斐元。

5. 水稻种植

在斐济，食物结构的变化尤其明显。斐济总理马拉 1978 年第一次访华，参观了中国南方的水稻种植业，回到斐济后，他就提倡充分利用斐济丰富的水资源发展水稻种植业。稻米本非斐济的传统食物，它是伴同近代外部移民进入斐济的。斐济独立以来，随着斐济人食物结构的变化，人们食用稻米的比例逐渐增大。20 世纪 80 年代，斐济每人每年平均消费大米 70 公斤。但是，斐济国内生产的大米数量少，不得不每年从国外进口大量大米。据斐济官方公布的数字，1987 年斐济的大米自给率为 50%，其余均为进口。然而，从斐济的气候、土质，尤其是丰富的水利资源看，种植水稻的条件堪称优越。马拉总理很早就提出要在斐济实现大米自给的目标。斐济政府大力提倡种植水稻，努力增大大米的自产比例，以减少进口。为了增强人们自力更生的意识，充分利用本国自然资源，扩大水稻种植面积，提高产量，斐济政府除了在投资和税收等方面制定相应的优惠措

---

① 龙翊岚：《美国佛罗里达州研究人员发现斐济矮椰子具有抗病性》，《世界热带农业信息》2008 年第 7 期。具体参见美国农业部网站 http://www.ars.usda.gov，2008 - 05 - 29。

施外，每年1月，都要在全国举办一次水稻周，推广和鼓励水稻的种植。水稻周期间，斐济政府还邀请一些种植水稻国家的使节，分别到首都附近的几处水稻种植区，出席"水稻周"开幕仪式，并请使节和当地官员及群众一道，下到水田，插秧示范。

6. 蔬菜种植

在斐济，同南太平洋其他岛国一样，人们本无食蔬菜的习惯，当地人也不种蔬菜。随着现代生活的进步，当地人越来越喜欢吃蔬菜，但当地不种植蔬菜，要靠进口。斐济自1970年独立后，一直从澳大利亚和新西兰进口蔬菜。到了80年代中期，在雷瓦河三角洲的塔玛瓦－萨瓦尼地区，农民出身的华侨叶志中，独具慧眼，看准了斐济这块广阔的市场和肥沃的土地、优良的气候条件。他经过多番努力，在各方朋友的大力协助下，先后从家乡中国广东招来好几百名农民，在斐济这块土地上，成功地种植了各种蔬菜。自此以来，中国人种植的大量蔬菜不仅物美价廉，充分满足了斐济市场的需要，而且完全改变了斐济人吃蔬菜靠进口的局面，并且向其他岛国出口。苏瓦的华人袁周灿先生还组织菜农种植生姜，大量向北美地区出口。20世纪80年代斐济的蔬菜市场几乎全部由华人经营。斐济总理马拉曾称赞说："斐济以前缺乏蔬菜，我们请中国人来斐济种菜，问题就解决了。"然而，斐济人吃蔬菜的方法却很特别。他们不炒不煎，也不加诸多调料，一般是把菜蒸煮后，撒上盐便吃。讲究一点儿的，则先把菜叶叠成方块或长方形再去蒸煮。这样一来，很新鲜的蔬菜，尤其一些绿叶菜，全被蒸煮成烂泥状，虽然菜的原味少了，但很安全，不会引起肠道不适。

7. 热带水果

斐济的热带水果主要有香蕉、菠萝、西瓜和番木瓜。据统计，斐济水果的进出口量非常小。

斐济发展热带水果的计划包括与马来西亚交换芒果、番石榴和榴梿的种子资源和种植材料；参加亚洲开发银行热带水果开发计划；为芒果种植业提供加工和采后处理的技术信息。

国际热带水果网络对斐济热带水果的发展提出以下建议：①把热带水

果的出口作为斐济热带水果的发展战略，因为斐济在热带水果的质量和价格方面有竞争优势；②在国内推进热带水果的消费，强调其营养价值，特别是在儿童中推广食用；③从发展旅游业的角度出发，斐济可以把热带果园作为农业旅游观光园；④随着人们对有机食品需求的增加，斐济可以发展一些有机农场，生产无公害的有机水果；⑤建议斐济与马来西亚建立种质资源和种植材料的交换。①

二 农业合作社

1. 历史回顾

1947 年，斐济的合作社法在议会获得通过，标志着合作社在斐济的诞生。这部合作社法实际上是由在英国统治下的"印度合作社法"演变而来的。1947～1977 年的 30 年中，除了个别地方外，斐济的合作社法一直没有进行过大的修改。

1955 年，作为政府职能部门的合作社局在斐济成立，其基本职能是促进斐济合作社的建立和发展。国家独立以后，斐济政府充分考虑到合作社在国家经济发展中一方面可以使包括人力资源在内的各项资源得到有效的利用，另一方面合作社可以促进农村经济收益的再分配，因此，斐济政府把发展合作社的重点转移到农村地区，并以增加农民收入为最终目的。

2. 合作社局

合作社局主要负责制定合作社发展政策，制定合作社建立和发展战略，并监督政策的实施，向合作社提供咨询服务，负责合作社的登记，监督合作社的运行是否符合合作社法的规定。虽然政府的合作社局从各个方面支持合作社的发展，但是合作社的日常经营活动则完全由合作社自己来负责。

合作社局的基本职能是使合作社成为自立、自强、自我发展的经济组织。合作社局鼓励和促进建立斐济合作社组织的最高机构——合作社联盟，并逐渐过渡到由合作社联盟管理合作社的事务。

---

① http：//www. tropical-fruits. net/，2004－04－22.

3. 合作社运动

斐济有限合作社协会是全国合作社的最高组织，代表了所有已注册登记的合作社和斐济的合作社运动。有限合作社协会作为全国合作社联盟的核心组织机构，2000年代替政府合作社局的职能。有限合作社协会利用国家提供的一笔资金，在首都建立自己的秘书处，其作用是向基层合作社提供服务，宣传合作社的作用，扩大合作社的影响。有限合作社协会主要负责三方面：其一，设立有关合作社原则和实践活动的教育和培训课程；其二，培养合作社联合的意识，促进合作社运动深入发展；其三，代表协会成员的利益，促进合作社运动向海外发展。

有限合作社协会是国际合作社联盟和亚太地区农业合作社发展网的正式成员组织。其资金主要来源于会员的会费，除此之外，协会也有一些经营收入。

4. 斐济合作社运动

斐济加入合作社的，绝大部分是农业家庭。斐济合作社的类型主要有5种：农业生产合作社、销售合作社、消费合作社、信贷合作社、土地安置合作社。

斐济中部和北部地区建立了一些可可生产和销售合作社。

东部地区的合作社相当活跃，这些合作社主要帮助成员销售农产品。消费合作社主要面向农村社区，从事基本消费品的供应，他们向各个岛屿提供农民所急需的物品。消费合作社主要集中在中东部地区，在斐济发展很快。

信贷合作社主要分布在西部和北部的糖料生产区。这些合作社向其成员提供年利率为5%～10%的贷款。信贷合作社有自己的最高组织——全国信贷合作社协会。

斐济有49个土地安置合作社。

在斐济，还有其他一些类型的合作社，诸如服装加工合作社、制铁业合作社、工业和投资合作社等。

妇女在斐济的合作社运动中非常活跃，她们积极参与合作社的事务。由于妇女在合作社运动中取得了很大成绩，斐济政府1993年第一次任命了三位妇女为合作社推广官员。

合作社运动吸引了许多农村人口，鼓励他们在农村发展生产，避免农村人口大量移居城市地区。

5. 教育和培训

开展教育和培训也是政府合作社局的基本职能之一。合作社局有一个培训处，专门负责这方面的工作。合作社局在首都和其他各地建立了合作社培训中心。培训的主要对象和主要课程包括四个方面：对基层合作社秘书进行基本的财务会计知识培训；对地区合作社经理和管理人员进行管理知识培训；对各级政府合作社局的官员进行在岗培训；对即将参与合作社管理工作的经理和管理人员进行有关合作社知识的培训，为做好合作社管理工作打好基础。

除了以上主要课程以外，还进行下列课程的培训：①农村审计培训中心向基层合作社秘书提供审计培训；②对合作社成员进行培训，目的是使成员增强参与合作社事务的意识。

6. 政府大力支持合作社的发展

斐济政府大力支持合作社的发展，把建立和发展合作社作为农村发展的一项战略措施来看待。多年来，在政府的财政和社会经济计划部内一直设有合作社局。政府支持合作社的发展主要是由于政府看到了城市与农村人口的收入分配差距越来越大。政府不能支持每个农村人，但是政府可以支持主要由农村人口组织起来的合作社。通过合作社，帮助农村人口解决他们面临的困难和问题，增加农村人口的收入。

7. 合作社的发展对斐济各方面的影响

一些经营活动以前是由私营企业垄断的，现在合作社发展了，打破了私营企业的垄断地位。这些领域包括农村日常消费品的供应、农村信贷活动、奶制品供应等。

合作社实际上是一个大课堂，通过合作社教育和培训项目，农村人口学习经营管理知识、懂得合作的好处、了解合作社法的内容。通过参加合作社经营活动，农村人口增强了参与意识。另外，还促进了农村成人扫盲活动的开展。

合作社运动改善了农村人口的生活条件，如住房条件、饮用水的供应、成员子女的教育、消费品的供应等，也提高了农村人口的收入水平。

合作社作为一个民主的组织，也对斐济两个主要民族即斐济族和印度族和解做出了贡献。①

三 农机化简况

无论从国民总收入，还是从从事农业生产的人口比重来看，斐济的经济都是以农业为主。农业人口占全国人口的65%，平均每个农业人口有耕地0.55公顷。在斐济，缺少优质耕地的问题十分严重。1946年，印度裔斐济人数量首次超过土著斐济人，成为斐济人口最多的族群。斐济小农经济占绝对优势，农机化水平很低，大部分农业生产使用人力和牛、马等畜力，只有为数极少的家庭拥有自己的拖拉机，主要用于生产重要的出口作物——甘蔗。1974年以后，斐济有逐步使用拖拉机的趋势。但70年代的能源危机，使得进口燃油价格上升，农机化进程显著受阻，一些小农户重新考虑使用畜力。1994年，斐济农业部调研组开始调查研究农机使用情况及改进斐济的农业机械。

统计表明，印度移民的生活、收益一般高于土著斐济人。按平均计算，斐济土著家庭的全劳力数为2人，而印度移民则是2.5人。斐济土著家庭年平均农业产值是733斐元，而印度移民家庭则是1446斐元。

斐济农民大多拥有耕马，用于条播玉米、高粱、烟草和甘蔗。用当地农民的收入来衡量，耕畜的价格是相当贵的。1972年，一匹马的价格是100斐元，一头耕牛150斐元。斐济农民常用的农具有犁、耙、耘草耙、叉、铲、蔗刀、镰刀、玉米脱粒机、人背喷雾器，以及用于烤烟的木夹板和畜车等。

斐济农民基本可分为三类，即完全人力耕作农、畜力耕作农和农机耕作农。当然，这三类农户并不是截然分开的。

人力耕作农，主要从事木薯、山芋、芋头、山药等主要粮食作物的耕

---

① 王正谱编译《斐济的农村合作社》，《农村合作经济经营管理》1994年第8期。

作。产量仅为 6 吨/公顷至 9 吨/公顷。耕作过程全靠人力。木薯、山芋、山药地使用薯叉，也有用马拉犁的。芋头则采用传统的种植法，即用一粗木棍在种植地上捣一个坑，然后把芋头的芽插入坑内。除草则使用耘草耙。由于生产全靠劳力，收获相当费时费工。收获木薯几乎占去整个工时的 50%～60%。

畜力耕作农是斐济最普通的小农户类型。大部分生产靠耕畜完成。他们还种植水稻、豆类、蔬菜及甘蔗。土著居民喜欢用马，而印度裔斐济人则使用耕牛。

从比效益①来衡量，生产手段越落后，机械化程度越低，比效益反而越高。但畜农们依靠了畜力，尽管比效益很低，但单位人工时的产量是人力耕作的 7 倍。

农机耕作农在斐济农户中为数极少，只生产重要出口作物的蔗农才拥有农机。约有 25% 的农户有拖拉机。他们是斐济农民中的富裕户，一般还兼营椰子种植园、奶牛和肉牛场。

20 世纪 70 年代，由于拖拉机价格上涨，燃油昂贵（0.69 斐元/加仑柴油），斐济进口拖拉机的速度减慢。

蔗农多使用 35～50 马力中型拖拉机，从事犁、耙、条播等农活，由于耗费大量燃油，使用拖拉机的比效益最低，但单位人工时的收益是人力耕作的 10 倍。

斐济农业部 1976 年对全国的农机具进行了全面调查。手工农具方面，主要是中耕用农具，如轮耙、齿耙、平口耙等。它们适合条播作物的除草、松土等农活，还适合妇女和儿童们使用。畜力农具方面则是起畦、开沟和轻型步犁类农具。它们不仅轻巧，而且破土容易，可用于木薯、芋头、山药和生姜的开沟。还有单排稻谷条播机和畜力花生收获机，尤其花生收获机，节约了大量的劳力工时。风扇电动工具方面，后来研制的簸谷机，适用于稻谷、高粱和豆类，并已在研究站和有电力的农村推广。然而，斐济农村大多无电力供应，推广受到一定的限

---

① 比效益是指生产出来的食物所含有的能量与投入工本中所含能量之比值。

制。机动农具方面，对简单的犁镜稍加改进后，挂在拖拉机后用于收获木薯。只需 2 人，15 小时可收获 1 公顷木薯（约 9 吨）。比人工收获提高工效 3 倍多，并且大大降低了破损率。

斐济的拖拉机主要从日本和朝鲜进口。经不断改进，现可适用于不同土壤、气候和不同的农作物作业。2007～2012 年斐济拖拉机数量见表 4－5。

表 4－5　2007～2012 年斐济拖拉机数量

单位：台

年份	2007	2008	2009	2010	2011	2012
数量	5889	5979	6044	6157	6157	6157

资料来源：斐济统计局。

总的说来，斐济的农机化水平是很低的。由于是小农经济，农民们没有强烈加快发展农业的愿望，所以，在相当长的时期内，斐济农机化水平都很低。长期的世界石油短缺，油价昂贵，使得农民们对购买拖拉机和燃油机械望而却步。

斐济最适合的农业生产技术，应该和现行的大多数蔗农所采用的生产方式相适应，即采用人、畜、拖拉机的混合生产体制。这样，还可以解决乡村人口众多、失业和待业人员增加的矛盾。

四　土地制度

1. 土地种类及特点

斐济的土地主要分为四类：第一类是斐济土著土地（Native Land），占斐济土地总面积的 82.9%；第二类是国家土地（Government Land），此类土地约占 8.4%；第三类是自由保有土地（Freehold Land），此类土地约占 8%；第四类是罗图马部落拥有的土地（Rotuman Community Owned）。

斐济土著土地为斐济部落氏族所拥有，是土地主作为特殊用途的储备土地。这类土地不能出售，未经土地主的同意甚至不能对外租赁。非储备的斐济土著土地则可以通过斐济土著土地信托委员会进行租赁。斐济土著土地信托委员会是斐济土著土地主们授权并委托管理其土地的机构。

和斐济的土著土地一样，国家土地同样不能对外出售。国家土地通常是在需要用作住宅开发时才通过广告方式对外租赁。当然，一些特殊目的的项目需要租赁国家土地时政府也会予以考虑。

2. 土地租赁

斐济土地的租赁一般有五类，即农业租赁土地、住宅租赁土地、商业开发租赁土地、工业租赁土地和特殊用途租赁土地。不同的租赁性质具有不同的条件和要求。租赁成本包括每年付给相关当局的费用和实际的土地租赁费。租赁权可以出售、转让和变更，但需要征得斐济土著土地信托委员会和斐济土地部门的许可。

用于工业用途的政府土地一般租赁期限最长为 99 年，每 10 年评估一次；斐济土著土地信托委员会用于租赁的土地的租赁期限为 50～75 年，城市周边地区的土著土地租赁期要短一些。租赁土地一般要求在规定时间内进行相应的开发。

3. 土地投资

自由保有土地大约占斐济总土地面积的 8%，非斐济公民的外国投资者可以购买此类土地，第一次购买此类自由保有土地用于建设住宅的投资者不需要行政许可，但会要求有居住许可和/或工作许可。如果土地面积大于 1 英亩，则需要得到斐济土地部门的批准。

斐济土地部关于土地交易的规定见《土地交易法》第 137 款。

外购投资者购买面积大于 1 英亩的自由保有土地需根据《土地交易法》的相关规定依照以下程序向土地部长提出申请。

申请报告一式四份，要求提供所有需要的资料信息。

提供土地产权复印件（显示最近一次背书信息），用于证实当前的产权。卖方或其合法代表应该同意出售该土地。

如果土地面积超过 1 公顷（2.5 英亩）（无论是已开发土地还是未开发土地），拟购买方需要出具所在国公安部门出具的无犯罪记录证明。

如果拟购买方已经得到进入斐济和在斐济定居和工作的许可，则不需要出具所在国公安部门出具的无犯罪记录证明。

如果交易涉及购买斐济现有的企业或在斐济成立新的企业，则拟购买方需要出具斐济贸易及投资局出具的批复文件复印件。

第四节 工业

斐济工业以制糖业为主，其次是服装加工业，此外，椰子加工、木材加工、黄金开采以及渔产品加工也占有重要地位。

一 以糖业生产为主的农产品加工业

甘蔗是斐济最重要的经济作物。在正常年景，蔗糖占斐济出口产品的60% ~75%，全国直接和间接从业人口近20万人。他们或者在农场劳动，或者在糖场工作，或者帮助运输甘蔗。在斐济，每10个农业工人中就有4人参与甘蔗的种植，全国共10万人直接依靠制糖业维持生活。

1. 蔗糖生产商

斐济糖业公司（Fiji Sugar Corporation，FSC）是斐济政府垄断经营的制糖企业，根据1972年的国会法案组建，于1973年4月1日正式接管斐济的蔗糖生产。斐济政府拥有斐济糖业公司68%的股份，其他当地企业和个人拥有其余的股份，公司在南太平洋股票交易所上市交易。公司共有4个制糖厂，位于主岛的劳托卡、巴拉奇拉奇（Rakiraki）以及斐济北岛的兰巴萨。除了原糖及其副产品糖蜜的生产和销售外，公司业务还涉及项目开发、农药销售及化肥销售。在榨糖旺季，公司员工超过2500人。

2. 蔗糖产量及进出口情况

2008年，斐济蔗糖产量为20.8万吨，全部出口至欧盟，出口额达2.48亿斐元。2009年，由于甘蔗产量大量减少，蔗糖产量下降，仅有16.8万吨，出口15.3万吨。2005 ~2009年斐济蔗糖产量与出口情况见表4 - 6。

表 4-6 斐济蔗糖产量与出口情况 （2005~2009 年）

年份	蔗糖产量（千吨）	出口数量（千吨）	出口额（千斐元）	糖蜜产量（千吨）
2005	289	303	223682	118
2006	310	250	215085	157
2007	237	220	185014	115
2008	208	208	248184	120
2009	168	153	146804	131

资料来源：斐济统计局。

斐济只生产原糖，大部分出口至欧盟进行精炼。一小部分分装成每袋 50 公斤供应当地和南太平洋地区市场。根据与欧盟的《糖贸易协定》（*Sugar Protocol*），斐济每年生产的大部分蔗糖按照协议的配额出口至欧盟。根据欧盟与 ACP（即非洲、加勒比和太平洋国家集团）签订的《洛美协定》，欧盟承诺每年以协议价格从 ACP 国家进口一定数量的蔗糖（包括原糖和白糖），此协议于 2009 年 9 月 30 日到期。此后，欧盟与 ACP 国家商谈签订新的地区经济伙伴关系协定，其中包括专门针对蔗糖的市场准入协定（生效日期为 2009 年 10 月 1 日~2015 年 9 月 30 日）。根据协定，斐济对欧盟出口蔗糖的年度配额 2010 年为 19 万吨，2012 年为 22 万吨。但由于蔗糖产量连年下降，斐济本土生产的蔗糖已不足以满足配额的需求。

因此，斐济每年从印度或泰国进口蔗糖，用于满足国内和南太平洋岛国地区的消费需求。2008 年，斐济进口糖 45780 吨，其中，28780 吨来自印度，17000 吨来自泰国。此外，作为制糖的主要副产品，每年约生产 12 万吨的糖蜜，基本用于出口。其中，70% 出口至加勒比国家，20% 出口至新西兰，剩余出口至亚洲国家和供应本地消费。本地消费中，2/3 销往酿酒厂，其余少部分用作动物饲料。

3. 制糖能力

斐济现有 4 个糖厂，年制糖能力在 420 万吨，每小时生产糖超过 100 吨。每个榨季从 5 月底开始，至 12 月结束，一般为 28~30 周。从原料蔗的质量来看，目前斐济甘蔗纯度为 80%。在制糖过程中，平均每吨糖消耗甘蔗 11 吨。由于蔗糖产量连年下降，斐济糖业公司除了千方百计提高甘蔗产量之外，还于 2007 年底投资 1.5 亿斐元（其中，1 亿斐元来自印度进出口银行提供的优惠贷款，0.5 亿斐元为自筹资金）对部分制糖设备进行更新，以期从生产能力、制糖质量以及能效环保等方面都有所提高，但结果并不理想。

1999~2008 年斐济原料蔗质量见表 4-7。

表 4-7　斐济原料蔗质量（1999~2008 年）

年份	2008	2007	2006	2005	2004	2003	2002	2001	2000	1999
每吨糖耗蔗量(吨)	11	10	10	10	10	9	10	10	11	10
甘蔗含糖率(POCS, %)	11	11	11	11	12	13	11	12	10	10
甘蔗纯度(%)	80	81	81	82	83	84	82	83	81	80

资料来源：斐济糖业公司 2009 年年报。

4. 蔗糖价格

在斐济，糖厂的甘蔗收购价主要参考糖价的走势，在收获前由糖厂与蔗农签订收购合同确定。蔗农与糖厂之间的利润分配，遵循斐济糖业仲裁庭批准的蔗农与糖厂之间的契约的有关条款。糖价则遵循与欧盟签订的《糖贸易协定》。欧盟宣布从 2006 年 6 月 1 日起，糖协议价格下降 5.1%，2008 年和 2009 年又再次分别下降 9.2% 和 21.7%，至此与最初协议价相比共下降了 36%，但仍约为国际市场价格的两倍。2010~2015年，协议价继续逐步降低，维持在略高于国际市场价格的水平。[1]

2005~2009 年斐济蔗价和糖价走势见表 4-8。

表 4-8　斐济蔗价和糖价走势（2005~2009 年）

单位：斐元/吨

年份	2009	2008	2007	2006	2005
甘蔗收购价	62.00	54.00	56.00	42.83	58.13
糖出口价	960	955	841	860	738

资料来源：斐济统计局。

---

① 中华人民共和国驻斐济大使馆经济商务参赞处：《斐济蔗糖产业分析》。

为了实现产业多样化，斐济注重发展农产品加工业，尤其是制糖业和椰干加工业，其他如啤酒、饼干、家具、布料、芋草、油漆的加工制造业十分兴旺。印刷工业是斐济又一个历史悠久而重要的产业，加工工业产值占国内生产总值的 10%。

二　矿业

斐济矿产资源丰富，主要矿产资源包括金、铜、铝土、铅、锌、铁、磷酸盐、大理石等。其中，黄金是最重要的已开采矿物，楠迪开采的黄金在斐济的出口项目中居第二位。楠迪地区蕴藏着锰，目前已开始开采。

1. 黄金开采

黄金开采在斐济的国民经济中居第三位。斐济黄金开采已有几十年的历史。黄金采矿集中在瓦图库拉（Vatukoula）第三纪破火山口边缘地区。瓦图库拉位于斐济最大的岛维提岛北岸 8 公里的内陆，自 1932 年发现砂积矿床以来，恩派厄（Emperor）矿（也称国王矿）已从 1500 万吨矿石中，包括来自 250 公里以外地下开采的矿石中，生产黄金 450 万盎司。基地设在澳大利亚的恩派厄矿业有限公司（Emperor Mines Ltd，EML）是斐济唯一的黄金生产公司，该公司为斐济提供了仅次于旅游业、制糖业的巨大收入来源。

在瓦图库拉，已查明有 100 多种矿物结构，在许多矿体中可见黄金，其形态、粒度各异。在地面和地下都已成功地进行了开采。斐济有三个矿井：一是菲利普竖井；二是史密斯竖井，深达 600 米；三是恩派厄斜井，可回采 300 米以下的矿石。这些矿井年总开采能力为 100 万吨。选矿厂经过某些改进，目前具有处理 70 万吨矿石的能力。

历史上，恩派厄矿连续多年平均年产 8 万盎司黄金，20 世纪 60 年代末年产量接近 11.5 万盎司，当时雇用 2400 名员工。1983 年，与澳大利亚西方矿业公司（WMC）合资，以后该公司通过斐济子公司取得大部分股份，得到管理权。其重点是露天开采低品位的氧化矿和处理老尾矿，地下开采仅限于开采威廉王子（Prince William）平巷的 1 万吨高品位金矿石。在 WMC

管理期间，使用地下柴油设备、采取安全生产措施，每周 7 天工作，地下劳力减至 1400 人，生产取得佳绩，同时由于改善选矿，金的回收率和产量节节上升，从 1983 年的 35000 盎司提高至 1989 年的 142000 盎司。后来由于露天资源枯竭，WMC 面临劳力安置问题，1991 年合资协议终止，1992 年 6 月矿山的所有权转到恩派厄矿业有限公司（EML）手里。

EML 接手矿山期间，采取种种措施，重点还是放在地下开采，采用现代无轨设备采矿，回采的矿石量大增，同时采用更有效的采矿方法，100% 回收。后来斐济勘探发现了富矿体，前景可观。①

2. 铜矿

20 世纪 70 年代末，澳大利亚里奥廷托锌公共有限公司②、英美公司和普雷萨克公司进行联合勘探，在苏瓦西北的纳莫西地区划定了三个斑岩铜矿矿床。在许可合同于 1985 年到期前，由合伙人承担了所有开发工作。

后来投到斐济采矿业中的股份集中在开发多金属硫化矿体上。新南威尔士州悉尼的所罗门太平洋资源公司在 1988 年和 1989 年探查了怀尼维西矿床，勘探钻井第一阶段的初步结果表明矿石品位十分令人鼓舞。矿体除含锌、铅、金和银外，还含铜。

3. 勘探公司及开采简况

由于受飓风影响，斐济近年勘探工作有所缩减。主要进行矿山勘探工作的公司为恩派厄矿业有限公司、砂矿太平洋公司、太平洋群岛公司、斐济铜资源公司和地质太平洋公司。主要在斐济各岛勘探金与铜矿床。

在纳索莫（Nasomo）主要开采的矿床有麦塔纳加塔·弗勒特马特（Matanagata Flatmake）、恩派厄·达契斯·雪脱（Emperor Duchess Schatter）、2000N 弗勒特马特、166N 弗勒特马特和威廉王子弗勒特马特等矿床。因矿地争论未决，露天开采迟迟未能进行。

---

① 关尔：《斐济矿业生产》，《国外金属矿选矿》1995 年第 1 期，第 57 页。

② 里奥廷托锌公共有限公司（RTZ Corp PLC）是 1962 年 3 月 30 日在里奥廷托公司（1873 年成立）和联合锌公司（1949 年成立）合并基础上建立的。1982 年 3 月 4 日作为公共有限公司重新登记注册，名为 Rio Tinto-Zinc Corp PLC。1987 年 8 月 1 日更用现名。该公司是一个国际性工矿业公司集团，在几乎所有主要矿产和金属矿业部门拥有股份。

三　服装加工业

虽然到 1986 年，斐济还没有服装出口，但是 1988 年后随着斐济对服装行业实行免税刺激，服装加工业迅速发展。政府鼓励对服装加工业投资，并且对产品 95% 以上出口的制衣企业给予税收上的优惠。斐济计划开拓日本服装市场，如加工水平达到日本市场的标准，即可免税从日本进口纺织原料，加工后对日本出口。

1. 成衣加工业

成衣加工业曾经是斐济第一大出口产业和第二大外汇来源。2005 年后由于全球纺织品贸易一体化，原本依赖配额生存的斐济成衣加工业逐渐陷入困境。但一部分成衣厂以接受小订单、交货快等特点顽强生存下来，并仍然赢得澳、新等市场。2011 年，纺织品、服装、鞋帽出口为 0.99 亿斐元，占斐济出口额的 9.8%。①

2. 斐济成为亚洲成衣转口中心

斐济成衣工人工会称，他们有证据显示，斐济制造商从韩国、中国台湾和马来西亚进口成衣，在斐济贴上标签，再以斐济享有的优惠待遇销往海外市场。在大多数情况下，唯一在斐济生产的部分是印有"斐济制"的标签。该会的一名职员说，进口的成衣大都已是成品，根本没有增加任何附加值就转口外销。②

斐济的某些工业制品例如成衣可以依据各种协定和条约，轻易地进入新西兰、澳大利亚、美国和欧共体市场。斐济于 1988 年推出长期免税优惠方案之后，已吸引数十家亚洲成衣制造厂商到斐济投资。

四　林业和木材加工业

斐济森林覆盖面积为 101.7 万公顷，占全国土地面积的 56%。斐济

---

① 中华人民共和国驻斐济大使馆经济商务参赞处，http://fj.mofcom.gov.cn/article/catalog/sshzhd/201307/20130700204886.shtml。

② 《斐济成为亚洲成衣转口中心》，《纺织导报》1992 年第 5 期。

政府十分重视林业的发展，早在 1972 年就制定了松树计划，1977 年成立斐济松树委员会（FPC）推动种植松树。

1990 年该委员会实行私有化，由斐济松树公司接管其资产、债务，履行其职能。近年来，海外对木材需求的增加，促进斐济木材的生产和木材加工产品的多样化。2011 年，斐济的木材及木制品出口 0.62 亿斐元，占总出口额的 6.2%。[①]

五　能源工业

1. 矿物能源

斐济的矿物能源主要依靠进口。近年来，政府虽然积极寻找具有开采价值的油气资源，但结果并不理想。目前矿物燃料占斐济全部进口额的1/6。与此同时，政府大力投资水力发电。

2. 电力

斐济电力网覆盖全国大部分地区，全国约 80% 的人口可以用上电，其技术指标为 220 伏、50 赫兹交流电。

斐济电力局（Fiji Electricity Authority，FEA）是发电、输电事务的管理部门。新建厂房、建筑物的输电工程需要报请斐济电力局批准。

据斐济电力局统计，2011 年共发电 8.4 亿千瓦时，基本能满足本国工农业生产的需要。中水电集团承建的南德瑞瓦图水电站 2012 年 5 月底竣工后，全国发电量增长 25%。

此外，斐济重要的制造产品还包括水泥、家具、包装材料、纸张及其制品、油漆、烟草（香烟）、食品、啤酒及其他饮料、肥皂以及金属加工制品。

第五节　畜牧业

斐济畜牧业在太平洋岛国中还算比较发达，畜产品主要包括牛肉、乳

---

① 中华人民共和国驻斐济大使馆经济商务参赞处：《斐济重点产业》。

品、猪肉、家禽、羊肉等。但多数畜产品生产仍不能满足国内消费需求，需要依靠进口，主要进口的是羊肉、牛肉和奶制品。

一　发展现状

1. 牛肉

斐济的养牛业自殖民地时代就已经存在，主要用来供应国内的肉、奶需求。牛肉主要来源于国家注册的屠宰场以及北部农村的屠宰场。2010年共屠宰牛 7830 头，比 2009 年增长 14%，牛肉产量（胴体重）为 2022.9 吨，比 2009 年增长 18%。屠宰的肉牛数量近年连续下降，而且屠宰的母牛数量也有所下降。2010 年，国内人均牛肉消费量为 3.6 公斤，国内生产的牛肉只能满足全国消费的 53%。2010 年，斐济进口牛肉 1795.2 吨，主要从新西兰进口鲜牛肉（见表 4-9）。

表 4-9　2006～2010 年斐济牛肉生产和进口情况

年份	国内生产					进口		总消费量（吨）	自给率（%）	年人均消费量（公斤）
	屠宰量（头）	胴体重（吨）	平均胴体重（公斤/头）	小牛肉（吨）	总净肉产量（吨）	鲜牛肉（吨）	灌装牛肉（吨）			
2006	9087	2252	248	0	1486	3664	11	5161	29	6.1
2007	7995	1958	245	0.79	1293	1118	0	2411	55	5.3
2008	7754	1870	241	0	1234	3442	0	4676	26	10.2
2009	6880	1719	250	0	1135	1768	0	2903	30	6.2
2010	7830	2022.9	258.4	0.6	1335.5	1795.2	2.5	1386.2	53	3.6

数据来源：斐济农业部。

2. 乳品

历史记录显示，1910 年斐济开始生产商业化奶酪。第一次世界大战后，有组织的牛奶加工厂也开始在斐济出现。目前，斐济的乳品生产包括两部分：一是正规部分，由农民向雷瓦奶业合作公司（RCDC）提供奶油和鲜奶；二是非正规部分，向城市居民提供家庭消费所需的奶油、鲜奶以及高附加值的奶制品。雷瓦奶业合作公司是由生产者成立的，指导整个奶油、全脂牛奶的生产，目前也是南亚地区最大的乳品加工公司。斐济大多数注册奶农向雷瓦奶业合作公司提供产品。非正规部分占奶制品生产的1/2，分布在全国各地。

2010年，雷瓦奶业合作公司共生产牛奶1030.67万升，比2009年下降7%。斐济牛奶自给率提高到22%，人均消费量由2009年的5.42公斤下降到5.02公斤。人工授精的奶牛总数量为1426头，完成年度目标的95%。2010年各种奶制品的进口与2009年相比有所下降，进口增加最多的是淡奶和炼乳。

近年来，斐济奶业面临的挑战是洪水和飓风带来的破坏性损害，牛奶产量下降、基础设施毁坏以及动物健康受到影响。2010年政府提出为奶业投资120万美元，但只下拨了74.97万美元，有58个农场受益。奶业支持计划（DIS）的启动，极大地促进了奶业部门基础设施的改善。现在，政府主要为小奶农提供支持，作为斐济奶业生产发展的一条主要路径。2007～2010年斐济奶业供应需求情况见表4-10。

表4-10　2007～2010年斐济奶业供需情况

年份	工厂产量（TMFE）	非工厂产量（TMFE）	进口量（TMFE）	总消费量（TMFE）	自给率（%）	年人均消费量(公斤)
2007	458.33	547.64	1885.34	2891.31	35	3.49
2008	426.87	629.79	3461.50	4518.16	23	5.46
2009	456.12	553.65	3415.03	4484.84	10	5.42
2010	424.70	505.40	3340.21	4270.35	22	5.02

注：TMFE指总奶成分等量单位。

资料来源：斐济农业部。

3. 绵羊

绵羊养殖业主要由农村、外岛和进口替代计划以及其他政府为农民提供的支持来推动。通过这些计划，许多私有农场在育种、围栏和羊舍材料上获得了支持。绵羊管理站也通过小农户绵羊发展计划获得资助（总额为 15 万美元），对全国绵羊管理站进行维护和维修。

2010 年斐济国内绵羊肉产量（胴体重）增长 2.3%，达到 63.1
吨。主要的屠宰来自非正规的市场，屠宰量为 60.8 吨，其余 2.3 吨来
自正规市场。进口绵羊肉 6221 吨，比 2009 年下降 51%。自给率为
0.9%，人均消费量为 8.4 公斤（见表 4-11）。全国监测的绵羊养殖场
共有 372 个，比 2009 年下降 7.6%。2010 年绵羊总存栏量为 11268
只，增长 3.9%。绵羊养殖场主要分布在北部地区，共有 226 个，占总
数的 61%。

表 4-11　2006~2010 年斐济绵羊肉供需情况

年份	国内生产			进　口			去骨肉总消费量（吨）	自给率（%）	年人均消费量（公斤）
	屠宰量（只）	胴体重（吨）	去骨肉（吨）	胴体重（吨）	去骨肉（吨）	罐头（吨）			
2006	2147	50.1	22.1	8760	3503	0	3525.5	0.6	4.1
2007	1723	33.3	14.7	13351	5875	0	5889.1	0.2	7.1
2008	2494	60.2	26.5	13018	9092	0	9118.5	0.3	10.7
2009	2796	61.7	27.2	12637	7024.1	4.8	7056.1	0.4	8.3
2010	3549	63.1	27.1	6221	737.4	4.2	765.1	0.9	8.4

资料来源：斐济农业部。

4. 山羊

该产业主要由私营部门主导，政府的资助非常有限，产业得以维系发
展主要是因为其是甘蔗种植区，特别是北部和西部地区可持续的收入来
源。由于这些地区适宜的环境条件，山羊群体分布更广泛。屠宰量的下降
表明，多数是在全国各地进行的非正规屠宰。2010 年的山羊肉进口较
2009 年增长 38%，自给率从 2009 年的 96% 下降到 92%，年人均消费量
也由 0.32 公斤下降到 0.29 公斤。为了解决全国许多养殖场出现的繁殖问
题，辛加托卡研究站进行了品种改良，向全国提供研究站进口的改良品
种。2010 年，山羊养殖场数量减少了 3.3%，导致存栏量下降。详见表
4-12。

表 4 – 12　2009 ~ 2010 年山羊养殖场与群体分布

区　域	2009 年		2010 年	
	监管的农场数(个)	山羊存栏量(只)	监管的农场数(个)	山羊存栏量(只)
中区和东区	66	800	49	962
西　　区	179	12031	160	10074
北　　区	175	11505	197	10689
总　　计	420	24336	406	21725

资料来源：转自张莉《斐济畜牧业发展研究》，《世界农业》2013 年第 10 期。

5. 家禽

家禽养殖业主要包括肉鸡、食用蛋和鸡苗的生产。肉鸡生产主要由两个正规的部门进行，即古德曼菲尔德（Goodman Fielder）公司和雄鸡家禽（Rooster Poultry）公司，其余小部分是小农户的庭院饲养。Imam Ali Halal 公司和雷德（Redd）公司控制全国的鸭肉生产，小部分为农户散养。2010年，肉鸡养殖量增长 10.7%，鸡肉产量达到 1.73 万吨，自给率为 90.8%，年人均鸡肉消费量为 22.4 公斤。由于国内产量的增加，进口下降 0.1%，进口量为 1742.9 吨。正规市场上流通的鸭肉产量为 12.9 吨，进口 10.3 吨。禽蛋产量的 80% 来自 Ram Sami & Sons 公司，小农户散养的产量仅占 20%。禽蛋的自给率为 100%。日龄鸡生产由三家注册的国内孵化公司经营，即佳洁士孵化（Crest Hatcheries）、太平洋饲料（Pacific Feed）和雄鸡家禽公司。国内鸡苗的孵化生产不能满足需求，还需进口孵化种蛋和肉鸡苗。

6. 生猪

斐济的生猪生产波动很大，但自 1993 年以来猪肉生产基本实现自给自足。国内市场规模较小以及地理位置相对孤立都是斐济生猪生产的优势。整体来看，该产业的前景主要取决于旅游市场的需求，因为本地猪肉最大的消费群体是观光游客。国内共有 5 家大型商业养殖场，供应国内猪肉消费量的 90% 以上，其生产效率对整个产业的生存至关重要。这些商业化养殖场配有现代化的设备并邀请国外专家进行生产方面的指导。由于对该产业的管制较松，而且对猪肉产品征收 15% 的关税，即使价格不稳定，大型商业养殖场也因生产规模大能够生存。因此，在没有任何政府支持的情况下，主要通过市场化运营满足消费者的需求。此外，生猪养殖广泛分布在农村地区，有利于保障收入安全、食物安全和减少贫困。在这方面，非政府组织为社区和农户提供了资金支持，通过生猪养殖提高基层脆弱群体的生活水平。

2010 年，注册屠宰场共屠宰 17448 头猪，生产猪肉 1168.5 吨。与 2009 年比，屠宰量下降 8.6%，但由于平均单体重增加，猪肉产量增长 3.5%。国内猪肉自给率达到 90%，2010 年的进口量为 124.4 吨，比 2009 年有所下降，降幅达 35.5%。2010 年人均消费量为 1.5 公斤。

二 制约因素

斐济畜牧业面临着投入成本增加、湿热天气持续时间过长、缺乏资金支持、土地租赁契约到期、遭受野狗破坏、基础设施较差和缺乏培训等困境。最大的两个问题是追踪系统较差和向屠宰场运输的成本较高。小农户受到信息交流和运输上的制约，在非正规市场获得准确的数据非常困难，无法记录牲畜流动情况。此外，斐济开发银行等金融机构也没有提供鼓励发展畜牧业的相关政策。

养牛业是斐济重要的畜牧业部门，多年来得到政府的高度重视。1974 年，议会通过一个特别法令，让新的生产者加入雷瓦奶业合作公司，以获得政府对该公司扩大资本提供的帮助。后来，政府又通过年度基本项目资金提供计划（奶制品多样化计划）向奶制品生产者提供支持。通过政府和联合国粮食及农业组织的帮助，许多小农户获得了机会，斐济奶业有了长足的发展。但奶业发展仍存在着制约因素，主要是奶牛数量有限，高质量和价格又可以接受的饲料和草地供应不稳定，牲畜营养不良，奶制品加工厂的基础设施较差，等等。

生猪养殖虽不是主导产业，但目前的人工授精比例比较低，还要靠公野猪、兰德瑞斯猪、杜洛克猪和长白猪进行自然交配。低受精率的原因是母猪营养不良、健康状况不佳以及养殖场对人工授精母猪的管理能力较差，中央部门需要更多地提供人工授精服务。品种改良是未来产业发展的一个主要障碍，今后要通过人工授精技术来加强对庭院和半商业化养猪场的生猪进行遗传改良。另外，养猪业越来越受到饲料成本高、为农民提供的饲料替代品不足、缺乏管制以及肉价格过高等因素的困扰。

第六节　渔业

斐济渔业资源丰富，盛产金枪鱼，其北部和南部水域是优良的金枪鱼渔场。然而，本国的商业性捕鱼量有限，大规模的捕鱼作业掌握在日本、韩国、美国和中国台湾的船队手中。外籍渔轮捕获的鱼类送至在莱武卡市的太平洋渔业公司加工销售。

根据太平洋岛国论坛秘书处的资料，斐济的渔业概况如下。

一　鲣竿钓渔业

斐济的鲣竿钓渔业开始于20世纪80年代，当时斐济太平洋渔业公司（PAFCO）正处于起步阶段。然而，鲣竿钓渔业日趋衰退，主要是PAFCO罐头厂收购鲣竿钓渔获物价格低，影响了鲣竿钓渔业的发展。一些鲣竿钓渔船逐渐被淘汰，另一些渔船则被改装成延绳钓渔船。

影响鲣竿钓渔业发展的另一个因素是鱼饵的生产。在鱼饵生产海域，传统捕捞权的拥有者因为将捕鱼权转让给鲣竿钓渔业公司而需要获得赔偿，这样就限制了鲣竿钓渔业发展。

迄今，太平洋渔业公司一直从外籍延绳钓渔船、美国曳绳钓渔船和外籍围网渔船获取金枪鱼，斐济国内延绳钓渔船也提供长鳍金枪鱼。

二　延绳钓渔业

延绳钓渔业是用专用钓船和延绳钓具钓捕金枪鱼的产业。钓捕对象有长鳍金枪鱼、黄鳍金枪鱼等。

南太平洋海域是金枪鱼传统渔业的主要作业渔场。斐济渔业资源丰富，延绳钓渔业发达。

斐济政府为了吸引外籍延绳钓渔船在PAFCO罐头厂卸载渔获物，

分配 20 个泊位给这些外籍延绳钓渔船。中国台湾渔船率先获得这些泊位，但在他们选择帕果帕果港卸鱼后，一些泊位就让给了韩国渔船。

因为 PAFCO 罐头厂目前报出有竞争优势的收购价，所以外籍渔船在 PAFCO 罐头厂卸载渔获量大大增加。

外籍延绳钓渔船捕捞的目标鱼种是长鳍金枪鱼。

三 总许可渔获量（TAC）与渔获销售

为保护渔业资源，斐济政府实施了总许可渔获量制度来管理金枪鱼渔业，分别规定了延绳钓和鲣竿钓的金枪鱼种类及总许可渔获量。

斐济渔获物主要出口日本和美国。长鳍金枪鱼和黄鳍金枪鱼在 PAFCO 罐头厂加工，或者出口到帕果帕果。兼捕渔获物则在当地超市或旅馆内销售或者直接卖给消费者。2000 年延绳钓捕捞的长鳍金枪鱼 75% 在斐济销售，25% 出口；大眼金枪鱼约 15% 在斐济销售，85% 出口；黄鳍金枪鱼约 38% 在斐济销售，62% 出口。

四 金枪鱼渔业发展趋势

苏瓦港是斐济唯一的渔获物转载港。在苏瓦港，小型渔船将金枪鱼运载给大型运输船，而后这些渔获物被运到日本、韩国、中国台湾和帕果帕果等港口。

由于政府实施了发展项目，斐济金枪鱼渔业前景看好。拉米港口的现代化缩短了渔船的往返时间，渔获量因此增加。斐济政府已经开始实施的渔业发展计划，包括改善渔业基础设施，建造适合于在斐济海域作业的新型渔船，并帮助斐济渔民购买这些渔船。

由于斐济政府对渔业的支持，所以斐济渔业有望很快复苏。

第七节 旅游业

独立以来，斐济政府充分利用其自然条件，结合其浓郁的传统文化与习俗，大力发展旅游业。多年来，旅游业一向是斐济的重要经济支柱。但是，20 世纪 80 年代末，由于斐济政局动荡，严重影响了旅游业的发展。进入 90 年代，随着政局趋于稳定，旅游业有了新的发展，年均游客数量超过了 27 万人次，年外汇收入超过 3 亿美元，从而超过了斐济传统出口产品蔗糖与木材的出口收入，跃升至外汇收入的第一位。从 1994 年起，斐济的政局完全稳定，社会秩序与生产恢复正常，旅游业又上了一个台阶。1997 年赴斐游客达 32 万人次，外汇收入达 4.3 亿美元。2012 年游客达 70.2 万人次，同比增长 4%。游客中，澳大利亚人最多，日本人和美国人次之。

一　有利条件

斐济是大洋洲旅游业十分发达的岛国，它具有相当有利的旅游条件。

首先，旅游区位条件优越。斐济位于太平洋中心，美拉尼西亚群岛的东南部，是大洋洲和南北美洲之间海、空航线的"十字路口"，也是国际上重要的交通枢纽，方便旅游者抵达。

其次，旅游资源十分丰富。由于地处热带，阳光充足，雨量充沛，加上东南季风的影响，气候非常宜人（全年平均气温为 24℃～30℃），各主要岛屿上林木繁茂，绿草如茵，鲜花似锦，令人爽心悦目。全国由分散在 1.83 万平方公里上的 503 个岛屿组成（其中维提岛和瓦努阿岛占全国面积的 87%），多为火山岛和珊瑚岛，这些成因不同的岛屿有各具特色的自然景观；岛内还有引人入胜的人文景观，如塔韦乌尼岛上 180°经线处的东西两半球的界碑。具有历史意义的第二次世界大战战场以及有着浓厚地方色彩的手工艺品和各种文化现象并存等，对旅游者都有很大的吸引力。

最后，岛内以及各岛屿之间交通十分便利，在维提岛上有窄轨铁路，几个主要的岛屿上已基本建成了独立的公路网。维提岛和瓦努阿岛以及它们周围星罗棋布的岛屿之间都有船只往来，为旅游者的出行提供方便。

旅游业成为仅次于制糖业的第二大经济支柱。斐济在南太平洋旅游联合体国家和地区中居主导地位。

2011 年斐济旅游业的收入达 12.865 亿斐元，2012 年为 13 亿斐元，2013 年达 13.182 亿斐元。[1]

二 发展进程

20 世纪 20 年代初，斐济为满足过境旅客需要，开始在首都苏瓦市建设旅馆，这成为斐济旅游业的发端。由于斐济政府对旅游业的发展缺乏兴趣，再加上地理位置的孤立和交通运输工具的落后，在第二次世界大战前前往斐济的旅游者人数一直比较少，每年约为 8000 人次。

然而，1940 年楠迪国际机场的修建，引起斐济旅游业戏剧性的发展。1960 年，随着斐济被选择为檀香山—奥克兰/悉尼国际航线最佳的中途加油站，楠迪国际机场的地位凸显，其对斐济旅游业的发展起到关键性作用。同时，许多现代旅游业的配套设施也相继出现，例如免税购物商场、旅馆和旅游设施。

1952 年，斐济旅游局（FVB）的成立，表明斐济旅游业已具有一定规模。就全国而言，旅游业从主岛的楠迪和科罗海岸迅速扩展到近海岸的马马努加斯岛以及其他一些岛上。当然，因交通状况不同，尤其是与境外是否直接交通联系，各地的发展程度也有一定的差异。如在维提岛上的楠迪市和苏瓦市发展较快，因为前者本身有国际机场，而后者则靠近瑙索里机场。同样，维提岛附近的亚萨瓦群岛、马马努萨群岛和欧伐劳岛等由于邻近交通中心，发展状况也比较好。

旅游业经营上也各有其特点，靠近机场的旅馆很大程度上依赖的是一些短期旅游逗留者，那些在科罗海岸附近的旅馆吸引的则是来自澳大利亚和新西兰及其他国家的一些有详细旅行计划的旅游者，而近海岸的旅馆接待的是一些有特殊兴趣的旅游团体，他们常去有独特风格的岛屿（如塔

---

[1] "Tourism Earnings", Fiji Bureau of Statistics, http://www.statsfiji.gov.fj/index.php/migration-a-tourism/10 – migration-statistics/migration-a-tourism/118 – tourism-earnings-fjd-million.

韦乌尼岛、加米阿岛和坎达武岛）旅游。

苏瓦市作为斐济的首都，是全国最大的海港，也是南太平洋地区重要的经济、交通中心，岛内有航空服务网，瑙索里机场有和萨摩业、汤加等地联系的航班，市内有各种等级的旅馆，大至国际宾馆，小到廉租公寓，因而这个城市对商业旅游者颇具吸引力。那些途经旅客和背包旅游者则倾向于到远离海岸的岛屿去。

旅游业迅速发展一直持续到独立时（1970 年 10 月），1973 年游客已达 18.6 万人次。70 年代末到 80 年代初由于受石油危机、国内经济的不景气，以及正在东南亚盛行的河流探源风的影响，斐济的旅游业面临困境。80 年代以来，美国经济一直不景气，使斐济重要客源市场疲软；再加上旅游高峰时期，到斐济的航空费用和到澳大利亚相比并不具有价格优势，因而新西兰到斐济的游客也大为减少；只有澳大利亚人和规模相对较小的日本及欧洲旅游团体前往斐济。1987 年受到两次政变的严重冲击，前往斐济的旅游人数陡然下降，导致 2000 人失业，旅馆建设陷入困境。80 年代末旅游业形势有所好转，游客突破 25 万人次。

1999 年以后，赴斐济旅游的人数大增。除了 2000 年因军事政变斐济的旅游业深受影响之外，斐济旅游业发展迅速（见表 4 - 13、表 4 - 14、表 4 - 15）。

表 4 - 13 1999 ~ 2012 年斐济出入境人数

年份	入境人数	出境人数	年份	入境人数	出境人数
1999	409955	404510	2006	548589	546247
2000	294070	294286	2007	539881	535190
2001	348014	342067	2008	585031	578962
2002	397859	395118	2009	542186	536889
2003	430800	424058	2010	631868	625779
2004	504075	461907	2011	675050	667729
2005	545145	535063	2012	660590	652502

资料来源：斐济移民部。

表 4 – 14　2013 年与 2014 年主要国家和地区赴斐济人数对比

国　家	2013 年	2014 年	增长率（%）
澳大利亚	344062	349578	1.6
新西兰	109736	125466	14.3
美　国	55000	62507	13.6
加拿大	12875	12226	－ 5
英　国	17428	16626	－ 4.6
欧洲大陆	29101	30634	5.3
日　本	7066	5722	－ 19
中　国	23933	29569	23.5
韩　国	4208	5822	38.4
亚洲其他国家	11391	13470	18.3
其他太平洋岛国	39739	40736	2.5
其　他	7929	6283	－ 20.8
总　计	662468	698639	5.5

资料来源：斐济国家统计局。

表 4 – 15　2015 年 2 月与 2014 年 2 月主要国家和地区赴斐济人数对比

国　家	2014 年 2 月	2015 年 2 月	增长率（%）
澳大利亚	17061	16838	－ 1.3
新西兰	3792	4257	12.3
美　国	4156	4583	10.3
加拿大	993	930	－ 6.3
英　国	1515	1425	－ 5.9
欧洲大陆	2384	2343	－ 1.7
日　本	563	474	－ 15.8
中　国	3099	4460	43.9
韩　国	376	371	－ 1.3
亚洲其他国家	809	1429	76.6
其他太平洋岛国	3775	4607	22
其　他	317	458	44.5
总　计	38840	42175	8.6

资料来源：斐济国家统计局。

2015 年 2 月，在赴斐济的 42175 人中，绝大多数为度假而来，占全部人数的 70.8%，走亲访友的占 5.7%，商务目的占 4.5%，其他原因为 19%。[①]

三 住宿与购物

1. 住宿

（1）星级酒店

斐济每座酒店都建在风景优美的地区，住宿设施完善，温馨舒适，出外活动非常方便。此外，还有一些度假型和商务酒店，游客可以根据自己的需求进行选择，酒店内每天有免费的自助餐供应。观光胜地楠迪及其附近有数十家旅馆包括五星级旅馆如"喜来登斐济度假村"（Sheraton Fiji Resort）等，价格为 70~500 斐元。

香格里拉饭店是斐济最早设立的五星级饭店之一，位于主岛南方珊瑚公路的中间位置，无论是地理位置还是其周遭的海岸环境及资源，都占尽"地利之便"，拥有丰富的旅游资源。

（2）青年旅馆

最大的优势是住宿价格便宜，可以结识到许多志同道合的驴友，一般是建在城郊风景秀丽的地方，虽然交通有点不便，但经济舒适。青年旅馆的房间一般是多人间，各类设施都是公用，游客要注意保管好自己的财物。

（3）家庭旅馆

这是体验斐济乡村或城市的家庭生活，同时结识当地居民的最佳选择，游客还有机会和主人共享家常便饭，如果是寄宿在农场，还有机会参加农场的农事活动。

（4）度假村

设施豪华、环境幽静的度假山庄，可以让人忘记一切的尘世之恼，享受清幽的假期，还可以品尝当地的特色菜肴。

[①] "PROVISIONAL VISITOR ARRIVALS-February 2015", 13 March 2015. http：//www. statsfiji. gov. fj/index. php/latest-news/428 – provisional-visitor-arrivals-february – 2015.

2. 购物

斐济是自由港，故免税店特别多，钻石、珠宝、香水、银器、水晶制品等世界一流商品皆可以免税价格购得。在有斐济旅游局标志的免税商店，游客可放心地购买。

特色产品有手编的篮子、珊瑚、贝壳制品、木雕品、塔巴桌巾、印度沙丽、龟甲等。印度产的金银制品色彩鲜艳、做工精致。

3. 最佳旅游季节

斐济属热带海洋性气候，每年 5 ~ 10 月是最佳旅游时间。这时受寒冷的东南季风的影响，气温较低，平均气温为 22℃，也是全年最干旱的时期。11 月至次年 4 月，气温较高，平均温度为 32℃，风向多变，且降雨较多。由于斐济位于热带风暴地区，每年 11 月至次年 4 月，斐济会受到热带风暴的袭击。楠迪位于相对较干旱的西部，年均降雨量为1931 毫米。

4. 穿衣推荐

主要以短衣短裤为主，可携带凉鞋和拖鞋、太阳帽、太阳镜、防晒霜、游泳衣裤和雨具等。5 ~ 10 月天气稍凉爽，可携带单外套和长裤。

第八节　交通与邮政通信

一　交通

斐济交通运输业发达，是南太平洋地区的交通枢纽。

1. 概况

首先，从国内来看，斐济主要以公路为主。目前斐济公路的总长已经达到 5300 公里，其中沥青公路 1340 公里，多数公路位于主岛沿岸，连接城市。从苏瓦到楠迪国际机场的柏油公路 200 公里，正常速度行驶（斐济全国公路最高时速不得超过 80 公里）需要 3 小时左右。无论是市内交通还是城市之间的交通，斐济均可提供比较完备的公共汽车、出租车和汽车租赁服务。2007 ~ 2012 年斐济注册车辆数量见表 4 - 16。

表 4 – 16　2007～2012 年斐济注册车辆

单位：辆

车辆名称	2007	2008	2009	2010	2011	2012
私人小汽车	80712	82986	85049	87222	89756	92717
出租车	5166	5206	5384	5493	6066	6556
租赁出租车	6434	6591	6777	7063	7603	8036
货　车	42732	43297	43723	44342	45556	46687
公共汽车	2257	2288	2309	2323	2388	2461
拖拉机	5889	5979	6044	6157	6157	6157
摩托车	4955	5051	5081	5165	5165	5165
其他车辆	7227	7538	7777	7984	8466	8819
总　　计	155372	158936	162144	165749	171157	176598

资料来源：斐济陆路交通管理局。

　　铁路（窄轨）则仅有 820 公里，且主要分布在维提岛和瓦努阿岛，主要用于运输甘蔗。

　　其次，斐济作为群岛国家，又是南太平洋地区的交通枢纽，水运交通非常发达。2012 年，注册的商船 747 艘，首都苏瓦是重要国际海港，能容纳 4.2 万吨级的船舶入港，有集装箱货场和总面积 1.2 万平方米的 6 个货仓。除苏瓦外，斐济还有 3 个设施较为完备的货物港口：劳托卡港、莱武卡港和马劳港，2012 年货物吞吐量为 323 万吨，集装箱吞吐量为 93789 标箱（TEU）。[①]

　　最后，斐济空运也较为发达。斐济位于连接北美、澳大利亚、新西兰的主要航线上，因此斐济不仅是南太平洋地区航空运输网络的核心，也是一些周边岛国通往世界各地的门户，空中交通十分繁忙。楠迪国际机场是本地区规模最大、最先进的国际空港，有"南太平洋十字路口"之称。整修后的跑道能够起降波音 747 等各种大型飞机，客流量和货物吞吐量较大。楠迪有十几家航空运输公司，既有本地企业，也有国际知名货运公

----

　　① 《斐济投资指南》（2013 年），第 15 页。

司，承揽面向世界各地的货运业务。首都苏瓦附近的瑙索里机场主要经营国内航线，可停靠波音 737 飞机。此外，附近还有为数众多的小型机场连接各主要城市和岛屿。

在这里，太平洋航空公司和斐济航空公司经营十几条航线。其中，太平洋航空公司是斐济本国经营的国际航空公司，拥有波音 767、波音 747 等大型客机，经营澳、新、日、美、瓦努阿图、萨摩亚、图瓦卢、汤加和所罗门群岛等航线，每天都有从楠迪到澳大利亚、新西兰主要城市的航班。澳、新、马绍尔群岛等国航空公司有定期班机停降楠迪国际机场。新西兰航空公司（Air New Zealand）在斐济设有分部，营运斐济到亚洲、欧洲和美洲的航线，更多新资航空公司在 2004 年进入斐济市场，为斐济的国际空运提供了更多的便利。大韩航空公司（Korcan Aii）每周有 3 个航班往返楠迪和首尔。斐济航空公司、向日葵航空公司主要经营国内岛屿间航线。另外，太平洋航空公司自 2009 年 12 月开通楠迪到香港的航班，现在每周两班。据统计，2012 年斐济国际航班运送乘客为 749831 人次，国内航班 260093 人次，2013 年斐济国际航班运送乘客达到 979542 人次。

2. 主要港口

（1）兰巴萨港

兰巴萨港口位于斐济东北部瓦努阿岛北海岸兰巴萨河口，东经 179°22′，南纬 16°26′，是斐济重要的散糖出口港。同时，它还是斐济北部行政区的所在地，是北美到澳大利亚及新西兰的海空运输航线要冲，有航班飞往苏瓦和劳托卡等地。

该港属热带雨林气候，年平均气温为 24℃～30℃。常遭受热带飓风袭击。全年平均降雨量为 2500～3000 毫米。平均潮差为 0.8 米。

港区主要码头泊位岸线长 150 米，水深 11 米，码头最大可停靠 2.7 万载重吨的船舶。有固定的装糖机，每天可装 400 吨散糖。该港无拖船，有系缆小艇。主要出口货物为蔗糖及椰油等，进口货物主要有粮食、燃料及工业品等。主要贸易对象是澳大利亚、新西兰及英国等。

（2）劳托卡港

劳托卡港位于维提岛的西北海岸，东经 177°26′，南纬 17°36′，是斐济的主要港口之一。港口距机场约 30 公里。

该港属热带雨林气候,年平均气温在 24℃～30℃。常遭受热带飓风的袭击。全年平均降雨量约 3000 毫米。平均潮差,大汛时为 1.67 米,小汛时为 0.91 米。港区主要码头泊位有 3 个,岸线长 395 米,最大水深 10.9 米。另有 4 个系船浮,可泊 1.8 万～2.4 万载重吨的油船,有直径为 203.2 毫米的水下油管供装卸原油。该港无拖船,如果需要,可与苏瓦港联系安排。大船锚地最大水深达 29 米。主要出口货物为散糖、香蕉、锰矿石、菠萝及糖浆等,进口货物主要有粮食、燃料及工业品等。

（3）苏瓦港

苏瓦港位于维提岛东南沿海,东经 178°26′,南纬 18°08′,东邻汤加,是斐济最大的海港,又是南太平洋的航运中心,有南太平洋的"十字路口"之称。港口距机场约 28 公里。

该港属热带雨林气候。年平均气温在 24℃～30℃。常遭受热带飓风袭击。全年平均降雨量约 3000 毫米。平均潮差为 0.8 米。

港口外有珊瑚礁作屏障,港内水深,风平浪静,是一个天然良港。港区主要码头泊位有 3 个,岸线长 678 米,水深 12.1 米。装卸设备有岸吊、可移式吊、叉车及滚装设施等,还有直径为 203.2 毫米的输油管供装卸石油。码头最大可停靠 5 万载重吨的船舶,散装、滚装及集装箱均可装卸。大船锚地水深达 36 米。每年接待各国远洋货轮近千艘。主要出口货物为散糖、椰油、木材及糖浆等,进口货物主要有粮食、燃料油、机器及化工产品等。经营南太平洋航运的船公司大多挂靠苏瓦港,如班克/哥伦布、太平洋广场、索夫兰纳、里夫（REEF）等航运公司,在节假日均不作业。

3. 水路交通

水运是斐济国内交通运输的主要方面。国家或船运公司的船只,主要用于国内的交通出行和货运,各岛间都有定期班船。民间水运更具实力。一般来说,各岛屿的沿海居民均有自己的船只,既用于捕鱼,也用于出行和运输。尤其是在珊瑚环礁岛屿上,更是家家都有船,而且不止一条。当然,他们的船只大部分是旧式的双船身的小船,或船身旁加一个船型的平衡器。小部分船只有摩托发动机。船只对居住在珊瑚礁岛上的居民来说，比自行车、摩托车还重要，也更实用。因为那些珊瑚礁岛既窄又长，像海中的一条大堤，两边是海。居民们出行访友、办事，乘船沿岛航行更加方便。在有些环礁岛上，有的地方是暗礁，只能在退潮时才能通过，乘船则不受限制。

岛上居民具有高超的航海能力和对海洋强烈的适应性。他们自幼就生活在大海上，航海技术十分娴熟。几乎人人都会撑船使舵、掌握航向，任何大风巨浪，都能应对。

4. 陆路交通

在历史上，由于各岛屿与大陆之间被海洋隔阻，斐济没有可用作交通工具的大牲畜，人们出行全靠步行。殖民者入侵后，引进了马匹，但只供殖民官员使用。在近代，各岛屿上开始饲养牛。但岛上居民们只习惯喝奶和吃肉，从不以牛作为交通或劳动工具。在斐济城镇，现在不仅出租车随处可见，还有公共汽车和长途运输车。现在斐济有公路5300公里，还有窄轨火车铁路820公里，主要是用于运输甘蔗。

斐济曾是英国的殖民地，因此所有汽车全是右舵。斐济司机相当文明，若从岔道进入主路，以直行车辆不收油门、不踩刹车为准，所以一般要等一会儿。斐济人开车也不急不躁，即便在不太繁华的地段，如果遇到行人横穿马路，不管有没有红灯，汽车都会马上停住，行人则理所当然不慌不忙而行。

斐济的公交车没有窗户，只有卷起的布帘，据说只有下大雨的时候才会放下来。公交车内乘客不多，人人有座。

在闹市区停车时，司机估算停车时间，投入相应的硬币，"咪表"打印出字条，司机再将字条放在车内挡风玻璃处，以便稽查人员抽查。停车场没有管理员，停车时间与交费是否相符，主要靠个人觉悟。

斐济的铁路交通并不发达，唯一的一条铁路线在维提岛上，也就是沿着珊瑚海岸所建的铁路线路。沿途可以看到斐济的乡间风光和甘蔗田。

5. 航空运输

斐济的空运比较发达，有自己的航空公司，主要承担本国岛屿间的客运和货运，有的也负责国际运输。斐济的太平洋航空公司有飞机 10 余架，也有通往澳大利亚、新西兰、美国、日本及南太平洋各岛国的航线。斐济楠迪国际机场是通向南北美洲、亚洲和澳大利亚的枢纽，也是很多国家航空线路经停之地。

斐济各岛间都有定期的航班，一般是二十人左右的小飞机。但这些飞机因服役多年，常出故障，时常影响正常飞行。

不仅国内各岛间的空运不正常飞行是常有的事，国际航班也常因各种问题临时停飞。例如，从斐济到基里巴斯，原来有两条航线，其中一条因瑙鲁航空公司职工罢工，停飞长达两年。在此期间，另一条航线也就是马绍尔群岛航空公司的航线则成了斐济与基里巴斯间的唯一航线。而这条航线的飞机小，也较陈旧，不时会出现故障和险情。这一航线固定的航程是：由斐济的楠迪至图瓦卢的富纳富提，航程两个半小时，在这里加油，一小时后再起飞去基里巴斯的塔拉瓦。一般情况下，是上午 7 时从斐济起飞，下午 4 时到达塔拉瓦。

二 邮政通信

近几年通信事业的发展与扩大是斐济经济稳步发展的一个标志。邮电部门 80% 以上的资金是用以扩大电信事业的。邮局投递邮件，开展电报、电话包括无线电话等业务。电话业务由于转用自动拨号和使用长途电话而大大扩大了，电话系统现在已连通各居住中心。无线电系统则联系外部各岛及本地的船运和航空运输，成为太平洋岛屿无线电服务的枢纽。

1. 电话

斐济在国际电报电话通信中也是一个重要枢纽。1963 年开展了英联邦电话电缆工程，使全世界范围内的英联邦各成员国都能联系在一起，每年同海外联系在 3 万次以上。

斐济拥有南太平洋岛国最佳的通信条件。电话普及率较高，全国有 10 万余部电话，并开展国际电话直拨（IDD）、电话卡、传真等服务。斐济有两大电信运营商：斐济电信（Telecom Fiji）和斐济国际电信公司

（Fiji International Telecommunication Ltd.）。其中，斐济电信主要提供地方和全国长途电话服务，斐济国际电信公司则主要从事国际电信业务，包括视频会议等高端服务。斐济的对外通信直接连通南十字光缆网络的光缆干道，该网络是从澳大利亚经新西兰、斐济、夏威夷连接到美国西海岸的通信网。

2. 移动通信

国际移动通信业巨头沃达丰于 1996 年进入斐济，几年来，沃达丰斐济公司已经建立了比较完整的移动通信网络，信号覆盖范围包括主岛大部分地区及海岸线以外 30 公里。全国移动用户达 30 多万户。

3. 互联网

斐济的国际互联网业务发展比较迅速，能够提供 ISDN、集团网络解决方案和宽带服务。

第九节　对外经济关系

一　对外贸易概况

1. 简史

20 世纪 60 年代以前，斐济对外贸易十分有限。60 年代后，斐济对外贸易迅速发展。

（1）20 世纪 60 ~ 80 年代

1969 年斐济进出口贸易总值为 13110 万斐元（合当时 14675 万美元）。其中进口总值为 7790 万斐元，26% 从澳大利亚进口，20% 来自英国，其他来自日本、美国、新西兰；出口总值为 5320 万斐元，主要出口国为英国、美国、澳大利亚和加拿大。1968 年出口糖 34 万吨（占出口总值 64%）、椰子油 17000 吨（占 13%），还出口黄金（占 9%）以及大量香蕉等农产品。1970 年外贸赤字约为 4000 万斐元（合当时 4450 万美元）。

1982 年，斐济进出口贸易总值为 74100 万斐元，其中进口总值为

47500 万斐元，出口总值为 26600 万斐元。主要进口国依次为澳大利亚、新西兰、日本、英国、美国、中国、中国台湾和印度。

进口商品中，日用品约占 1/3。大米、小麦、罐头、肉类、水果以及各种日用品绝大部分来自澳、新。汽车、电器产品、手表、照相机等大都来自日本。纺织产品和轻工产品中的陶瓷、搪瓷、玻璃器皿、旅行箱等不少来自中国大陆和中国台湾。

由于斐济工业不发达，农业也较落后，长期以来对外贸易主要依赖于蔗糖，出口产品结构几乎没有变化。除了蔗糖以外，还有粗金、鱼、椰油、糖蜜、生姜和木材等。

（2）20 世纪 90 年代以来

20 世纪 90 年代以来，斐济的对外贸易发生了巨大的变化，其主要出口产品为鱼、黄金、蔗糖、木材和纺织品，主要进口产品包括食品、机械设备、化学药品。2011～2012 年，斐济主要出口国是美国、澳大利亚和萨摩亚等国（见表 4-17 和表 4-18），主要进口国为新加坡、澳大利亚和美国等国（见表 4-19 和 4-20）。

表 4-17　2011 年斐济的主要出口国及其所占比重

单位：%

国　　别	占总出口量的比重	国　　别	占总出口量的比重
美　　国	23.4	萨　摩　亚	8.5
澳大利亚	21.7	汤　　加	7.5
日　　本	9.0		

资料来源：*Country Report 1st Quarter 2013*，p. 5。

表 4-18　2012 年斐济的主要出口国及其所占比重

单位：%

国　　别	占总出口量的比重	国　　别	占总出口量的比重
美　　国	14.1	日　　本	6.7
澳大利亚	7.9	萨　摩　亚	5.6

资料来源：*Country Report 3rd Quarter 2013*，p. 5。

表 4－19　2011 年斐济的主要进口国及其所占比重

单位：%

国　别	占总进口量的比重	国　别	占总进口量的比重
新 加 坡	28.4	中　国	7.8
澳大利亚	17.4	泰　国	3.2
新 西 兰	13.8		

资料来源：*Country Report 1st Quarter 2013*，p.5。

表 4－20　2012 年斐济的主要进口国及其所占比重

单位：%

国　别	占总进口量的比重	国　别	占总进口量的比重
美　国	32.8	日　本	14.5
澳大利亚	15.5	萨 摩 亚	10.7

资料来源：*Country Report 3rd Quarter 2013*，p.5。

2. 进出口管理

斐济大多数进口商品不需要进口许可证，但进口某些消费品及与国内农产品有竞争的商品时，则需要进口特别许可证。

斐济根据协调制度（HS）使用单一关税条例，对商品的成本、保险费加运费的到岸价征税，关税范围为 5%～40%。对汽车、成衣、电子设备、烟草和酒精产品，课以较高税率。进口到斐济的所有商品都要有商业发票、提货单和空运提单。大米、禽类、奶制品，需要出具原产地证明书。

3. 长期贸易逆差

多年来，斐济对外贸易长期逆差。逆差的大小随国际市场商品价格波动和斐济出口商品的产量而变化。以 2014 年为例，斐济进口额为 61.413 亿斐元，出口额为 25.949 亿斐元，贸易逆差高达 35.464 亿斐元。

斐济主要出口国为美国、澳大利亚和萨摩亚，主要进口国为新加坡、美国、澳大利亚等，主要进口机械设备、食品等，出口蔗糖、鱼、黄金和木材等。近年斐济进出口情况见表 4－21。

表 4－21　2006～2009 年斐济进出口情况

单位：亿斐元

	2006	2007	2008	2009
总　额	42. 95	40. 99	50. 71	40. 38
进口额	31. 20	28. 90	36. 01	28. 08
出口额	11. 75	12. 09	14. 70	12. 30
差　额	－19. 45	－16. 81	－21. 31	－15. 78

资料来源：斐济国家统计局。

4. 外国资本

外资控制了斐济经济命脉。国内市场商业网点主要控制在两家跨国公司手中。银行、保险、海运、电信、汽油供应等亦为外资所控制。2008年，斐济吸引外资 5505 亿斐元，其中外商直接投资 5176 亿斐元。

外援主要来自澳、日、新、英、法等国及欧盟、联合国开发计划署。

5. 著名公司

（1）维诺德·帕特尔（五金）公司（Vinod Patel Co. Ltd）：1962年成立。注册资本为 85.7 万斐元。2012 年营业额为 4000 万斐元。经营五金工具、机电零件、室内装修材料等。负责人尤玛考特·帕特尔（Umakaut S. Patel）。通信地址：Conterpoint，Ratu Dovi Rd，LB. East Suva。

（2）斐济蔗糖销售公司（Fiji Sugar Marketing Company Limited）：1976年成立。经营蔗糖和糖浆出口。首席执行官维利安·萨沃（Viliane Savou）。通信地址：Ground Floor，Sugar House，Walu Street，Lautoka，Fiji。

（3）戈卡尔有限公司（D. Gokal & Company Limited）：1962 年成立。注册资本为 10 万斐元。2012 年营业额为 400 万斐元。经营电子产品、纺织品、食品进口业务。负责人：维诺德·戈克尔（Vinod B. Gokal）。电话：(679) 3315744，传真：(679) 3315758。

（4）Courts Homecentres 公司。经营五金、玻璃制品、办公设备、木材等进口业务。首席执行官基思·柯尔塔特（Keith Coltart）。电话：

（679）3381333，传真：（679）3370483。

6. 投资吸引力

近年来，斐济政府出台了扩大免税区、减免企业税负、简化投资手续等一系列吸引外资的措施，逐步改善投资环境。根据世界银行《2013年营商环境报告》，斐济在185个经济体中，营商环境便利程度排第60位，具体参见表4-22。

表 4 - 22　2012～2013 年斐济 DB 排名

项　　目	DB2013 年排名	DB2012 年排名	排名变化
开办企业	138	120	-18
申请建筑许可	82	71	11
获得电力供应	79	79	无变化
注册财产	58	52	-6
获得信贷	70	67	-3
投资者保护	49	46	-3
缴纳税款	85	78	-7
跨境贸易	111	112	1
合同执行	67	65	-2
办理破产	48	47	-1

资料来源：《斐济投资指南》（2013），第11页。

二　市场特点

1. 海空必由之路，转口贸易活跃

斐济地处南太平洋的中心，是海空交通的必经之路。斐济共有7个港口，其中苏瓦港及劳托卡港是天然深水良港。苏瓦港年吞吐量50万吨，占全国7个港口吞吐量的40%。斐济东部的楠迪国际机场，通往南太平洋诸国。

由于斐济地理位置优越，经济比邻近其他岛国发达，有"小国中的大国，穷国中的富国"之称。一些国际组织的分支机构设在斐济，因此，斐济已成为南太平洋政治、经济、文化、交通和旅游的中心。

斐济政府为确保其南太平洋中心的经济地位，积极开展转口贸易。相当部分日用轻工业品和约半数的纺织品由斐济转口到萨摩亚、汤加、瓦努阿图、基里巴斯、所罗门群岛等，年转口贸易额约3000万斐元。此外，斐济为确保转口地位，获取经济利益，也进一步发展转口贸易。1984年政府投资1000万斐元对苏瓦港进行更新和扩建，并在其他港口引进新设备和技术，使港口适应现代贸易、运输和技术的需要。

2. 印度商人主宰斐济的轻纺市场

近百年前，斐济人还未远离原始社会，在经营买卖方面可谓是门外汉，而欧、美、日等国商人忧虑斐济经济落后，利润不大，因此在资本输出和经济渗透上未倾注力量。

在这种情况下，善于经营的印度人纷纷到南太平洋岛国谋生。他们不仅逐渐在人口数量上超过了土生土长的斐济人，而且在斐济政治和经济生活中占有重要的地位。

斐济的纺织、服装行业，几乎全部掌握在印度商人手中。在斐济首都苏瓦到处可看到印度人开设的纺织品批发和服装零售商店。此外，日用轻工业品销售亦十分活跃。

印度商人善于凭样交易，中意就买现货；他们更乐于推销库存现货，图方便，讲实惠。

3. 专业商少，综合商多；商品档次低，要求批量小，品种花色多

20世纪80年代，斐济仅有65万人，整个南太平洋地区不足1000万人，经济又很不发达，人们生活水平较低。然而，像斐济这样一个小市场，却有各种进口商好几万家，而且专营商店极少，绝大部分是综合百货店。他们进货特别分散，要求"批量小、品种多、花色全"。以服装为例，他们很难想象，一大箱衬衫，仅一个品种一个花色。

此外，由于斐济经济落后，又是岛国，与世界其他国家联系较少，他们对商品的要求是价廉物美。

4. 澳、新是斐济的经济支柱和贸易的主要伙伴

大洋洲的澳大利亚和新西兰属于发达国家，为世界经济合作与发展组织（OECD）成员国。斐济的经济虽然有所增长，但与美国和澳大利亚等国相比，仍然处于落后的地位。

澳、新是南太平洋岛国的主要援助者，澳大利亚每年对南太平洋岛国

的援助达 10 亿澳元，新西兰对南太平洋诸国的援助占其外援总额的一半以上，斐济则是受惠较多的国家之一。

澳、新的经济状况对斐济有一定的影响。例如，由于澳大利亚经济不振，1983 年 3 月 8 日宣布澳元贬值 10%，随后，新西兰也宣布新元贬值 6%，斐济也被迫宣布斐元贬值 2.76%。

澳、新是斐济的主要贸易伙伴。澳、新的跨国公司遍布斐济各岛的大小城市。斐济的进口货物有一半来自澳、新，产品为肉类、水果、小麦、日常生活用品和某些机器产品。

三 与中国的经贸关系

1. 中斐经贸往来

中斐两国于 20 世纪 60 年代初就开始贸易往来，我国少量轻纺产品进入斐济。1975 年 11 月 5 日中斐正式建立外交关系后，双边经贸关系也随之发展。

1977 年 8 月，中国经济贸易展览会在斐济首都苏瓦开幕，受到当地人民的欢迎。9 月斐济政府工商部长拉姆赞率领贸易代表团一行 7 人访华。1977 年 10 月，我国在斐济建立商务处，双边领导人互访也随之升温。1979 年 3 月陈慕华副总理访问了斐济。1978 年和 1980 年斐济总理马拉和副总理加尼劳先后访问中国。1985 年 4 月，中共中央总书记胡耀邦出访斐济，5 月斐济总理又应邀访华。这些相互往来，对增进两国人民之间的友谊和了解，对进一步扩大两国之间的贸易起到积极的推动作用。

自 1975 年两国建交后，两国贸易得到迅速的发展。1977 年以前一直是我国对斐济出口。1978 年，我国第一次从斐济进口胶合板 300 立方米，价值 13.5 万美元。斐济政府对此事很重视，贸易界人士对斐济产品第一次进入中国市场感到高兴。20 世纪 90 年代以来，随着中国改革开放的推进，中国的对外投资与合作飞速发展。1997 年，中国与斐济签署《中华人民共和国政府和斐济主权民主共和国政府关于贸易合作的协定》，两国经贸关系进入一个新阶段。

据中国海关统计，1976 年双边贸易额仅 230 万美元，均为中国出口。

2010 年中斐贸易额达 1.2863 亿美元，同比增长 32.4％。其中斐济从中国进口 1.2768 亿美元，同比增长 32.2％；向中国出口 95 万美元，同比增长 63.8％。斐济是中国在太平洋岛国（不包括澳大利亚、新西兰）的第四大贸易伙伴，中国是斐济第六大贸易伙伴（具体参见表 4-23）。

表 4-23　2003~2012 年中斐双边贸易统计

单位：万美元

年份	总额	中国出口	中国进口
2003	3133	2597	536
2004	3871	3253	618
2005	4526	4299	227
2006	6923	6800	123
2007	6626	6368	257
2008	9200	9108	92
2009	9713	9655	58
2010	12863	12768	95
2011	17242	17121	122
2012	23619	21403	2216

注：因四舍五入后个别数据计算结果会有出入，此处仍维持原统计数据不作改动。
资料来源：中国海关统计。

与此同时，双边进出口的商品也随之发生变化，具体参见表 4-24 和表 4-25。

表 4-24　2010 年斐济-中国五大类进出口商品

单位：百万斐元

对中国出口的五大类商品		自中国进口的五大类商品	
食品饮料（矿泉水）	0.45（0.38）	交通运输设备	11.4
木材及木制品	0.40	动物产品	9.7
动物产品（鱼类）	0.05（0.05）	贱金属及其制品	8.8
日用品	0.02	纺织品	8.5
植物产品（干麒麟菜）	0.01（0.01）	机电设备	6.6

表 4-25 2012 年斐济-中国五大类进出口商品

单位：万美元

对中国出口的五大类商品		自中国进口的五大类商品	
矿砂、矿渣及矿灰	1582.4	机电设备及零部件	2904.2
木材及木制品	414.6	机械器具及零部件	2513.6
饮料、酒及醋	128.8	鱼及其他水生无脊椎动物	2479.3
鱼及其他水生无脊椎动物	44.0	钢铁制品	1295.2
其他动物产品	254	车辆及其零部件	1152.9

资料来源：中国海关统计数据。

2. 中国对斐济的援助

20 世纪 90 年代，随着计划经济体制向社会主义市场经济体制转变，中国对斐济援助的资金来源和方式更加多样化，援助领域也从单纯的农业和工业转向基础设施和公共设施建设、教育、医疗卫生等领域。

（1）中国对斐济的资金援助

1990 年以后，中国对斐济的资金援助主要有三种类型：无偿援助、无息贷款和优惠贷款。

无偿援助。中国对斐济的无偿援助，主要用于办公设备、人力资源培训、文化交流、医疗卫生、紧急灾难救助等。2008 年 6 月 24 日，中斐两国政府就中国向斐济无偿提供一艘多用途货船的设计、制造、交货事宜换文；2011 年中国政协副主席、中国-大洋洲友好协会会长廖晖访问斐济后，为了表示中国人民对斐济人民的友好情谊和对斐济妇女事业和社会发展的支持，中国人民对外友好协会向斐方捐赠 30 台笔记本电脑；2012 年 10 月 12 日，全国人大常委会赠送斐济政府的办公设备包括液晶电视、计算机、打印机和复印机等共计上百台。

无息贷款。中国对斐济的无息贷款主要用于帮助斐济建设社会公共设施和民生项目。如 1992 年的图里瓦桥项目、1999 年的瑞瓦三角洲农村供电项目以及 2008 年的纳务索桥项目等。

优惠贷款。1993 年，中国政府利用发展中国家已偿还的部分无息贷款资金设立援外合资合作项目基金，1995年开始通过中国进出口银行向斐济提供具有政府援助性质的中长期低息优惠贷款，有效地扩大了援外资金来源。中国对斐济的优惠贷款主要用于帮助斐济建设有经济效益和社会效益的生产性项目和大中型基础设施，或提供成套设备、机电产品、技术服务以及其他物资等。近些年，中国对斐济的优惠贷款主要集中在农村公路升级改造项目和公共租赁住房建设项目。

（2）中国对斐济援助的主要方式

①成套项目援助

成套项目援助是指中国通过提供无偿援助和无息贷款等援助资金帮助受援国建设生产和民用领域的工程项目，也是中国对外援助的最主要方式，占中国对外援助财政支出的40%①（见表4-26）。

表4-26　中国向斐济援助的主要成套项目（1983~2013年）

时间（年）	项目名称
1983	签署《关于水稻田项目的备忘录(代合同)》
1988	布库亚水电站项目
1989	威尼丘水电站项目
1990	库路浮输电线路网
1992	图里瓦桥项目;萨武技术培训学校项目
1999	瑞瓦三角洲农村供电项目
2002	多功能体育馆
2006	电子政务项目;苏瓦 Rokobili 集装箱码头项目; 斐济船舶重工业公司修船滑道更新改造工程项目
2008	纳务索桥项目;南德瑞瓦图水电站
2009	低造价住宅项目
2010	多功能船项目;农村公路升级改造项目; 低造价住宅和公租住宅项目;总统府和瑟斯顿植物园围墙项目
2011	公共租赁住房项目
2012	中国援斐基乌瓦村海岸防护工程
2013	斐济北岛纳布瓦鲁-德瑞凯帝公路升级改造项目

---

① 中华人民共和国国务院新闻办公室：《中国的对外援助》，人民出版社，2011，第9页。

②一般物资援助

一般物资援助是指中国在援助资金项下，向受援国提供所需生产生活物资、技术性产品或单项设备，并承担必要的配套技术服务。中国对外援助最早就是从提供一般物资开始的。中国始终将国内生产的质量最好的产品作为援助物资，提供的物资涉及机械设备、医疗设备、检测设备、交通运输工具、办公用品、食品、药品等众多领域（见表4－27）。

表4－27 2009～2013年中国援助斐济的一般物资

时间	援助物资
2009	1175吨化肥
2010	签署关于中国向斐济军队提供体育器材等军事后勤物资的协议
2010	48套机械设备、价值50万元人民币的办公设备
2011	笔记本电脑、台式电脑、平板电视和数码相机等数十台办公设备
2012	液晶电视、计算机、打印机和复印机等共计上百台办公设备
2013	20辆红旗CA7251A型公务车、部分备件、故障诊断仪及专用维修工具等

③技术合作

1992～1994年，中国向斐济塔韦乌尼岛无偿派出两名农业专家传授蔬菜种植技术；山东计划在"十二五"期间，在包括斐济、摩洛哥、新西兰、菲律宾、墨西哥等在内的多个国家建立海外远洋渔业养殖基地，深入开展国际海洋渔业合作；2011年12月22日，中国政府向斐济政府提供无偿援助的经济技术合作协定签字仪式在斐济总理府举行。中国驻斐济大使黄勇和斐济总理姆拜尼马拉马分别代表各自政府在协定上签字并致辞。

④人力资源开发合作

人力资源开发合作是指中国通过多边、双边渠道为发展中国家举办各种形式的政府官员研修、学历学位教育、专业技术培训以及其他人员交流项目。[1]中国与斐济的人力资源开发合作从培训农业技术人员开始，逐渐推

---

① 中华人民共和国国务院新闻办公室：《中国的对外援助》，人民出版社，2011，第12页。

广到培训工业、交通运输业技术人员以及公务员等。与此同时，中国更加重视支持斐济能力建设，不断扩大援外技术培训规模，斐济官员来华培训逐渐成为中国与斐济人力资源开发合作的重要内容。

1997年5月6日，第一名斐济学员——斐济农业部技术官员伊莱提·奈哥尼（Ilaitia Naigani）赴中国武汉参加现代农业管理援外培训；2000年8月15日~12月15日，斐济军队少校马拉应邀来中国国防大学参加军事培训班；2007年9月17日，南太平洋国家航空运输业务培训在天津中国民航大学举行开班典礼，斐济学员参加培训，这是中国首次为南太平洋国家培训航空运输专业人才；2007年11月5日，应斐济政府的要求，中国向斐济派遣8名懂英语的高级工程师，分布在交通、工程和能源等部门。截至2007年底，斐济赴中国参训学员已超过300人。

通过赴华培训，很多斐济官员在提高素质和技能的同时，也更新了对中国的认识，并对中国在各领域取得的发展印象深刻。[①] 中国政府也愿意通过人力资源开发合作项目进一步密切两国合作、增进技术交流，促进共同发展。

⑤紧急人道主义援助

斐济属热带海洋性气候，经常受到热带飓风的影响，为了帮助斐济人民渡过难关、重建家园，中国政府和人民多次向斐济提供紧急人道主义援助。譬如，2009年飓风"米克"袭击斐济后，为帮助斐济开展救灾和灾后重建，中国政府向斐方捐赠3万美元人道主义援款；2010年3月15~16日，飓风"托马斯"袭击斐济全境，造成财产损失，为帮助斐方开展救灾和灾后重建工作，中国政府通过中国红十字会向斐济红十字会提供5万美元（约合9.6万斐元）紧急人道主义援助，此外，中国驻斐济大使馆还向斐总理府救灾账户捐款5万斐元；2012年12月中旬，斐济遭受20年罕见的飓风"伊万"侵袭，狂风和强降水切断了很多地区的电力和自来水供应，并引发洪灾，导致许多房屋、道路和桥梁被冲毁。为向受飓风

---

① 《驻斐济使馆举办2013对斐援助培训学员招待会》，中华人民共和国驻斐济大使馆经济商务参赞处，http://fj.mofcom.gov.cn/article/jmxw/201312/20131200431773.shtml。

影响的灾民提供救助，中国红十字会向斐济红十字会提供 5 万美元紧急援助。

⑥债务减免

2006 年 4 月 5 日，中国－太平洋岛国经济发展合作论坛首届部长级会议在斐济楠迪开幕，时任中国总理温家宝出席开幕式并发表题为《加强互利合作 实现共同发展》的主旨讲话。温家宝指出，根据当前太平洋岛国经济发展的需要，中方决定在今后 3 年内提供 30 亿元人民币优惠贷款，对该地区同中国建交的最不发达国家多数对华出口商品给予零关税待遇，免除这些国家对华 2005 年年底之前的到期债务，对其他岛国截至 2005 年年底到期债务的还款期延长 10 年，在今后 3 年内向太平洋岛国提供总计 2000 个培训名额，等等。

⑦无偿赠送

1992 年 8 月，彭冲副委员长率全国人民代表大会代表团访问斐济期间，代表全国人大常委会向斐议会赠送一辆吉普车；1992 年 9 月 27 日，经贸部副部长王文东率中国政府经济代表团顺访斐济，向斐政府赠送两台拖拉机及配套农机具；2010 年 1 月 29 日，全国人大常委会向斐济赠送办公设备，价值合计 50 万元人民币，包括台式计算机、笔记本电脑、打印机和数字复印机等近百台；为了帮助斐济的妇女同胞提高职业技能，增加收入，加强与斐济妇女联合会的合作，2010 年 4 月 19 日，中华全国妇女联合会向斐济赠送 700 台手动缝纫机。

第五章

军　事

第一节　武装力量

根据斐济《1990年宪法》，斐济军队全称为"斐济共和国武装力量"（Republic of Fiji Military Forces，RFMF），总司令由总统兼任，并根据内政部长的建议任命军队司令，军队司令要向总统和内政部长负责。现任军队司令是曾参加戈兰高地维和行动的莫西斯·蒂科伊托加（Mosese Tikoitoya），2014年8月他就任斐济共和国军队司令。

一　军队概况

斐济军队由正规军和后备军组成，2015年军队编制为45882人。其中，海军11200人，装备有45艘各类舰艇和巡逻船，海军基地主要分布在瓦鲁湾和楠迪；空军18800人，装备作战飞机100多架。

在斐济，凡年满18岁的公民均可自愿入伍，但同时规定55岁时必须强制退役。根据美国中央情报局的统计，2010年斐济16～49岁服兵役的男性为233240人，女性为222587人。[1]

斐济军衔从高到低分别为：准将、上校、中校、少校、上尉、中尉、少尉、准尉、上士、中士、下士和上等兵。

---

[1]　*The World Factbook*，CIA，https：//www.cia.gov/library/publications/the-world-factbook/geos/fj.html.

二 军队组织

1. 军事指挥体系

斐济军队的最高指挥官即斐济共和国军队司令是蒂科伊托加，2014年8月就职，军衔等级为一星。其下设副司令和参谋长，分别负责战略司令部和陆军司令部。

战略司令部（Strategic Command）负责 RFMF 的所有战略，也包括福利、法律等问题。陆军司令部（Land Force Command）是 RFMF 的业务组织，主要负责所有作战部队的管理。

2. 陆军司令部的组成

陆军司令部包括陆军司令部总部、陆军本部营、海军部队、斐济步兵团、斐济工兵营、后勤支援部队（营级）、部队训练单位（营级）等。其中斐济步兵团是斐济最主要的武装作战单位，由轻步兵组成6个营，其中有3个正规部队和3个领土部队。正规部队由第1步兵营（驻扎苏瓦）、第2步兵营（驻扎西奈半岛）和第3步兵营（驻扎苏瓦）组成；领土部队由第4步兵营（驻扎楠迪）、第5步兵营（驻扎劳托卡）和第7/8步兵营（驻扎瓦努阿岛）组成。

3. 海军

斐济海军虽然成立于1975年，但其力量较弱，仅有11200名军人组成的小型海上作战部队，负责斐济专属经济海域的边界控制和其他救援任务。目前，斐济海军装备有45艘各类舰艇和巡逻船。

其中，太平洋级巡哨艇全部由澳大利亚制造。每艘太平洋级巡哨艇满载可达162吨，最大航速20节；每艘配17名船员；配备20毫米口径火炮及7.62毫米或12.7毫米口径机枪、海面搜索雷达等。

毒蜂级巡逻艇由以色列制造，满载可达45吨，最大航速29节；每艘配9名船员；配备20毫米口径火炮、12.7毫米口径机枪、鱼雷管及深水炸弹。

巡逻艇由美国制造，满载可达97吨；每艘配11名船员；配备12.7毫米口径机枪等。

4. 空军

2014 年，斐济空军有 18800 人，装备作战飞机 100 多架。

三 军费开支

根据挪威斯德哥尔摩国际和平研究所各国军费开支数据库的资料，斐济 1988 年以来的军费开支占其国内生产总值的 2% 左右，具体开支情况见表 5 – 1。①

表 5 – 1 1988 ~ 2010 年斐济军费开支

年份	军费开支（斐元）	军费开支（百万美元）	占国内生产总值的比重（%）
1988	35. 3	43. 3	2. 2
1989	43. 1	49. 9	2. 5
1990	45. 2	48. 3	2. 3
1991	47. 9	48. 1	2. 3
1992	45. 9	43. 9	2
1993	49. 4	44. 9	2
1994	49. 3	44. 5	1. 8
1995	48. 8	43. 1	1. 8
1996	46. 1	39. 5	1. 5
1997	44. 7	37. 1	1. 5
1998	44. 9	35. 2	1. 4
1999	46. 9	36. 1	1. 2
2000	68. 2	51. 9	1. 9
2001	74. 7	54. 5	2
2002	67. 6	48. 9	1. 7
2003	70. 7	49. 1	1. 6
2004	81. 1	54. 8	1. 7
2005	72. 9	48. 1	1. 4
2006	93. 6	60. 3	1. 7
2007	122	74. 8	2. 2
2008	85. 4	48. 7	1. 5
2009	100	55. 1	1. 8
2010	97	50. 6	1. 6

资料来源：Stockholm International Peace Research Institute。

---

① Stockholm International Peace Research Institute，http：//milexdata. sipri. org/result. php4.

四　斐济军装

由于斐济男子盛行穿裙子，所以斐济的军装特别与众不同。无论是军队领导人还是一般士兵，其下身都穿花边长裙。

斐济阅兵部队的领导人上身穿着与其他国家无异的军装，下身却穿着裙子，脚上则穿着凉鞋；一般的士兵穿红色长袖上衣、白色花边长裙、皮凉鞋。

第二节　四次军事政变

一　1987 年两次军事政变

自 1970 年独立以来，斐济的政局一直相对比较平稳，无论是公众还是学术界人士，都认为该国社会在相当和平的环境中向前发展，前总理马拉就曾阐述了一条"和平之路"，或称"太平洋之路"（Pacific Way），以强调斐济的和平与社会稳定。[①]

1. 1987 年大选

斐济的政权虽然长期掌握在以总理马拉为首的斐济联盟党的手中，军队也主要由斐济族军人控制，然而这种情况似乎并没有引起印度裔斐济人的强烈不满。一个十分重要的原因就是，从 20 世纪 60 年代初开始，印度裔斐济人开始向美国、加拿大、澳大利亚、新西兰和英国移民，70 年代和 80 年代逐渐增加，达到每年约 4000 人。众多印度裔斐济人的移出，使得从 1956 年开始印度裔斐济人的人口优势逐渐丧失。1987 年，土著斐济人人口超过印度裔斐济人。

在这种情形下，斐济开始了议会大选，结果在当年 4 月的选举中，斐济政局微妙的平衡被打破，代表印度族人利益的民族联合党在大选中获

---

① Michael C. Howard, *Fiji: Race and Politics in an Island State*, Vancouver: UBC Press, 1991.

胜，击败了马拉领导的代表土著斐济人利益的保守政府，并与工党联合组建起印度族人占多数的政府，蒂莫西·巴万德拉当选总理。对此，斐济族人十分担心，他们害怕斐济最终会成为印度族人的国家，本族会沦为"次等土著人"，也唯恐印度族人控制的政府会剥夺斐济族人的土地和权利，遂群起反对，游行示威和骚乱此起彼伏，要求恢复斐济族人对政府的控制权。

2. 1987 年军事政变

1987 年 5 月 14 日上午，斐济首都苏瓦政府大厦的时钟刚敲打 10 下，10 名脸蒙防毒面罩、手持武器的斐济军人，在陆军中校西蒂韦尼·兰布卡的率领下，冲进正在举行会议的议会大厅，逮捕了包括斐济新任总理巴万德拉在内的全体内阁成员和部分议员。随后，斐济电台广播了兰布卡的一项声明，宣称军队已经控制了斐济。这是自 1970 年独立以来斐济发生的首次军事政变，也是南太平洋现代史上的第一次军事政变。

尽管政变没有发生流血事件，但一度冲击了南太平洋地区并引起其他地区国家的关注和不安。政变一开始就遭到国内外的反对。苏瓦和维提岛其他地区的一些商人关闭商店表示抗议，还发生了罢工、示威和民族冲突。美国、英国、澳大利亚、新西兰和巴布亚新几内亚等国都谴责这次政变。其他南太平洋岛国如所罗门群岛和瓦努阿图等则表示希望斐济人民在没有外来干涉下通过选举组成合法政府。

政变发生后，兰布卡首先想赢得国家元首佩纳亚·加尼劳总督的认可，但两次晤谈都没有成功。加尼劳在政变的当天晚上通过一家商业电台宣布全国处于紧急状态，接管政府的行政权力，并在一项文告中宣布，政府总理及内阁成员的位置保持空缺，国家的一切行政权力归总督掌管。兰布卡立即派军队查封了这家商业电台，并搜走了加尼劳总督的讲话录音。15 日凌晨 1 时，兰布卡通过电台宣布成立"临时政府"，即部长委员会，并迅速公布了一份"新内阁"的成员名单，确立了以他本人为首，几乎清一色联盟党成员的"新内阁"。接着，兰布卡在会见外国记者时声称，他将主持制定一部新宪法，保证斐济永远不会再让印度族人在政府中居支配地位。为使这种"永久性的统治"有一个比较牢固的基础，新宪法还将确定斐济族人拥有 80% 的土地所有权和斐济传统的生活方式。16 日，兰布卡发出警告，如果临时政府得不到总督的承认，斐济就要脱离英联邦，成立共和国。

正当政变当局和总督僵持不下时，斐济传统的最高权力机构大酋长委员会在苏瓦召开了为期三天的会议，表示拥护政变当局，对加尼劳总督投不信任票。5 月 22 日，加尼劳总督和大酋长委员会及军方达成妥协，成立顾问委员会，作为重新举行大选前的看守政府。25 日，斐济总督顾问委员会在首都苏瓦举行会议，会后公布了该委员会成员名单并接管了政府权力。成员包括 15 名斐济族人、3 名印度族人和 1 名在英国出生的斐济人。兰布卡在委员会中名列榜首，负责军队、警察和内部事务；巴万德拉居第 14 位，负责社会福利事务；马拉居第 4 位，负责外交事务。总督的一位发言人说，委员会的分工不同于任命的政府部长，是总督在紧急状态下行使职权，将持续到半年至一年以后通过大选产生新政府为止。

此后，苏瓦的商店纷纷恢复营业，居民生活逐渐趋于正常。至此，5 月 14 日发生的斐济政变所引起的政治危机和骚乱基本上缓和下来。

9 月 23 日，联盟党和民族联合党达成协议，组成两族分享权力的政府。兰布卡认为实现斐济族人统治的目标未达到，于 9 月 25 日再次发动政变。如果说第一次政变的目的是保护土著斐济人的利益，那么，第二次政变的目的则是脱离英国的控制，且不再奉英国女王伊丽莎白二世为斐济国家元首，建立以总统为首的斐济共和国。

10 月 5 日，兰布卡在苏瓦与加尼劳总督、巴万德拉以及在 4 月大选中被挫败的前总理马拉就斐济前途举行会谈。在会谈中，巴万德拉拒绝了兰布卡提出的在议会中斐济族人应占多数，在政府中总理、外长和内政部长应由斐济族人担任的"最低限度要求"，会谈宣告破裂。

10 月 6 日，兰布卡宣布斐济为共和国。10 月 15 日，英女王接受加尼劳辞去斐济总督职务。10 月 16 日，英联邦国家政府首脑会议决定，由于斐济宣布为共和国，斐济作为英联邦成员国的地位从此终止。12 月 5 日，根据兰布卡发布的一项法令，前总督加尼劳担任第一任共和国总统，前总

理马拉任总理，并组成了以马拉领导的联盟党和军政府成员为主的新
内阁。

二　2000 年军事政变

1.《1990 年宪法》

1987 年政变后，兰布卡政府宣布废止《1970 年宪法》，并于 1990 年
7 月颁布了新宪法，即《1990 年宪法》。

由于《1990 年宪法》的首要任务是保护斐济原住民的土地权、传统
文化、价值观等"至高无上的权利"，因此该宪法明确承认大酋长委员会
在宪法上的地位，并将其组织和职权制度化，主要包括：①在政府组织
上，使斐济原住民身份成为担任总理的必要条件；②修改国会议员的选举
方式，规定按民族分别投票，在参议院 70 席议员中斐济原住民分配 37
席，掌握稳定的多数席位。众议院 34 席议员中，大酋长委员会提名 24
席，罗图马①议会提名 1 席，其他族群选出 9 席，交由总统正式任命。

2.《1997 年宪法》

《1990 年宪法》实施后，印度裔斐济人感到生存空间受到严重压缩，
中产阶级知识分子和技术人员纷纷移民海外。1995 年移居海外的人数已
经达到 7 万多人，约占总人口的 10%。这些移居者大多是企业的负责人、
技术人员和医师，他们在斐济社会具有重要的地位，是社会的核心阶层，
因此，对斐济的经济发展带来重大打击，给斐济社会造成较大影响，也使
得国外投资减少、失业率增加。

由于印度裔斐济人大量移民国外，斐济原住民的人口已逆转占据多
数，因此兰布卡所领导的斐济人宪政党在 1992 年 5 月举行的国会大选中
赢得第一大党的席位。6 月，兰布卡组阁之后与印度裔在野党领袖合作成
立"宪法审查委员会"，重新讨论《1990 年宪法》并着手修宪工作。

---

①　罗图马是斐济的领地，由罗图马岛和附近的小岛组成，居民主要使用罗图马语，是斐济
的少数民族。根据斐济统计局的数字，1986 年罗图马人为 8652 人，占全部人口的
1.2%。参见 Census of population ny ethnicity 1881–2007, *Fiji Bureau of Statistics*, http：//
www. statsfiji. gov. fj/。

1996 年，该委员会向国会提出新宪法草案，后经国会审议通过，这就是《1997 年宪法》。

根据《1997 年宪法》，众议院 71 席议员均由普选产生，席次分配为：斐济原住民 23 席、印度裔 19 席、罗图马人 1 席，其他族裔 3 席，其余的 25 席任期均为 5 年。参议院 32 席全部为任命产生：大酋长委员会提名 14 席、总理提名 9 席、反对党领袖提名 8 席、罗图马议会提名 1 席。

3. 2000 年军事政变

1999 年 5 月，在参议院的选举中，斐济工党主导的人民联盟获得大胜，在 71 席中获得过半数的 37 席，印度裔党魁马亨德拉·乔杜里就任新总理，组建新政府。不过，前总理兰布卡提出担任副总理的要求，遭到新政府的拒绝。这引起土著斐济人的不安，再加上租借其土地的契约期限问题一直未获得妥善解决，他们更加担心在印度裔政府统治下失去土地。另外，在这一时期印度裔斐济人仍然持续移居海外，国外的投资也不见有任何增加，经济并未呈现任何复兴的趋势。在这样不安定的情势之下，2000 年 5 月，商人乔治·斯佩特发动政变。

5 月 19 日，在斐济政府反对派议员山姆·斯佩特之子、著名商人乔治·斯佩特的率领下，7 名身着便衣、头戴面罩的武装人员突然冲进斐济议会大厦，将正在那里开会的总理马亨德拉·乔杜里和 7 名内阁部长以及其他政府官员和反对党成员扣为人质。第二天，斯佩特宣布就任斐济新总理，成立新内阁。然而，斐济军方和警方领导人明确表示，尊重马拉总统的权威。

斐济的政治危机在表面上陷入了僵局，但在幕后，各方的态度都发生着变化。首先是前总理兰布卡，在人质危机发生后立刻来到武装分子占领的议会大厦，态度强硬地要求斯佩特及其人员放下武器，释放所有人质，向总统马拉投降。然而一天之后，兰布卡的态度发生了微妙的变化，开始对政变者表示同情。与此同时，总统马拉的态度像兰布卡一样也发生了变化，表示他不能保证政变危机结束后现政府能恢复权力。

在此情况下，斐济军方于 29 日采取断然行动，宣布全国实施军事管制并下令戒严 48 小时，同时接管国家权力，与此同时，马拉总统宣布辞职，斐济陷入了自政变以来最严重的宪法危机。30 日晚，号称斐济族裔平等的捍卫者、斐济三军司令、海军准将姆拜尼马拉马宣布接管政权，同时他也表示军人政府的首要任务是使斐济恢复和平与稳定，他本人无意出任新政府总理。

6 月 1 日，姆拜尼马拉马宣布将任命一个临时军政府，由酋长埃佩里·纳拉蒂考出任总理。然而，成立军政府的设想遭到了政变领导人斯佩特的反对，同时他也极力反对纳拉蒂考出任临时政府总理。军方对此做出了让步，最终双方达成协议，同意由大酋长委员会来决定是成立一个军政府还是成立由土著人组成的文官政府。

其实问题早就发生了变化。这原本是一场由斐、印两族矛盾引发的政治危机，但实际上从乔杜里总理等人被扣押后，除了乔杜里政府中一位劳工部长曾企图出面维护现任民选政府的合法地位外，在斐济政界已经没有人来为乔杜里政府的命运说话了。马拉总统从一开始就宣布接掌国家行政权力，他没有提出过要恢复根据现行宪法选出的政府。实行军事管制后，军方和政变分子谈判的关键是如何组织政府和由谁来掌管政府。而在废除以维护民族平等为主要宗旨的《1997 年宪法》和组织一个由斐济族人掌权的政府这两点上，他们没有丝毫分歧。

斐济军人接管国家权力的行动引起了南太平洋地区国家及美国、联合国的关注。联合国和澳大利亚等指责斐济军方没有采取有力行动镇压斯佩特叛军，新西兰、英国、印度则对政变发动者进行了强烈谴责；澳大利亚外长亚历山大·唐纳（Alexander Downe）谴责给予斯佩特等人大赦的决定，认为给恐怖分子大赦是不可接受的，同时对斐济的局势及被扣人质的安危表示关注。由于此次政变与民族对抗密切相关，土生土长的斐济人逐渐支持政变从而使其合法化。但是，印度族人并不满意，因此斐济政局尚存在不确定因素。

多数苏瓦市人民生活在不安和惊恐中。印度族人自不必说，就连斐济族人也不愿意在这样的动荡中生活。更为糟糕的是，因为游客人数急剧减少，一些旅馆开始解雇工人。前往斐济的游客人数减少了 60% ~ 70%。制衣厂也开始解雇工人。由于斐济制衣原料全靠从澳大利亚进口，而成品又主要出口到澳大利亚，因此澳大利亚的制裁就直接威胁到了斐济的制衣业。受打击最严重的是斐济制糖业。斐济产的糖主要出售给欧洲国家，根据《洛美协定》，欧洲国家以约四倍于世界市场的价格进口斐济的糖。欧盟表示，如果斐济不能恢复民主，其制糖业将受到制裁，这将是斐济经济难以忍受的。制糖业、旅游业和制衣业是斐济经济的三大支柱。如果这三个行业受到了严重影响，那对于斐济的打击将是根本性的。

三 2006 年军事政变

1. 团结的斐济党

2000 年政变后，成立了以莱塞尼亚·恩加拉塞为总理的看守政府。2001 年 5 月，在恩加拉塞的领导下，组建了团结的斐济党。该党以基督教民主联盟的成员及部分保守人士为基础，主张在实现全国民族和解的同时更多地照顾土著斐济人和罗图马人的利益，确保斐济族拥有最高权力。在 2001 年的议会大选中，团结的斐济党的得票率虽然只有 26%，远低于斐济工党的 32%，但因"斐济人优先"的原则成为议会第一大党，在 71 个席位中占据 32 席。

2002 年 8 月 25 日~9 月 1 日，斐济再次举行国会选举。为显示斐济政府通过自由公平选举恢复宪政民主政体的决心，斐济内阁特邀联合国、英国、欧盟等派观察团前往观选，共同监督大选投票及计票过程。结果在国会议员 71 席中，恩加拉塞领导的团结的斐济党获 31 席，印度裔前总理乔杜里所属的斐济工党获 27 席，政变支持者保守联盟（the Conservative Alliance，CA）获 6 席，恩加拉塞则继任总理。

为了维护土著斐济人的权益，恩加拉塞政府提出了一系列的决议，包括给予土著斐济人进入沿海富裕地区优先权的《促进和解、宽容和团结法案》（*Reconciliation，Tolerance，and Unity Bill*），要求赦免 2000 年政变的发动者，包括被以叛国罪判刑入狱的斯佩特，并对政变的牺牲者给予赔偿。这些议案不仅引起了印度族斐济人的强烈反对，也激起了部分斐济精英如姆拜尼马拉马的不满，他们担心此举将会导致斐济更加不稳定。为此，姆拜尼马拉马表示，倘若议会通过这些法案，他将军事接管斐济。

2. 2006 年大选

在这种情形下，2006 年 5 月 6 ~ 13 日，斐济开始了大选。结果恩加拉塞领导的团结的斐济党再度获胜，此后更加积极地推动《促进和解、宽容和团结法案》。这引起姆拜尼马拉马的不满，他认为这些法案伤及族裔平等，仅有利于土著斐济人而不利于印度族斐济人，故而多次警告恩加拉塞，并胁迫其下台。10 月，由于双方互相攻击，局势更加恶化。姆拜尼马拉马以武力相威胁，要求政府撤销这些法案，恩加拉塞则欲剥夺姆拜尼马拉马的军事指挥权，却遭到军方抵制。随后，姆拜尼马拉马向恩加拉塞提出 9 项要求，要求撤销特赦 2000 年政变者等有争议的议案，解除澳大利亚警察总监休斯（Andrew Hughes）的职务，停止对姆拜尼马拉马有关煽动叛乱的指控与司法调查等，但恩加拉塞并未接受这些条件。①

3. 2006 年军事政变

12 月 5 日清晨 6 时 30 分，一辆军用卡车突然停在 5 月刚宣誓就职的恩加拉塞总理官邸外，40 多名头戴钢盔、身着战斗服的武装士兵手持 M16 步枪跳下车，包围了总理官邸并封锁了通往总理官邸的道路。斐济再次发生政变。总理恩加拉塞、外贸部长卡利奥帕蒂·塔沃拉（Kaliopate Tavola）、总检察长和司法部长恩戈里尼亚西·巴列（Qoriniasi Bale）等人沦为人质。随后，总统约瑟法·伊洛伊洛要求恩加拉塞满足军方的要求下台，并解散了议会，以支持解除恩加拉塞总理的军事行动。被困的总理恩加拉塞虽然曾打电话给澳大利亚总理约翰·温斯顿·霍华德（John Winston Howard），希望"澳大利亚军队能介入"，但遭到霍华德的拒绝。

5 日下午，姆拜尼马拉马在首都举行记者招待会，正式宣布他已经掌握了国家，解除恩加拉塞的总理职务，任命过渡政府总理。虽然他表示自

---

① Jon Fraenkel, "The Fiji Coup of December 2006: Who, What, Where and Why?", in Jon Fraenkel and Stewart Firth (eds.), *From Election to Coup in Fiji: The 2006 Campaign and Its Aftermath*, Canberra: The Australian National University, 2007, p. 425.

己是根据宪法赋予的特别权力解除恩加拉塞的职务，但是他也许诺很快会还权于伊洛伊洛总统，由总统任命过渡政府，然后举行大选恢复民主。

姆拜尼马拉马正式掌控国家的言论，激怒了斐济的两大邻居——新西兰和澳大利亚。新西兰总理海伦·伊丽莎白·克拉克（Helen Elizabeth Clark）在议会宣布，与斐济的国防关系因政变而遭重挫，所有斐济军官及其家人都不许进入新西兰。澳大利亚政府也表示，它将采取类似新西兰的制裁措施，英联邦和南太平洋岛国论坛都表示将开除斐济的成员资格。

几次政变后，越来越多的印度族斐济人开始移民澳大利亚、新西兰、美国和加拿大，少数则移民到太平洋岛屿的其他国家、英国或其他欧洲国家。

第三节　在国外的军事行动与军事合作

一　参与的主要维和行动

斐济长期以来一直参与联合国维和行动，走在世界派遣维和部队的前列，它曾先后派遣士兵和警察参与中东、科索沃、东帝汶、巴新、所罗门群岛和黎巴嫩等的维和任务。截至 2007 年 1 月，斐济在国外参与执行维和任务的军人为 5692 人（含在西奈半岛多国部队的 2338 人）。2009 年，斐济在国外参与执行维和任务的军人约为 2000 人。

1. 所罗门群岛维和行动

（1）所罗门群岛种族冲突

所罗门群岛位于太平洋西南部，西邻巴布亚新几内亚，东面与瓦努阿图共和国隔海相望。位于澳大利亚东北方，与澳相距 1600 海里，由 900 多个岛屿组成，面积为 27000 平方公里，人口约 40 万人。在南太平洋众多袖珍小国中可算是一个大国。所罗门群岛曾是英国殖民地，1978 年 7 月 7 日独立，随后加入英联邦。属于世界上最贫困的国家之一。1983 年 3 月与中国台湾"建交"，与中国大陆并无邦交关系。

20 世纪 90 年代中期，所罗门群岛由于政府管理不善，国家经济状况恶化，种族矛盾激化。受亚洲金融危机的冲击，所罗门群岛经济一直是负增长，2000 年甚至达到了 - 14%，国家一贫如洗，连公务员的工资都难以发放，所罗门群岛驻联合国代表的费用长期由中国台湾负担。国家 90% 的税收不能进入国库，而被用做贿赂、造假账。在所罗门群岛，谁拥有枪，谁就可获得所需要的钱，许多警察向政府勒索。2000 年 6 月，种族矛盾转变为军事政变，此后国家长期动荡不安，被澳大利亚称为"失败的国家"。

所罗门群岛的种族敌视开始于第二次世界大战。二战期间，美国从马莱塔岛迁移大批移民到瓜达尔卡纳尔岛修筑军事设施，后来这批马莱塔岛移民就留在瓜达尔卡纳尔岛和首都霍尼亚拉。进入 90 年代，马莱塔人逐渐在瓜达尔卡纳尔岛的政治、经济中占了主导地位，使当地人十分不满。1997 年亚洲金融危机后，所罗门群岛经济受到沉重打击，更加深了当地人和马莱塔人之间的贫富差距。当地的民兵组织"伊萨塔布自由运动"和由马莱塔人组成的"马莱塔之鹰力量"相互对立并交战，"伊萨塔布自由运动"游击队在 1999 年至 2000 年 6 月把大约 2 万名马莱塔人赶出了瓜达尔卡纳尔岛。另外，还有 60 人死于军事冲突。2000 年 6 月，当地爆发了武装冲突。

2000 年 6 月 5 日，"马莱塔之鹰力量"民兵在当地警察的支持下发动了一场武装政变，占领了很多政府机构并且设置路障。首都霍尼亚拉国际机场爆发了激烈枪战，反叛分子还切断电话线，抢占了一些关键的建筑，并软禁了总理乌卢法阿卢，要求他辞职。在混乱中，所罗门群岛一再要求澳大利亚、新西兰出兵干预，但遭到澳、新两国拒绝。澳大利亚和新西兰的外长均表示，在没有通过政治方式解决争议的情况下派维持和平部队去，根本毫无意义。

2000 年 10 月 15 日，在澳大利亚的调停下，所罗门群岛敌对民兵组织签署了《唐思威尔和平协定》，结束持续两年的内战。但是该协定很快失效，反叛头目哈罗德·基克拒绝在协定上签字，所罗门群岛再次陷入混乱。哈罗德·基克控制了瓜达尔卡纳尔岛的大部分地区，岛上社会治安日趋恶化，经常发生恶性暴力案件，致使外国侨民和投资者大量撤离。

2001 年 12 月，人民联盟党领袖凯马凯扎当选总理后，群岛内乱愈演愈烈，工人举行了长达数月的罢工，而反对党则两次提出对政府不信任案，但均未成功。所罗门群岛的最大问题就是犯罪团伙层出不穷，频繁挑起暴力冲突。2002 年 8 月，所罗门群岛的青年、体育与妇女部长奥古斯丁·格夫被武装分子枪杀。2003 年，群岛动乱有增无减，到 2003 年为止，已经有 50 多人死于非命。

（2）斐济参加南太平洋"志愿者联盟"，出兵所罗门群岛

2003 年 6 月 5 日，所罗门群岛总理爱伦·凯马凯扎出访澳大利亚，在堪培拉与澳总理霍华德举行会晤，恳求澳大利亚出兵帮助所罗门群岛渡过难关。由于"9·11"和巴厘岛爆炸事件使霍华德政府感觉澳大利亚已成为国际恐怖分子袭击的目标，所以面对这次请求，澳大利亚立即同意派一支由警察和军队组成的国际部队前往所罗门群岛，以恢复这个太平洋岛国的法律和秩序。霍华德认为，所罗门群岛的治安情况直接影响到整个大洋洲地区的安宁，如果大洋洲各国置之不理，所罗门群岛可能成为国际犯罪分子的巢穴，从而成为贩毒、走私、洗钱甚至恐怖主义滋生的温床。6 月 25 日，澳大利亚内阁做出了出兵干预的决定。

6 月 30 日，澳大利亚在悉尼主持召开了太平洋岛国论坛会议，出席会议的 16 个太平洋成员国一致支持澳大利亚的建议，派遣多国维和部队到所罗门群岛稳定该国的局势。该维和部队共 2000 人，由警察、军队和后勤人员组成，是名副其实的南太平洋地区的"志愿者联盟"。但实际上以澳大利亚为首，澳大利亚派遣部队 1500 人，警察 300 人，剩余部队和警察由新西兰、斐济、巴布亚新几内亚、萨摩亚和汤加派出。

7 月 18 日，所罗门群岛议会批准维和部队进驻所罗门，由澳大利亚领导的南太平洋国家部署维和部队合法化。7 月 21 日，先头部队一行 600 人在汤斯维尔军事基地登上"玛努拉号"军舰，启程前往所罗门群岛首都霍尼亚拉。7 月 24 日，国际维和部队 24 日陆续抵达该国，以平息那里的种族冲突。斐济军人参加了此次维和行动。

2. 伊拉克维和行动

"9·11"恐怖袭击事件发生后，美国总统布什宣布向恐怖主义作战。2003年3月20日，美国以伊拉克藏有大规模杀伤性武器并暗中支持恐怖分子为由，绕开联合国安理会，以英美军队为主的联合部队向伊拉克发动代号为"斩首行动"和"威慑行动"的大规模空袭和地面攻势。

2003年4月8日，美军从北面和南面两个方向推进到巴格达，并夺取了巴格达东南的拉希德军用机场。美国坦克开进巴格达，占领了萨达姆城。美军2003年4月15日宣布，伊拉克战争的主要军事行动已结束，联军"已控制了伊拉克全境"。

伊拉克战争结束后，美国敦促斐济政府向伊拉克派遣维和部队，并同意向斐济维和部队提供装备和后勤援助，但不愿支付斐济士兵的军饷。对此，被迫缩减军费开支的斐济政府，虽然有意为伊拉克维和做贡献，但自己出钱的可能性很小。最终，斐济参与了前往伊拉克执行维和行动的多国部队。此前，已有1000多名斐济士兵在英国军队服役，其中一部分被派往伊拉克。

3. 东帝汶维和行动

东帝汶（Democratic Republic of Timor-Leste）位于东南亚努沙登加拉群岛最东端，包括帝汶岛东部和西部北海岸的欧库西地区以及附近的阿陶罗岛和东端的雅库岛。西部与印尼西帝汶相接，南隔帝汶海与澳大利亚相望。

16世纪前，帝汶岛曾先后由以苏门答腊为中心的室利佛逝王国和以爪哇为中心的麻喏巴歇（满者伯夷）王国统治。16世纪初，葡萄牙殖民者开始入侵帝汶岛。随后，荷兰和英国殖民势力相继侵入。1859年，葡、荷两国签订条约，重新瓜分帝汶岛，帝汶岛东部及欧库西归葡，西部并入荷属东印度（今印度尼西亚）。第二次世界大战期间日本占领东帝汶，但战后葡萄牙又恢复对东帝汶的殖民统治，并于1951年将东帝汶改为葡海外省。

1974年，葡萄牙独裁政权被推翻，并开始了民主化和非殖民化进程。1975年葡政府允许东帝汶举行公民投票，实行民族自决。11月28日，东帝汶独立，成立东帝汶民主共和国。但在 9 天之后就被印度尼西亚入侵并占领，1976 年 7 月成为印度尼西亚的一个省——东帝汶省（Timor Timur）。接下来的 20 年里，东帝汶不断发生抗争运动，并造成了 10 万～25 万人死亡。

1999 年 1 月，印度尼西亚总统哈比比在内外压力下同意东帝汶通过全民公决，选择自治或脱离印度尼西亚。8 月 30 日，东帝汶在联合国监督下举行了全民公投，结果绝大多数人投票同意从印度尼西亚独立。然而投票后，由印度尼西亚军方组建和支持的反对独立的东帝汶民兵展开了大规模的焦土运动进行报复，杀害了大约 1400 名东帝汶人，并强行驱离了 30 万人到西帝汶。国家大部分的基础设施（包括住宅、灌溉系统、供水系统、学校、电网等）几乎全部被摧毁。

9 月，安理会通过决议授权成立由澳大利亚为首、约 8000 人组成的多国部队，并于 9 月 20 日正式进驻东帝汶，与印度尼西亚驻军进行权力移交，东帝汶遂由联合国托管。2002 年 5 月 20 日，东帝汶正式恢复独立，国名为东帝汶民主共和国，成为国际公认的一个独立国家。

2006 年 4 月下旬，东帝汶新国家领导人上台后，国内局势紧张，法治接近崩溃。在东帝汶政府的要求下，以澳大利亚为首的国际维和部队（ISF）于 5 月下旬进驻东帝汶。斐济参加了此次维和行动。

4. 戈兰高地维和行动

戈兰高地面积 1800 平方公里，以色列占领 2/3 的面积，叙利亚将其视为边陲战略要地，联合国在此设置缓冲区。联合国观察员部队 1974 年开始部署在叙利亚的戈兰高地，以确保叙以边境停火。不过，2011 年叙利亚国内冲突爆发后，由于叙利亚国内冲突不断升级，战火波及边境地区，戈兰高地附近地区暴力冲突不断升级，一些向这一地区派驻维和部队的国家担忧本国士兵安全。不少向戈兰高地派遣维和人员的国家已经开始撤兵，如克罗地亚、加拿大和日本。

2013 年 6 月 6 日，在多次警告可能威胁本国士兵生命之后，奥地利政府决定撤出本国军队。戈兰高地大约 380 名奥地利人，占该部队人员的三分之一以上，是向这一地区派驻士兵最多的国家。在奥地利军人撤出后，戈兰高地只剩下印度军队和菲律宾军队。

6月11日，斐济政府表示斐济军人很快将取代联合国驻戈兰高地维和部队的奥地利人。斐济陆军司令部蒂科伊托加上校表示："准确日期还没有确定，但第一批前往戈兰高地的斐济军人将是192人。"7月，在取得了俄罗斯对维和部队的支持后，斐济政府决定再向联合国驻戈兰高地维和部队增派380名士兵，斐济派驻戈兰高地的人数增至562人。不可否认，驻守戈兰高地可能是斐济士兵面临的最危险任务。

2014年8月28日凌晨，150多名武装分子分乘3辆车袭击了位于戈兰高地的斐济籍维和部队营地，要求驻守士兵10分钟内离开，并强行要求士兵登上运载武装分子的车辆。据悉，45名维和士兵被武装分子控制。9月11日，45名斐济维和人员全部获释。

二　斐中军事关系

中国与斐济建交以来，在致力于自身发展的同时，也积极向斐济提供经济援助，支援斐济的国家建设。在国防援助方面，中国也给予斐济极大的支持。

2013年1月21日，中国国防部外事办公室主任钱利华少将率领的中国军事代表团于21日到访斐济首都苏瓦，表示将加大对斐济的军事援助。斐中军事合作的最新进展主要集中于中国在车辆、制服和办公器材以及对国防人员的培训方面加大对斐济的援助。

第六章

社　会

第一节　社会结构与社会关系

一　家族、氏族与酋长

斐济人的社会基础是家族，拥有共同血统的家族集合在一起，构成村落和氏族。父亲是一家之长，父亲死后把权力移交给长子，而村长则由该村家长推选产生。各氏族的族长从属于地位最崇高的酋长，酋长的权限极为广泛，甚至远及邻近岛屿。各村对酋长纳贡，而前往酋长宫廷献上贡品的多为族长本人或继承人。酋长权限虽大，但有些人并不受其管辖，他们被视为"土地之主"，亦即最早居住在此的人的后代子孙，有支配土地的权力。斐济的部族把自己不用的土地借给其他部族，收取租金或产品。

目前，斐济还有三位最高酋长。这三位最高酋长均有自己的领地范围。其中，第一位最高酋长的领地，是以维提岛东部的宝岛为中心，包括维提岛东部地区和瓦努阿岛、塔韦乌尼岛以及最东部的劳群岛。第二位最高酋长是一位夫人，她的领地是维提岛的中部和南部地区，包括南边的坎达武岛和恩本加岛等岛屿。第三位最高酋长的领地是维提岛的西部地区，包括最西北部的亚萨瓦群岛。三位最高酋长都有自己的部落群体。[1]

---

[1]　徐明远：《南太平洋岛国与地区》，第46页。

二 斐济的社会组织

斐济的社会组织形式十分特别，村庄是斐济最基本的组织单位，其社会结构仍是酋长制。每个村子都有一座村社大厅，大厅内布置得富丽堂皇，这是村民集会、议事、娱乐、举行欢迎仪式和开展其他社交活动的公共场所。每当有朋友从远方来，主人总要为客人举行传统的欢迎仪式：姑娘们把花环套在客人脖子上，并向客人敬上用椰子碗盛的"亚格纳"①。

斐济人完好地保留着自身的文化，以社区的形式取代了传统部落茅屋继续生活，每个社区拥有自己的首领，通常由最德高望重的酋长担任，社区中大小争执都可由公开的聚会来裁决。

三 克里－克里制度

斐济人社会有一种难以改变的风俗，就是要求按照传统，遵守"克里－克里"——一种合法的乞讨形式。"克里－克里"是求借者根据自己的需要向一个同族人"求借"的风俗习惯。比如说谁要是有多于他本人需要的食盐，那么他的更为迫切需要食盐的邻居便可以向他"乞讨"。在这种情况下，任何人都不能以任何借口拒绝别人的"乞讨"。即使不太情愿，他也只能自我安慰，即当前所做的好事将使他有朝一日也可以向这个求借者提出某种要求。这也是一种礼尚往来吧。按照斐济人的风俗，对财产的个人所有权，一般只限于家庭中各成员所使用的物品，如地席、卧席和用于耕作或捕鱼的工具，即一些可被称为工艺制成品的东西。但是，即使是这一类东西，有时也会被亲戚或朋友们用"乞讨"的方式取走。②

这种传统的制度具有很大的优势，比如一个人因年老或失明而丧失工作能力，或因患病或遭遇其他不幸而不能照料自己，这种风俗使他能够得到同族人的赡养和照顾。作为部族的一员，他具有这样的权利，即享受全体族人遵守这种风俗所带来的种种好处，并可以取得一切生活必需品。这

---

① 有的也译成"杨格纳"、"洋格纳"、"羊姑奶"、"亚库那"或"亚库拉"。

② 〔美〕J. W. 库尔特：《斐济现代史》，广东人民出版社，1976，第41～42页。

种风俗首先是社会保障的一种形式，因为按照这种风俗，任何人都必须帮助自己的亲人，使他度过物质匮乏的处境。这种风俗增强了血族关系并有助于加强社会的团结；它有助于扩大商品的消费范围；"在政治上，它防止财富的积累，以免构成对现行制度的威胁。因此，它是一种社会制约，同时由于它具有浓厚的互惠互利的因素，它本身也受社会制约所支配"。①当然，这种传统对斐济社会也有着不利的影响，可能会助长部分人的懒惰心理。

第二节　城市与乡村

一　城市

斐济 3/4 的人口居住在第一大岛——维提岛，只有首都苏瓦可以称为"人口众多"的城市，有 20 万人，其他的基本都是小城镇。

北岛瓦努阿岛是斐济第二大岛，人口只有 13 万人；该岛上有 3 个省、若干个小城，兰巴萨和萨武萨武是最有名的两个城市。兰巴萨是北岛的蔗糖中心，位于岛的北面，人口为 2 万人左右，大部分为印度族人；萨武萨武位于岛的南侧，是北岛的旅游小城，人口只有 4000 多人，气候极为湿润，附近建有几个相当出名的度假村。2007 年底当山东信发铝电集团的工作人员到斐济的时候，当地保持中国血统的华人只有七八个，而信发来了 9 个人，轰动一时。当地人见到信发人就喊："HELLO，XINFA！"十分热情。

二　农村

1. 斐济农村的特点
斐济农村依然保持着原始、质朴的特点，人们置身于此会有一种仿佛回到了古代部落的感觉。一些斐济人依然住在茅草屋里，在节日里仍然穿

---

① 库尔特：《斐济现代史》，广东人民出版社，1976，第 64～65 页。

着由麻绳、树叶做成的民族服装载歌载舞。

实事求是地讲，斐济农村的生活还比较落后，占人口绝大部分的农民生活得并不富裕。在斐济的某些村落里，人们还能看到大脑袋、细身子的斐济孩子。甚至个别村庄还有很多人吃不饱。

斐济人的村子一般不大，房子一般很破，用铁皮和木头简单搭建而成。一般情况下，斐济农村的房子都没有门，即使有钱人家的房子，也没有门，只是用一些布遮挡。

土著斐济人拥有全国大部分的土地，但不懂得开发利用，山里的林子里大部分是不成材的热带树木和杂草；他们只是在房前屋后种点 Dalou、Cssava（类似中国的芋头）、面包树、椰子树等解决温饱。村里有点钱的人基本上都去首都或者镇上生活了，所以农村一直很落后，很多村子没有通电，人们烧柴做饭，走路光着脚，然而宗教对于他们来说很重要，人人都是虔诚的教徒。

当地的印度族斐济人反而很勤劳，虽然他们的土地很少，但懂得如何利用，种植甘蔗、水稻等，做生意的也很多。所以印度族斐济人的房子大部分装修得很漂亮，有的还是两层的小楼。

2. 农村人待客

虽然斐济的农村还很落后，但斐济人十分好客。当有人到他们村庄后，一般都会被请去村里最豪华的会议室举行欢迎仪式，虽然"最豪华的会议室"或许只是用几块铁皮拼成，地上铺着席子，然而一整套的欢迎仪式却一样不少。一般是先由村长用本地话致欢迎词，此时只有男人才能坐在前面，女人都在后面远远地坐着看，这种场合女人是不能上台的。接着，再给客人做当地的茶，即当地最尊贵的礼物——卡瓦酒。先请贵宾喝第一杯，然后同一个杯子给他们的首领喝，然后是客人，如此反复。然后，可能还会有一些节目，比如村里的女人可能会为客人演示如何拿黄泥做餐具，小朋友也可能会表演一些节目，等等。此外，有的会议室也会摆放一些小手工艺品，以方便客人购买。

用餐时，村民们会准备丰富的食物，通常比他们过节吃得都要丰盛。在用餐的过程中，他们也会笑嘻嘻地看着客人，一再敦促客人多吃一些。客人用餐完毕后，吃剩的饭菜会先给孩子吃，孩子吃饱了，才轮到大人吃，可是轮到大人时几乎所剩无几，斐济人的朴实和真诚显露无遗。

三 "慢生活"

1. 斐济时间

在斐济，人们听到最多的或许是"斐济时间"。"It's Fiji time!"在斐济，时间是用来浪费的。热情的斐济人总是把这句话挂在嘴边，时时刻刻提醒着远道而来的人们，"慢"才是这里的主旋律。晒太阳、潜水、打高尔夫球、度蜜月，无论你来这里是为了什么，在斐济，一切都要慢慢来，匆匆忙忙被认为是不礼貌的。

在乡村山区，民众吃饭、做事根本没有固定的时间。在城镇中，中下阶层人士的时间观念也很淡薄。就是在某些上层人士中不按约守时也是常有的事。约定7时的宴会或会见，7时30分或8时到来是见怪不怪的。人们生活节奏缓慢，办事的效率较低。

2. "慢生活"

在生活节奏日益加快的今天，斐济却呈现出与众不同的生活状态，"慢生活"是斐济人最重要的特点。

斐济有句格言："我活着，所以我快乐！"斐济人主张慢生活，慢工作节奏，在楠迪、苏瓦街头，趿拉着拖鞋的当地人，三三两两地或立在街角，或立在商店门口，时光就在他们有一搭没一搭的闲聊中，缓缓地流逝。一顿简简单单的午餐他们也能吃上两个小时。不仅如此，那些酒足饭饱的客人，仍然占着桌子不走，喝茶、聊天，或者干脆就坐在桌旁发呆。

3. 周末不工作

斐济人不仅喜欢"慢生活"，而且工作时间就是8个小时，从不加班，即便加薪也不可以。因此，在斐济，尤其是雇用斐济人的餐馆，周末只能休息。

周日的斐济，大街小巷很难见到人，商店、餐厅、银行基本上是铁将军把门——人们都去教堂了。不过，当地周六的集市却十分热闹，因为斐济是周薪制，周五领到薪水后，第二天的购物欲望自然极度高涨。

斐济人的慢生活，不仅是把生活节奏放慢，而且珍惜家庭，珍爱家人，真正享用上天的赐予。斐济人家庭观念很重，绝大部分的休息时间是陪着家人。

四 社会特点

1. 民风淳朴

斐济人真诚、友好、礼貌。在斐济，虽然大部分人未受过高等教育，但在路上、在公园，不论男女老少，素昧平生，无不互道 Bulla（你好）。如果晚上散步相遇，人们会互道晚安。朋友之间言而有信，凡应诺之事，无不尽力而为。斐济人送礼大部分是土产，礼轻情义重。

斐济人不仅朋友间重情义，就是对不相识的人，也以其传统的美德，慷慨相待。在斐济的农村，有这样的习惯：凡来客，有饭同吃，有屋同住。有的外国旅游者，背着背包深入斐济农村，观赏大好河山。旅游十天半月，走到哪里，免费吃住在哪里。尽管斐济农民的生活不很富裕，有的甚至比较贫困，但斐济人只知按斐济传统习惯热情待客，别无所求。

斐济人很恭顺，很少生气。在公共汽车和电梯的门口，个个都相互礼让，很有礼貌。他们之间有了矛盾，总是相互协商，极少见到吵架的现象。在公共场合，他们遵守秩序，烟头、垃圾不随地乱扔，都投入垃圾箱。在公园也没有任何提示爱护花木的牌子，但是人人对花草树木十分爱惜。

斐济人也有尊重老人的习惯，一般的家庭都是几代同堂，老有所养。日常生活中，都是长者为先，老人无养老送终之忧。斐济人普遍具有与世无争的特点，尤其那些山区的农民，过着自给自足的生活，饱食布衣，知足常乐。家庭中的每个人都无忧无虑，悠闲自得。他们不尚积蓄，很少计划明天的事，更不为明天操心。也许是因为气候适宜，衣食充足，今天有的明天仍然还有，不需要为明天担心。

在斐济，还有一种比较普遍的现象，人们喜欢说整数，不说零。在农贸市场上卖土产的斐济人，其货物价格几乎都是整数，例如，1 斐元，2斐元，10 斐元，15 斐元，很少见 1.5 斐元或 12 斐元的。他们出售农产品，还极少使用衡器，一般都论个论堆卖。出售时一般只可一堆堆地卖。顾客买下一堆付一堆的钱，然后再买另一堆。

2. 夜不闭户，路不拾遗

斐济社会治安非常好，也许是因为人们与世无争，重义轻利，更不贪不义之财，社会上很少有打架斗殴或偷盗、抢劫之事发生。从这些地区的民居布局也可以看出社会安定之一斑。城市民居、别墅不需围墙，只有分界的矮墙或木栏；门窗虽有，但无铁门铁窗。在乡村，家家户户单房独立，没有院墙和大门。

不仅如此，斐济人的家门、房门经常不锁。一些现代化的大饭店和酒店，也没有大门构造。其入口就是接待厅，客房房门与外界只有楼层走廊的一层门之隔，既安静又安全。

汽车不锁门、不关窗。在斐济大街两旁或停车场上停放着小汽车，车内不仅有收录音响设备，也有主人的各种用品。但主人下了车，只关上车门，便扬长而去。

3. 交警管牛羊

由于斐济地广人稀，长年似夏，草资源十分茂盛，乡村的居民们几乎家家户户都饲养几十头牛羊，以源源不断地提供奶和肉。一般情况下，这些牛羊长年累月放养在野外，无人管理，成群的牛羊经常出没在公路上，容易造成堵路现象，并引发交通事故，因而管好牛羊就成了斐济交警的一项特殊使命。为此，他们运用各种舆论工具，宣传严禁牛羊上公路；牛羊上公路，交警可开枪射击，并没收牛羊肉；等等。

4. "自动气象台"

在斐济，还有斐济人自制的气象台，即把一颗椰子挂在半空中，根据椰子的温度和颜色来判断第二天的天气。如果椰子摸起来发热，明天一定是个大晴天；如果颜色有些发蓝，那说明天气会很冷。当然，如果发现椰子没有了，那就意味着飓风来了。

第三节　国民生活

一　饮食习俗

斐济人虽然特别高大，很多人体重在 100 公斤以上，但饮食十分天然简单。这个地广人稀的南太平洋岛国海域辽阔，丛林遍地，土地肥沃，气候温暖，雨水充沛，非常适宜动植物的生长。无论是地上跑的、水中游的、土里长的，当地人都就地取来烹而食之，谁也不必为生存操心，形成了天然简单的饮食习俗。

1. 每天早上一杯奶

每天清晨，斐济人起床后的第一件事就是挤牛奶，且边挤边喝。这里群山连绵，丘陵起伏，到处是绿油油的嫩草，家家户户饲养黄牛，少的十来头，多的上百头，这些牛长期放养在山上，待到母牛临产前，将母牛赶回家中待产，几乎家中长年都有哺乳的母牛，源源不断地为主人提供纯天然的新鲜牛奶。一大碗鲜牛奶，再加上一些苏打饼干，就是斐济人标准的早餐了。一年 365 天，天天如此。酋长的早餐稍微讲究一点，鲜牛奶是从市场买来经过消毒的，外加饼干或蛋糕。

2. 木薯蘸盐吃

与早餐相比，斐济人的中、晚餐则更加单调，全是毛芋或木薯，而且其做法也是千篇一律，即将洗净的毛芋或木薯放入锅中加清水煮熟后，蘸着精盐食用。

不过，斐济的毛芋与我们国内的不一样，当地居民只需将一小片毛芋埋入泥土中，几天后就能长出新芽儿。得天独厚的气候条件，肥沃的土壤，使得毛芋迅速生长。那手臂粗的叶柄一般会长到一人多高，椭圆形的叶片有雨伞那么大，下雨天人们只要就地折一片芋叶，就是一把天然的雨伞，非常方便。由于其方便的特性，人们又戏称它为"一次性方便伞"。斐济毛芋的生长期较长，一般栽种后第二年才可收获。每株毛芋只长一个圆圆的大芋头，重约 1 公斤，大的可达 2 公斤以上。毛芋是上好的礼品，斐济人走亲访友时都要拎上几个毛芋。斐济毛芋还出口到新西兰等国。

斐济的木薯大多是鲜食品种，不用加工就可食用。在雨季剪下一小段木薯的茎插入土中，很快就会长出新枝，不用施肥、治虫，只要除几次草，6个月就可以收获，产量也很高。其根块有手臂那么粗，没有病虫害，煮熟后不仅味道甘甜，而且纤维很少，比我们的甘薯还要好吃。

3. 家菜没有野菜香

在农村，斐济人除吃毛芋、木薯以外，还经常吃一些蔬菜。不过，他们从不种植蔬菜，而是到田野里采集野菜。在斐济的树林里、山坡上、水沟边、溪水中，到处都生长着嫩绿的野菜。有叶菜类、块茎类、块根类等，可谓五花八门，供食用的野菜有多种，它们味道鲜美，是真正的无公害健康蔬菜。

在城市里，蔬菜的供应就比较丰富了，青菜、萝卜、西红柿、茄子、四季豆等，在蔬菜市场上都能买到。在斐济从事蔬菜栽培的大多是中国人，种子也来自中国，应该说他们为斐济的蔬菜培植也做出了巨大的贡献。

由于斐济人的饮食简单，他们的餐具也非常简单，几只铝锅加上搪瓷盆就是他们全部的餐具。不过，村民们非常讲究卫生，铝锅和搪瓷盆每天都要仔细地擦洗，擦得锃光瓦亮、一尘不染。

另外，斐济人的餐桌上都放着白糖，作为调料任凭客人取用。然而，尽管斐济的四周是茫茫大海，但是在这里用餐时要讨一点食盐很不容易，这是因为斐济海水中镁含量过高，晒制的盐有苦味，食用盐只能靠进口精盐，所以精盐的价格是白糖的2倍。

4. 特色小吃"地炉肉"

牛肉、羊肉是斐济人的主要肉食，"地炉肉"是斐济的传统名菜，每逢斐济国庆、婚嫁、祭祀等节日，居民们就会在住宅旁的空地上挖一两个一米多深的土坑，然后到河里拣来拳头大小的卵石，在土坑中铺上两三层，接着将一块块新鲜的牛肉、羊肉加上一些调料，用嫩绿的香蕉叶包裹起来，装入用椰子叶编织的网兜中，最后，将网兜放入土坑内的卵石上，再铺2层卵石，卵石上放干柴，连续烧3个多小时后才停止添柴，余火焖在坑内过夜。

第二天早上，坑内的卵石还有些烫手，拿掉卵石，一兜兜的"地炉肉"热气腾腾、香味四溢，又香又嫩又鲜，味道比国内的叫花鸡还鲜美。

5. 各种水果应有尽有

水果也是斐济人的重要食物之一。椰子、香蕉、芒果、木瓜、面包果、菠萝、爱情果、波罗蜜、橘子等数十种水果到处都有，不论是人工栽培还是野生的果树都生机勃勃、硕果累累，一年到头取之不尽，不少果子成熟之后无人采摘，或成为禽兽的美餐，或掉在地上腐烂，直至发出阵阵酒香。

总之，斐济人食用的毛芋、木薯、水果、蔬菜等，均任其自然生长，不施用任何化肥和农药，也没有工业污染，是纯粹的绿色健康食品。他们食用的猪、牛、羊肉，也是靠吃草长大，不含有任何化学合成物质，是货真价实的生态肉食，这也许就是斐济人长得特别高大强壮的原因吧。

6. 传统佳饮"亚格纳"

"亚格纳"系斐济特有的佳茗，是用一种叫"卡瓦"的胡椒树的根制成的。这种树是热带灌木的一种，其叶状似我国的榆树叶，树干如我国的水蓬，又似竹，呈节状，高者三四米。其根纤维长半米左右，经加工呈白色。自古以来，斐济人就喜欢饮用"亚格纳"。当地人把这种树根晒干后，切成小块，研成细末，精心存放在瓶中，视为珍宝。每逢有盛大节日或仪式，人们便把胡椒根末倒在纱袋里，再把纱袋里最细的粉末筛出来放入大缸里，调入适量的清水，便成了"亚格纳"（也称"卡瓦酒"）。此外，也有人用新鲜胡椒树根榨出汁来，作为日常饮料。

在现代的斐济，"亚格纳"十分普及，是斐济人家家户户每日必饮之物。在政府机关、各公司企业的办公楼，均备有"亚格纳"，上午10时、下午4时是人们饮"亚格纳"的时间。不少印度族人和欧裔，受土著风习的长期熏陶，不仅对"亚格纳"有好感，且饮之成瘾，他们放弃了习惯的下午茶和咖啡，而每日必饮"亚格纳"。

初饮"亚格纳"的人，一般都不大习惯那股强烈的辛辣味道，如同喝辣椒水一样，而且还会让人感到舌头麻木。但是斐济人视"亚格纳"

如甘露，据说他们每天至少喝 7 公升，才会感到满足，他们每晚都要花上几个小时的时间，盘膝而坐，畅饮"亚格纳"。欧洲医学界人士曾对"亚格纳"做过研究，发现它含有 11 种化合物。它不仅有治疗痛风、气喘、风湿、腹泻等病的效能，而且有抗菌、清热、止痛、镇静、降血压、防止肌肉痉挛等作用，但饮用过量则身软无力。

以前，"亚格纳"在村子里要由处女制作，她们把这种根嚼成一团一团的，然后放进水里。现在则用杵和臼磨碎，或用机器磨成粉状，饮时加水。通常是男人们围着一个大饮器席地而坐，一边用椰子壳做的大碗传饮"亚格纳"，一边高谈阔论。

由于"亚格纳"代表了斐济的传统文化，又受到现代人的青睐，敬献"亚格纳"便成了斐济各种典礼、仪式的必有程序。任何外国贵宾，包括来访的国家元首和政府首脑，都有机会品尝到"亚格纳"。敬献"亚格纳"的仪式也很有特色，场面壮观。无论在室内还是露天举行，都要为贵宾和主人安排一个小型主席台，台上坐满了贵宾及东道国的高级官员。在主席台对面，是席地而坐的斐济土著群众，他们身着斐济传统服装，有的上身赤裸，下身围鲜树叶裙，脸上涂着黑斑，有时还按斐济传统，肩负古老的斐济武器。当贵宾在主人陪同下步入会场时，会场旁边的鼓手就用沉重的木槌敲响用整个树身挖凿的木鼓。这种木鼓通常直径为 1 米，长 3 米。棒鼓相击，其声如雷，隆隆之声，震耳欲聋。同时，场中土著群众齐声发出"嗷、嗷"之音。然后，一群人把一个大木盆放到众人面前，并把一条带有海螺的绳索拉出朝向贵宾。一位盘腿打坐的赤背者，取出一束长 1 米左右的亚格纳纤维，另一赤背者把盛在竹筒中的水倒入木盆里。伴着众人有节奏的歌声，只见那人双手把一束亚格纳在水中不停地揉搓。隔几分钟，再像拧毛巾一样把纤维拧挤，交另外一人在其背后抖干，再取回接着在木盆的水中揉搓。如是循环作业约 30 分钟，众人歌声停止。一位身材魁伟的土著人，身着传统礼服，从人群中站起。他双手持一椰壳制的碗并向前平伸，双腿呈骑马式。这时揉搓亚格纳纤维的人，从水中将一团纤维捞起，把已经呈黄色的水拧于伸在他面前的椰壳碗中。按照传统程序，第一碗必须献给贵宾。贵宾接过要一饮而尽，并轻叩手掌四下，以表谢意。然后，第二碗献给主人，再按酋长和主客职位高低依次献上。①

当然，斐济人不会轻易举行献"亚格纳"仪式，也不是所有到斐济访问的人都能荣幸地受到此种礼遇，只有来访的国家元首、政府首脑和重要的贵宾才有机会享受。1990 年时任中国国家主席杨尚昆访问斐济时就曾受到过这种特殊的礼仪待遇。6 月 2 日，斐济总统加尼劳亲自主持了隆重的民族欢迎仪式，斐济政府要员和各国驻斐济使节都前往出席。欢迎程序中有一项便是向杨主席献"亚格纳"，当杨主席按当地习惯，接过"亚格纳"一饮而尽时，参加欢迎仪式的所有斐济人，按照这种仪式的传统礼节，齐声击掌 7 下，以示欢庆。②

近几年来，斐济的"亚格纳"不仅国内自用，还扬名海外，作为饮料和药物外销，向澳大利亚、新西兰、美国、加拿大、德国等国出口。据说，美国是作为镇静剂进口的。我国虽未进口，但有人试用后认为对关节炎有一定疗效。目前，斐济每年出口"亚格纳"粉末或干木近百吨，每吨 5000 美元，这是一笔可观的外汇收入。

二　居住

1. 传统民居——茅草屋

斐济的传统建筑是用树干立起四根或更多的柱子，再用几根树干在上方横搭，用椰壳纤维绳绑捆，然后在两端用两根树干交叉，其作用也是用于支撑横木。屋架搭起后，铺上用树枝编织的席箔，外层铺上草，再用椰壳纤维绳子在草面上来回捆一捆。房子的四壁也同房顶一样，先架起树枝席箔，再铺上草，最后用绳子缠绕。这种房屋，有门无窗，外形很像中国农村的草屋。但斐济这种房屋的大梁露在屋外，任凭风吹雨淋日晒，而且整个房子要比中国房屋高。也许正是因为其高大、外层的草较厚，所以太阳晒不着，因此尽管它不通风，但屋内非常凉爽。

---

① 徐明远：《南太平洋岛国和地区》，第 142 ~ 143 页。
② 吴钟华：《南太不了情：一个外交官鲁滨逊式经历》，四川人民出版社，2006，第 18 ~ 19 页。

另外，斐济还有像中国西瓜地里搭的"窝棚"一样的民居。这种房子搭建比较简单，通常用两根高大的树干将上端交叉处用绳子捆绑，在上面架上一条横梁，然后再架起席箔铺上草，前面留一个门供人出入，即告完工。这种房屋是斐济人世世代代居住的传统房屋，但南太平洋是飓风经常发生的地区，其屋顶往往经不住打击。有一年飓风过境，斐济维提岛从东到西二百余公里公路沿线的这类民居屋顶全部被掀掉，刮得无影无踪，但人们很快又架起了屋顶，恢复了原状。看来建屋简单，虽不经风摧，但修整也容易。

2. 宾馆

斐济的星级宾馆都建在海滩边，宾馆大堂没有门窗，没有空调，海风穿堂而过。每个宾馆都有露天游泳池，穿过大堂便可看到。如果几个宾馆相邻，之间没有围墙，连标志都没有，在海滩漫步，走着走着忽然发现，已经到了另一个宾馆的地界了。只要游客愿意，可以在第一个宾馆游泳，到第二个宾馆躺吊床，再到第三个宾馆喝啤酒，没人阻拦，游客无拘无束、自由往来。

3. 住宅

公路两旁散落着农舍，大部分十分简陋，有些还是用铁皮盖的，一般房屋前后有窗而无户，拼块布帘遮挡风雨。有些房屋盖在桩子上，可能为了防潮。

斐济社会中上层人士的住宅一般都是独家独院，布局很像欧洲民居。一般为一层建筑，有前后两门。前面大门上方有一大片遮檐，进门先是衣帽间和卫生间。因为气候关系，这里一年到头室外的穿衣均适于室内，进门无须更衣，所以衣帽间主要是放雨伞用的。一般来说，客厅都比较大，有 30 平方米左右。客厅三面都是玻璃窗，便于向外边观望。不少人家在客厅的一角都设有吧台。客厅向里去的走廊往左通向卧室，有两间至四间不等；向右通向厨房和卫生间。整个建筑物面积一般在 150～250 平方米。建筑物外边，一般都有或大或小的花园，有草坪和果树。住宅的边缘很少见到修有砖墙，有墙也仅仅半米之高。一般都建有半米高的木栏，或栽上灌木丛以树代墙。房顶一般是红瓦或红色铁皮。

4.斐济建筑的特点

斐济的大城市里没有很高的建筑物,十层以上的楼房基本看不到,七八层就算高层了,一般也就三四层,更看不到塔吊林立的建筑工地,一切都显得古朴、宁静、自然。

即便是总统府,其外墙也不过是在一排粗糙的水泥桩上挂了几条稀稀拉拉的铁丝网,院内景象一目了然。总统府大门五六米宽,两扇不讲究的铁栅栏门敞开着,只有一个卫兵手扶着戳在地上的步枪,目不斜视地盯着前方三四米的地方,一动不动。若无人指点,恐怕没有人能相信这是国家最高首脑的办公地点!

距离总统府不远的政府办公大楼更简单了,连大门都没有,只有斐济第一任总统的铜像耸立在绿地中央,他身后就是用了多年的四层办公大楼,水泥抹的外墙什么装饰都没有,但庄严而大气,令人敬畏。

三 公务员工资制度

亚太地区的发展中国家过去大多是英国的殖民地,公务员制度和工资制度均带有浓厚的英国色彩,但太平洋地区的发展中国家则不然。斐济即是一个很好的例子。

由于立国时间较晚,加上菲律宾、澳大利亚、新西兰等国的影响,斐济的公务员工资制度以先进的职位分类为基础,公务员的工资确定和调整主要是通过集体谈判决定的,受政府的约束不大,从而为工资制度的正常运行提供了制度保障。

1.公务员的职位分类与工资挂钩

印度、巴基斯坦和孟加拉国三国虽然也对公务员职位进行分类和分等,但都不实行工作分析和评估,职位不是根据工作评估的结果来划分等级的,而是按工作大致需要的责任水平和文化程度来决定的。斐济与菲律宾一样,是以工作分析和工作评估为基础进行职位分类的,在对公务员所从事工作的难易复杂程度和所需人员资格条件进行分析的基础上,进行职位评估和分等列级,比较公正和客观。有趣的是,斐济的职位分类程序与菲律宾不同。菲律宾的职位分类是以政府为主体来确定和划分的，而斐济则是通过政府和公务员的集体谈判而决定的。1980 年初，斐济公务员委员会与公务员协会对工资、定等分级和有关条件进行协商后，达成协议，建立一个独立协调的审核委员会，负责对公务员所有的工作进行分析和评估，定期提出修改报告，但需经双方同意报告中的条件。

斐济公务员分为行政、医务、法律、警察等 19 个职类。不同职类都有各自的工资标准表。职位分类是斐济公务员工资制度的基础。

2. 公务员的工资标准

斐济 19 个职类的公务员均有自己的工资标准表，除医务类分为五等外，其余各职类均分为七等，每等内分若干级，个别等内还设有效率障碍线，以备考核功绩之用。

行政职类包括一般行政人员和专业行政人员，共分七等，第一等适用于秘书官和相对等的职务（部门业务首长），第二等适用于副秘书官及其对等职务，其余为一般官员。行政职类各等内又分为 4 ~ 10 个不等的工资级别，其中，第 4 等和第 7 等第 6 级以上为通过效率障碍测试后的工资级别。①

3. 公务员工资的增长

斐济公务员工作每满一年，自动晋升一级工资。尽管政府要求根据工作成绩晋升，但通常情况下是自然晋升。晋升至效率障碍线时，必须经过测试后，才能继续晋升。

通常情况下，上述自然晋升是不受干预的。但是，从 1984 年 12 月起，由于财政危机，政府制定了反通货膨胀法，禁止工资的增长。

公务员工资标准表的修订是由政府和公务员双方接受的独立的审核委员会来确定的，它站在公正的立场上，以公务员的工资与企业相对等的工资进行比较，建议修订公务员工资标准表，实现公务员与企业同类人员工资水平大体持平。

由于公务员的工资是通过集体谈判方式决定和调整的，因此，在物价

---

① 孙正民、崔爱茹：《斐济公务员工资制度》，《经济研究参考》1992 年第 5 期。

上涨时，政府不需要发放物价补贴。在集体谈判工资时，会考虑到生活费的上涨因素。1976年成立的三方谈判小组，在一些重大问题上达成协议后，定期对工资增长问题发布方针。1984年以前，有关公务员工资的建议均被落实，公务员工资水平与企业和物价的水平是相适应的。但1984年工资冻结后，增加工资的建议难以落实。

4. 奖金与津贴

斐济公务员没有奖金，津贴也很少。只是在每年10月的独立节，每人平均发放一个月工资的节日补贴。此外，公务员有住房补贴、交通补贴、工种补贴、家庭补贴、教育费等。

5. 斐济公务员工资制度的基本特点

斐济是发展中国家里为数不多的进行职位分类的国家之一，工资制度运行比较正常。

（1）各类公务员统一进行职位评估和分等列级，根据各职类公务员的工作性质分别制定工资标准表，切合实际需要。

（2）在工资晋升中，注意吸收效率障碍测试法，增强功绩晋升的观念。

（3）公务员工资水平通过集体谈判方式调整，不仅考虑企业同类人员工资水平，还兼顾物价因素，保持公务员与企业人员之间工资平衡，并保护公务员的实际收入。

（4）津贴项目少，多为通用性津贴。[1]

第四节　医疗卫生

据世界卫生组织统计，2010年斐济全国医疗卫生总支出占GDP的4.2%，按照购买力计算，人均医疗健康支出194美元。2005～2012年，平均每1万人拥有医生5人、护理和助产人员23人、牙医2人、药师1人；2005～2012年，平均每1万人拥有医院床位21张。

---

① 孙正民、崔爱茹：《斐济公务员工资制度》，《经济研究参考》1992年第5期。

一 医药

1. 药用植物

在斐济，人们随处可以找到许多药用植物，很多植物的根、皮、叶、芽可以用来治疗各种小病。当然，有些药用植物知识属祖上秘传，有些则广为应用。

（1）治疗感冒的植物

用来治疗普通感冒的普通药用植物有榄仁树、红树①、苦蘵、鬼针草和红球姜等。

其中，榄仁树在我国油常被称为枇杷树、雨伞树、凉扇树，是君子科榄仁树属植物，其树皮可以入药，具有解毒止痢、化痰止咳之功效；榄仁树带杏仁味的果仁可以食用，也可用来榨油；树皮及果皮可做染料，木材可用于建筑或用来制造器具。

苦蘵在我国广西被称为灯笼泡，在华东和广东地区则被称为灯笼草，是一年生草本，直立或披散，高 30~60 厘米。茎多分枝，分枝纤细。种子圆盘状，花、果期为 5~12 月。

鬼针草，一年生草本植物，广泛分布于热带和亚热带地区，也是我国民间常用草药，有清热解毒、散瘀活血的功效，主治上呼吸道感染、咽喉肿痛、急性阑尾炎、急性黄疸型肝炎、肠胃炎、风湿关节疼痛、疟疾，外用治疮疖、毒蛇咬伤、跌打肿痛。

红球姜因其味道与姜非常相似而得名，是姜科姜属多年生草本植物，其球茎会由绿色转变成红色。它具有活血祛瘀、行气止痛、温中止泻、消积导滞的功效，根茎能祛风解毒，治肚痛、腹泻，并可提取芳香油做调和香精原料；嫩茎叶可当蔬菜。

（2）治疗创伤的植物

用来治疗创伤的植物有薇甘菊（Mikania micrantha）、积雪草（Cantella asiatica）和椰子等。

---

① 俗名红海榄，是红树科红树属植物。

薇甘菊，也称小花蔓泽兰或小花假泽兰，是多年生草质或木质藤本，茎细长，匍匐或攀缘，多分枝，被短柔毛或近无毛，幼时绿色，近圆柱形，老茎淡褐色，具多条肋纹。茎中部叶三角状卵形至卵形，长4～13厘米，宽2～9厘米，基部心形，偶近戟形，先端渐尖，边缘具数个粗齿或浅波状圆锯齿，两面无毛，基出3～7脉；叶柄长2～8厘米；上部的叶渐小，叶柄亦短，头状花序多数，在枝端常排成复伞房花序状，花序渐纤细，顶部的头状花序花先开放，依次向下逐渐开放。

积雪草，是伞形科植物，又名连钱草、地钱草、马蹄草、老公根、葵蓬菜、崩口碗、地棠草等。它能治疗皮肤溃疡，如顽固性创伤、皮肤结核、麻风等，是多年生匍匐草本，茎光滑或稍被疏毛，节上生根。单叶互生，叶片圆形或肾形，直径2～4厘米，边缘有钝齿，上面光滑，下面有细毛；叶有长柄，长1.5～7厘米。伞形花序单生，伞梗生于叶腋，短于叶柄。花期为夏季。

另外，斐济还有一些治疗方法十分奇特，而掌握这些方法的人也往往禀赋特异，他们在斐济声望很高，也深受人们敬重。

2. 药品制作

在斐济，药品制作的方法也各式各样。有的是把几种不同的药用植物直接混合在一起服用，有的则需要把几种不同的植物一起煎熬后服用，有的还需要一些特别的条件。这些药物有着巨大的潜力，因为它们不仅价格低廉，而且非常容易得到，人们不去医院即可治愈，所以这种治疗方法在斐济非常普遍。在那些离医疗中心很远的农村地区，这种土著医学更能为人们提供有价值的救助，同时它还是斐济文化的一部分，逐渐被斐济人广泛接受。

以前这些药用植物是不允许进入医院给病人服用的，但是随着西方医学逐步意识到土著医学的价值，这一情况已有所改变。例如，传统的按摩就被斐济的橄榄球运动员广泛地使用；斐济卫生部为了遏制医疗费用的不断上升，也开始与土著医师合作，以便为全体斐济人提供更加质优价廉的健康服务。

然而，尽管土著医学已被大家认同，但仍需要深入研究，以便可以人工种植那些不易采集的草药，并从中剔除与巫术相关的内容。同时，这些知识用于研究和商业时也不可避免地产生了一些知识产权问题。例如，卡瓦根虽然在斐济和太平洋岛屿被广泛使用，目前也被西医药剂师当作一种抗抑郁药和松弛药，然而目前拥有其专利权的却是一家西欧的公司。

二　医疗保健制度

在斐济，由卫生部负责提供医疗服务，其中农村地区由基层社区初级医疗中心和护理站提供，城市地区由医院提供。政府提供的服务并不都是免费的，病人住院需要支付每天综合的床位费，15 岁以下儿童免费。

1993 年，斐济政府积极研究了健康保险制度，明确了减少政府开支和扩大私立商业健康保险的必要性。卫生部起草了关于建立低保险费率、政府主要补贴住院治疗费用和病人适当付费的强制性健康保险制度的草案。作为国家主要社会保障机构的斐济全国福利基金（The Fiji National Provident Fund）表示愿意扩大其对医疗保险计划的管理，国际组织的顾问协助对筹资、医疗支付和付费方式等做了研究。[1]

第五节　环境保护

斐济景色优美，充满绿色并且注重环境保护，堪称旅游的天堂。

一　问题的提出

20 世纪 80 年代以来，随着经济的发展，具有全球性影响的环境问题日益突出。区域性的环境污染和大规模的生态破坏现象，温室效应、臭氧层破坏、全球气候变化、酸雨、物种灭绝、土地沙漠化、森林锐减、越境污染、海洋污染、野生物种减少、热带雨林减少、土壤侵蚀等大范围的和全球性环境危机，严重威胁着全人类的生存和发展。

---

① 夏宗明：《斐济医疗保险制度》，《国外医学·卫生经济分册》1994 年第 2 期，第 92 页。

国际社会在经济、政治、科技、贸易等方面开展了广泛的合作，并建立庞大的国际环境条约体系，联合治理环境问题。由世界自然基金会发起的"地球一小时"环保活动按照时区依次在全球不同国家和地区展开，斐济成为率先熄灯的国家之一。

二 环境保护措施

1. 严惩私采滥挖

斐济政府明令规定，矿山及建设项目必须经过政府允许，否则将受到严惩。所以，斐济的建设一直有条不紊，处于政府可控状态，私采滥挖现象几乎绝迹，资源保护成为人们遵法守法的基本准则和日常素养。

2. 严禁使用农药

斐济政府规定，禁止使用任何农药。在斐济，任何农作物都是绿色食品，根本不用担心苹果要削皮、蔬菜要炒熟等问题，真正达到了想吃就吃的饮食境界。所以，斐济也很少有肿瘤等各种匪夷所思的怪病，人们虽然生活不富足，但身体很健康。

3. 狠治环境污染

斐济矿产资源非常丰富，许多国家都想来投资开矿。斐济政府对此严格把关，在争取经济利益的同时，要求合作者必须加强环境治理，做到开矿前有环境治理预防，开矿中有环境治理投入，封矿后要复垦造田、还原生态。与此同时，斐济要收取开矿者相当苛刻的环境污染费，并将这部分收入真正专款专用于环境治理。对于无视环境污染的开矿者和环境管理部门，斐济政府都会给予严惩。

4. 环保的垃圾处理方式

斐济政府和旅游机构都致力于保护岛上的资源，减少污染，保护环境。斐济政府制定并实施"减污、再利用、再回收"政策。岛上有垃圾回收厂，一些酒店也有自己的垃圾回收措施，为斐济发展旅游业奠定了基石。斐济的度假村，尤其是那些坐落在偏远岛屿上的，都实施了环保的垃圾处理方式。

斐济的太平洋航空公司，可称得上是环保航班，飞机上盛装食物的器皿都采用可回收利用的材料，热饮则采用纸杯承装，人性化的凹凸的花纹设计形似 costa coffee 的纸杯，防止乘客烫伤的同时，还省去了做隔热环的纸张，可以说是一种环保的举措。

5. 保持纯朴心态

斐济是个相对封闭的国家，人们虽然受到越来越多的"现代文明"的冲击，但那种自然纯朴的生活态度依然如故，这也许是斐济能够保持良好生态环境的原因之一。

第七章

文 化

独立以来，斐济的多元文化得到完美的融合。在这里，各种文化包括斐济本土文化、印度文化、中国文化、南海各岛文化、欧洲殖民文化等都得到了不同程度的继承和发展。

第一节 教育

一 简史

1. 欧洲人开启了斐济的教育大门

1643 年，随着欧洲人塔斯曼发现斐济并绘制出地图，斐济开始进入欧洲人的视野。19 世纪早期，第一批外国居民来到斐济，这些"被遗弃者、被放逐者、旧世界的潦倒者"，甚至"最坏的、最恶劣"的人虽然给斐济人带来了厄运，把诸多新疾病带给了岛屿上的人，但同时他们也开启了斐济教育的大门。

1835 年，基督教以循道宗的形式到来。循道宗传教士用斐济语言引导人们学习文字，教人们读《圣经》和其他宗教著作。随后天主教传到斐济，这两个主要的基督教派别，是以后 80 年内教育的主要提供者。

2. 印度族斐济人提出更高的教育诉求

1874 年，斐济被英国占领。5 年后，殖民统治者从印度运进了第一批劳工，让他们在甘蔗种植园中劳作。在师徒制终结的 1920 年，斐济已有

6万名印度族人。随着人口的自然增长和印度移民的增加，1987年，印度族人占了总人口的48%，岛屿上的多民族构成产生了许多不同的教育机构，其中不少是在20世纪20年代创办的。随着经济水平的提高和人口的增加，印度族人对教育提出了更高层次的需求，殖民政府为印度族斐济人提供更高水平的教育。

师徒制和移民增加引起的民族多样性、宗教信仰的多样性（不同派别的基督教、印度教、伊斯兰教）、语言的多样性（主要是斐济语、北印度语、乌尔都语、英语，也有泰米尔语、特勒古语、古节拉第语、罗图马语和华语），都给教育带来了压力，要求教育体制能够包容不同的语言和宗教。

3. 英语与斐济语

在历史上，传教士到达的前50年，教学的语言是斐济语。所有的教育都在教堂中进行，甚至在被英国占领时仍是如此。在斐济，天主教传教士是最早教学生英语的。1916年，殖民统治者正式成立了教育部，之后，英语教学在斐济教育中占据更为重要的地位。部分原因在于殖民统治机关工作的需要；部分原因是来自印度移民的压力，因为他们要接受更多的教育，而教学语言更多的是英语。20世纪30年代后，当循道宗教堂放弃了其为政府建立的小学，在学校教育中，英语的使用范围进一步扩大。1970年斐济独立时，英语作为教学语言已稳稳扎下根。斐济语和北印度语（以及后来的乌尔都语、罗图马语、波利尼西亚语）在小学的前三年被作为教学语言，随后直到10年级，才成为学习的科目。在20世纪80年代，本地语的学习延伸到12年级。[①]

在20世纪80年代，斐济族人开始强烈关注自己的语言，特别是当一些城镇斐济族人，既不精通母语，又不精通第二语言（英语）时，这种关注更加明显。与此相反，除了一些当地的教育人士，印度族人很少关注英国的语言和文化的影响。

---

① 〔德〕波斯尔斯韦特主编《各国（地区）教育制度》（下），李家永、马慧、姚朋译，西南师范大学出版社，2011，第176页。

4. 斐济教育的发展

20世纪80年代末，斐济与其他许多国家一样遭受失业的困扰。此时，社会更加关注失学儿童，这些儿童并不想回到自己的村子，但没有能力找到工作。这时，非正规教育机构出现了，它们为这些辍学儿童提供了获得一些就业技巧的机会，这些技巧或者使他们自立，或者使他们能够回到农村过上比以前好的生活。然而，因为土地的80%由斐济族人拥有，并且不能买卖，斐济儿童辍学现象仍然存在。印度族人继续把教育看成他们从土地上解放出来、获得社会自由的主要方式。过去，这两个民族的抱负不同，这种不同仍在继续，斐济人更多地参与国家的商业生活。

独立后，随着农村教育的发展，斐济劳动力的受教育水平已明显提高。20世纪80年代中期后，进入行政机关的大多数年轻人已经完成了至少12年的教育。技术学院的发展为国家的小型手工业部门提供了技术工人。

1987年政变后，国家的主要政治目标发生了急剧的变化。20世纪90年代早期，斐济政府为确保政治权力掌握在当地斐济人手中，进一步加强斐济族人的政治权力，印度族人的受教育机会缩小。斐济族人怀着远大的教育目标，努力鼓励更多的斐济族学生接受高等教育，同时鼓励他们保持自己的民俗和文化。

二 概况

总的来说，南太平洋各岛国的中小学教育都比较发达，斐济是南太平洋岛国中教育比较发达、文化水平较高的一个国家。斐济的公立小学实行免费教育，学龄儿童入学率近100%。在斐济，90%的男性和85%的女性都是识字的。他们大部分只懂斐济文，也有相当一部分人能用英语读书、写字。每年教育经费约占政府总预算支出的15%。2013年，教育预算支出为2.68亿斐元，占政府总预算支出的11.5%。2009年斐济共有注册学校983所，其中小学721所，中学172所，师范学校4所，职业学校69所，特殊教育学校17所。2000～2009年斐济学校及教师数量具体参见表7-1。

表7-1　2000~2009年斐济学校及教师数量一览

年份	小学		中学		职业学校		师范学校		特殊教育		总计	
	数量	教师	数量	教师	数量	教师	数量	教师	数量	教师	数量	教师
2000	700	5082	153	3696	40	889	4	97	17	135	897	9899
2001	700	5112	154	3894	45	883	4	116	17	138	903	10143
2002	712	5107	157	4142	47	915	4	108	17	143	920	10415
2003	712	5127	157	3935	47	987	4	102	17	117	936	10268
2004	714	5229	160	4431	54	1048	4	111	17	127	940	10946
2005	719	5006	162	4141	63	n/a	4	87	17	103	948	9337
2006	719	5011	162	4141	64	1138	4	100	17	160	966	10550
2007	720	5131	169	4327	66	1139	4	94	17	167	976	10858
2008	724	5107	173	4253	66	158	4	86	17	113	984	9717
2009	721	5173	172	4273	69	391	4	88	17	111	983	10036

资料来源：斐济教育部。

　　1968年在首都苏瓦设立南太平洋大学，除了本国学生以外，还有来自瑙鲁、汤加等国的留学生。国内白人创办的学校也允许原住民就读。2010年1月成立了斐济国立大学。另外，在印度人办的学校，全部使用印度语教学。2013年斐济共有在校大学生24659人。[①]

　　1. 学前教育

　　学前教育的项目是提供给3~5.5岁的儿童。这些项目由学前教育中心提供。它们不和正规的小学衔接。

　　学前教育继续增长，但大量的是非正规的，教师水平参差不齐。教育部在政策上支持学前教育，但没有为这一部门贡献多少资源。不过，随着政府对学前教育的关注，这一状况有所变化。

　　2. 初等、中等教育

　　斐济的教育不是强制性的，也不是免费的。1972年，1年级引进了免费教育，并且逐年扩展到了8年级。然而，每个学生12斐元（10美元）

---

　　① 《斐济投资指南》，2013，第8页。

的收费，对经营一所学校是不足的，必须通过学校集资活动来补充教育经费。

学校的年级结构是混合的。在 1969 年以前，初等教育阶段是 1 年级到 8 年级，中等教育阶段是从 9 年级到 12 年级。1989 年，教育委员会提议，小学阶段是 1~6 年级，中学阶段是 7~10 年级，高中阶段是 11~12 年级。新旧体制并行导致小学中一些学校的最高年级是 6 年级，而一些学校的最高年级是 8 年级。同样，中学有些学校从 7 年级开始，有些学校从 9 年级开始。在 20 世纪 70 年代至 80 年代早期，初中的概念慢慢地消失，这是因为教育部在社区的压力下赞成发展 11 年级和后来的 12 年级。

学生中学毕业后，可以接受职业技术教育，或进入大学、基础培训学院和医学院。

3. 职业技术教育和商业教育

20 世纪 70 年代后期到 80 年代，毕业生就业困难，这引起了教育部对学校课程扩展的重视。诸如，为女孩子所设的家庭经济学，为男孩子所设的工业艺术科目得到了政府的支持。在 10 年级结束时的国家考试中，部分学生参加了职业科目的考试。在随后的两个年级，参加职业科目考试的学生数量急剧下降。不过民众认为，这些科目对学生来说，缺乏学术方面的选择。

有关技术领域的学校课程由两个因素决定：现代技术的成本以及对一个小的岛国来说合适的技术概念。即使致力于第一个因素是可能的，但第二个因素看起来对课程选择有更为重要的影响。

在社会上，特别是农村地区，国家已经为初中毕业的学生开发了一个多元的手工艺项目。这个项目提供两年多的学校课程，包括农业、渔业、建筑业（轮船的装修和制造）、轻工业、家庭手工业和工业。这个课程的前提是满足培训学生的需要，把学生培训到一个恰当的层次，即在他们的环境中，他们能过他们所期望的生活。这样的环境不可能支持和提供高级的技术，所以，这个项目也是一种尝试，即把农村中的年轻人分流到城镇中。

在首都和维提岛等主要岛屿的较小的城镇上，斐济提供有高层次的职业技术教育。斐济技术协会提供的职业技术教育有工程技术、商业、旅店、餐饮方面的，还有印刷方面的。通过学徒制，坐落在首都的一些企业也开展了培训。

政府注重技术教育，赞成提升斐济技术学院。这种发展会加强职业技术教育和高等教育之间的联系。

4. 高等教育

1968年，斐济建立了南太平洋大学，以满足南太平洋地区国家的教育需求。1987年，斐济人在全日制学校中有879名，部分时间制学校中有183名，远程教育有2047名。同时，斐济的医学学校也有一小部分学生，这些医学学校提供医学学士学位和外科学士学位，也开设护理课程。其他的小型的高等教育机构提供农业、理论研究（2所），以及护理方面的研究课程。

5. 特殊教育

特殊教育面向下列残疾人：身体残疾者、听力受损者、智力迟钝者、视力受损者。特殊教育机构大多集中在城镇，为上述类型的人提供教育服务。

这些机构由一些团体经营，比如斐济育人协会。这些学校的教师的工资由政府支持。大多数教师接受了培训，但很少有正规的学历。教师工资由教育部承担，但机构自己必须筹集额外的资金以满足其他方面的花销。学生从这些学校到工厂，没有特殊的行政机构为其转变提供帮助。

教育体制没有提供任何行政性机构，在这些机构里，学生能走出教室，接受特殊的教学。那些没有到特殊机构的儿童，继续留在原先的学校里学习。

6. 成人教育和非正规教育

成人和社区教育在20世纪80年代得到了快速发展，原因是正规学校教育的结果不能令人满意，尤其是由此带来的效益较低。政府通过教育部管理一些项目，其他机构通过青年和运动部管理一些项目。此外，像基督教女青年会（YWCA）和教堂也提供成人与非正规教育。一个从众多组织代表中选出的委员会，充当国家对成人和非正规教育的咨询实体。

政府出台了许多方案。政府的成人和社区教育中心，与初等和中等教育部门相比，在数量上很少，它是通过设置在全国的选择性学校实施的。其中许多设在农村地区，其目标亦针对农村人口。由政府管理的多种于工业项目，是针对辍学的年轻人的（这在前面已经提到过）。这些后来建的中心由于得到新西兰政府的帮助，发展很快。政府还经营了一种为青年人所设的国家青年训练营，所学的课程有农业、木工业、轻工业。所有这些方案都直接针对农村青年。城镇的学生可在斐济技术学院接受技术方面的课程。

大量的非正规教育是在农村进行的，参与人数难以估计。这些项目的主要目的是为农村青年提供信息和技术，使他们过上充裕的生活。成人和非正规教育（斐济技术学院除外，它是为工业生产提供技术工人的）的首要目的是提供适用于农村环境的实践技巧，以降低农村人对城镇服务的依赖。

成人和非正规教育每年的花费难以估计，因为有大量的社区现金和类似的投资，且非政府组织也通过各种渠道筹措资金，政府的补助很少。

7. 留学斐济

（1）语言留学学校

年满 16 岁的留学生可以进入斐济第一所语言学校——"自由鸟英语学院"（Free Bird Institute）学习。根据英语水平及学习目的不同，进入楠迪分校或者劳托卡分校。另外，楠迪还有一所澳大利亚职业技术教育学院的斐济分校——"斐济生产和培训机构"（Training and Productivity Authority of Fiji），在那里也有旅游服务和酒店管理的专业留学课程。

"自由鸟英语学院"是南太平洋自由鸟（South Pacific Free Bird，SPFB，总部设在日本）2005 年在斐济开设的唯一的语言学校。楠迪分校有 12 个班级，劳托卡分校有 10 个班级，两个分校都设立有初级到高级 6 个级别的留学生课程。另外，两校都设在当地的小学中，休息时间和下课后都可以通过和斐济小学生们交流来学习英语。

（2）小学留学

6～15 岁的留学生可以通过与斐济的小学生们交流来学习英语。在与非常容易亲近的当地孩子们的接触中不仅可以学习语言，还能得到其他的宝贵的体验。6～15 岁的斐济族人、印度族人还有少数的意大利人、韩国人、波利尼西亚人就读的那马卡公立小学（Namaka Public School）位于楠迪的那马卡地区，是拥有数千名学生的大型学校。

（3）幼儿园留学

3～5 岁的孩子及英语初学者的孩子可以进入 NPS 附属的那马卡公立小学幼儿园（Namaka Public School Kindergarten）学习。这里是斐济族人、印度族人、意大利人、韩国人、日本人以及波利尼西亚人等的孩子上的幼儿园，与 FBI 学校邻接。

三　教育管理体制

1. 行政管理

教育由教育部负责，许多职能集中在位于首都的总部。所有的政策、教师的安排、课程的变化、考试、财政都集中在此。总部的政策通过 4 个分部及其下属的 9 个区来付诸实施。每个教育分部都由一个教育分部长领导，每个区有一个高级教育分区长。从理论上讲，高级教育分区长是和学校校长联系最密切的。

2. 教育财政

1992 年，教育支出占政府财政的 16.84%，每位学生平均 60 斐元（约 50 美元）。教堂和委员会的教育投资很大一部分来自社区本身，这些资金不包括在所统计的教育经费中，不过，这些非政府投资也不可能决定投资规模。

政府为非公立中学提供助学补助，这些补助占这些学校教学和教职工工资的 80%。政府还对非公立学校学生提供补助，这种补助建立于其父母工资基础上。此外，斐济政府还必须拿出一小部分资金，作为资本投资的津贴给非公立学校。

1987 年中期以来，正规教育项目，包括学术的和职业的，由教育部负责，而成人与非正规教育由青年和运动部负责。

政府也资助了南太平洋大学，资助的计算基础来自斐济的全日制的、部分时间制的以及接受远程教育的学生数量。

3. 师资与教师培训

1987 年，斐济发生军事政变后，许多中等学校的教师迁移到了其他国家，中等教育的教师出现了短缺。这些短缺由一些未经过培训的，或者从国外来的志愿者教师来填补。1990 年，根据教育部统计，未经过培训的教师占 40%，而 1987 年在 20% 以下。

小学教师培训由三个教师培训学院提供，一个由政府管理，另两个由教堂组织经营。政府培训学院和第七日基督复活学院都提供 2 年的课程，而天主教堂学院则提供 3 年的课程。从 20 世纪 70 年代，教师培训学院的培训质量已有很大提高，原因是引进的教师接受了较高水平的教育。进入教师培训学院的门槛是完成了 10 年级的学习或更低（约 30%）阶段的学习。

直到 1985 年，中等教师的培训才在南太平洋大学进行。初中教师接受 3 年的课程学习。1984 年，教育部规定，未来进入大学和希望成为教师的斐济学生要完成两年的学士学位课程。1989 年以来，中等教师被安排进行集中的教师培训，课程跨越暑期。它是一个澳大利亚的援助项目，由来自澳大利亚的培训者提供。斐济政府为了克服中等教师培训的困难，向澳大利亚政府寻求帮助。1993 年 2 月，斐济设立了一个提供中等教师培训的高等教育学院。

教育部在不同的教育区对所有的教师进行在职培训，无论他们在哪种体系下教学。教师培训的目标是，使所有教师熟悉教育部课程发展中心开发的新课程，同时引导他们发现新的教学技巧。财政问题限定在职培训的时间，这些培训通常只有几天或一个星期，其中以一个星期的居多。如果教师在一个地区性大学完成了一个学位，教育部会颁发给他在职培训奖。在海外接受培训的教师也可获得为海外培训者设的在职培训奖。这些奖项或者通过特殊的斐济政府奖提供，它是其他国家和斐济政府之间双边互助的内容；或者通过如联合国教科文组织这样的组织所设的普通基金奖提供，这是一种技术合作的形式。教育部全体成员也有资格申请这些奖项，通过这一方式来确保教育行政官员胜任其工作。

教师培训没有特殊的监控程序，培训学校所提供的课程的质量，既依靠讲授者的质量，也依靠学院的水平。大学有它自己的监控和质量控制体系。

教师表彰是最主要的监控教学和提供晋升信息的方式。先前，职称高低常常是最主要的晋升标准之一，但现在它不如正规的学历重要。民族成分也会对晋升特别是在较高的层次上的晋升产生影响。

4. 课程开发与教学方法

斐济有全国统一的课程。非公立学校，特别是由宗教团体经营的学校，通常包含宗教方面的课程。小学课程包括：社会学、基础科学、数学、英语、北印度语（为印度教印度人所设）、斐济语（为本地斐济人所设）、乌尔都语（为穆斯林印度人所设）、罗图马语（为罗图马人所设）、体育、艺术和手工艺、音乐。在中等教育阶段，所有学生必须学习数学、科学、英语、体育、音乐或者艺术和手工艺直到 10 年级。之后，仅英语是必修课，直到 13 年级。然而，实际上大多数学生会学习数学和科学，也有学生选择经济、地理或技术等课程。

教材由课程发展中心的某一学科专家组织撰写。教材先由教学大纲委员会审查，然后，交付教育部资源中心作为实验教材出版。随后，根据许多有代表性的学校反馈的信息，对教材进行修订，之后交付国家的出版社出版。

实行新课程后，教育部会在全国进行在职培训。邀请省以及私立学校的教师参加。学校至少派一名教师参加这样的培训，因为他们想得到关于新教学大纲的尽可能多的信息，而这是国家考试的基础。

反映教学大纲的商业方面的教材由教育部课程发展中心审核通过。

课程发展中心面临的主要问题是，并不是所有教师都能理解新课程的内容以及教学方法实施的哲学基础。与之相连的是，由于考虑到国家考试的前景（以及社区判断教师可能的通过率的预计），许多教师不乐意从事教学内容和教学方法的实验。反对为考试而进行的教学，这体现在新课程的贯彻实施过程中。另外还有一个结构性的问题，课程发展中心的技术劳动中心要求课程提供者到主要的几个城市进行教师在职培训。在提供差旅费的情况下，这个功能可以得到充分的发挥，然而差旅费并不充足。

5. 考试、升级和证书制度

在斐济小学，每一学年结束时，学生自动升入下一个年级。在中学，考试结果和学校的容纳量决定一个学生是否进入下一个年级。较多的成功通过考试者，能够进入为尖子生而设的顶级的寄宿学校。那些不能进入他们所选择的学校的学生，将转到县城学校，或继续在原学校学习，现在的趋势是，越来越多的学校给学生提供了这样的考试，这种考试成了检查教学水平和学习成绩的一种方式。

所有在1~8年级小学学习的学生都要参加8年级考试，能否进入他们选择的中等学校，取决于他们的考试成绩。一些在初中上学的8年级学生也参加这样的考试，以此来更换学校。

1987年，斐济中等学校的国家考试经历了戏剧性的变化。1986年，新西兰教育部门为11年级的斐济学生提供了新西兰学校证书考试，新西兰大学考试部门为斐济12年级的学生提供了新西兰大学入学考试。1987年以来，12年级结束时，学生需通过一个全国性的考试。1989年，这项考试的结果决定学生能否进入地方性大学的预科班，同时国家出台了一项政策，要求大学中50%的名额留给斐济族人。1991年后，斐济大大扩展了13年级，即在学校能承受的前提下，所有通过12年级考试的学生都能进入13年级。这样，在13年级的这次考试，为斐济族人保留50%的名额的政策，决定哪些学生将进入大学。简言之，斐济教育制度中的考试充当了一个"看门者"的角色，即参加考试的学生能进入哪一所学校；在较高层次学习的学生，是否能升入下一个年级。

学生考试的标准是通过分数体现出来的。全国性考试对学校教育有明显的负面影响。许多教学是为了迎合考试，学校声望的建立与失去也仅仅是依靠考试结果，这也造成了教育体制的一个特点：全国有一个完全统一的课程。

斐济教育体制的许多特点，是由地理因素决定的。20世纪60年代，大多数斐济族人居住在主要岛屿的农村地区，或者居住在较小的岛屿上，而印度族人却聚集在城镇或离城镇较近的地区。人口的分布导致大量的来自单一民族的学生。1970 年斐济独立后，政府努力建设容纳更多民族学生的学校，但这一历史模式在大多数学校依然存在。

四 政策与目标

从 20 世纪开始，斐济教育目标已经发生了巨大变化。但直到 1916 年，殖民政府才对国家的教育体制进行监控，这与基本的读写、识数的发展相一致。然而，1920 年，师徒制终结后，对更高水平的教育，特别是中等教育的需求进一步扩大。政府必须对这一需求做出反应。宗教团体建立了自己的学校。1987 年，在所有类型的 867 所学校中，仅 29 所是政府学校，其余的学校由宗教特殊利益团体和亚文化组织控制。

尽管政府和非政府学校的数量差距很大，政府仍能够通过对课程、考试的控制以及拨款体制影响教育体制。在 20 世纪 70 年代，教育部竭尽全力建立了一个课程开发小组，它开发课程和设计教材，使其更符合斐济发展现状。这些教材已经在所有的学校中使用。以这些教材为基础的国家考试，确保了国家教学目标的统一性。

斐济政府的教育目标，大致包含以下四个方面。

一是要考虑学生个体的能力、兴趣和天赋，使个体在变动的社会中得到充分的发展。

二是指导所有的市民从事与国家发展相适应的大量活动，发展斐济的人力资源，继而加速经济的发展。

三是鼓励斐济人树立更强的国家意识感、自立感和作为斐济人的自豪感。

四是提高斐济人的文化认同感，增强斐济人与外部世界的联系。

因为国家的教育目标中没有强调它和个体目标以及社会目标相一致，所以，现实中，教育的广泛目标并没有被民众真正意识到。城镇和城市生活的诱惑，使年轻人涌向城市。政府职业教育、技术教育政策的有效性缩小了。

第二节 文学艺术

一 文学

斐济文学，与巴布亚新几内亚、库克群岛、萨摩亚、基里巴斯、瑙鲁、纽埃、所罗门群岛、汤加、图瓦卢、瓦努阿图和托克劳 11 个岛屿国家一样，同属于"南太平洋文学"，也称"波利尼西亚文学"，所涉及的主要是以波利尼西亚文化为主的文学，同时也蕴含着种族的同一性。

1. 斐济文学的起源

与其他南太平洋国家一样，斐济文学作品在 20 世纪 60 年代以前大都是西方传教士、旅游者和作家们撰写出来的，他们把斐济不是描绘为南海天堂的神话，就是白人到来之前的黄金时代，有着浓厚的种族主义色彩。尽管斐济人民有着丰富的口传文学，神话故事世代相传，然而出自当地人之手真实反映斐济土著人生活的作品却寥寥无几。随着 60 年代民族独立运动的风起云涌，在传统的口传文学基础上勃然兴起了一种以英语创作为主的斐济新兴文学，斐济人与其他南太平洋地区人民开始用英语创作文学作品。1972 年，第一次南太平洋艺术节在斐济首都苏瓦召开，从而使这种文学意识进一步得到催化。

斐济新文学的兴起，并非偶然。首先，商人、企业家等这一新阶级的兴起使这一地区的社会结构产生了变化，加上二战以后民族独立浪潮的冲击，一批知识分子代表新兴阶级，从民族利益出发，要求摆脱殖民桎梏，以笔作为他们斗争的武器，投身到独立运动中去；其次，高等教育的发展，尤其是 1968 年南太平洋大学在斐济的成立、文学团体的形成以及出版机构的建立等均对斐济文学的兴起和发展起了推波助澜的作用。斐济作家用英语写出的第一篇带有创见性的小说虽然是在 60 年代初期，但这些个人的努力如今看来已成为 60 年代和 70 年代文化大觉醒的一个重要组成部分。

2. 斐济文学的发展

以南太平洋大学为中心的斐济文学创作，其真正的开端应该追溯到该大学创办的杂志。南太平洋大学最初的文学意识表现在其创办的杂志《尤尼斯帕克》上，尽管该杂志上的短文、故事和诗歌作品质量并不高，但是大量作品的发表显示了一种表现自我的愿望。随后，在大学举办的创作学习班的推动下，文学的种子得以萌发。《尤尼斯帕克》的贡献在于：首先，它使人们认识到培养本土的创作人才的必要性和重要性；其次，它促使大学意识到人们对文学的需求和渴望。它发起的有关殖民文化与本土文化等方面的辩论，对文学意识的形成具有重要的意义。1972 年，在斐济举行了第一届南太平洋艺术节，会上成立了南太平洋艺术创作协会。南太平洋艺术创作协会通过其杂志《玛纳》培养出一批年轻的作家，其中就包括斐济的韦内莎·格里芬和雷蒙德·皮莱。可以说，南太平洋艺术创作协会不仅是南太平洋文学艺术人才荟萃的中心，而且也是斐济文学艺术的中心。《尤尼斯帕克》和《玛纳》刊登出的大量民间故事、诗歌和小说，表明这种文学意识和文学方向形成而且颇有普及的趋势。在南太平洋大学建立的最初阶段，至少还有四个独立的文学团体，如乔·纳科拉的戏剧社，阿塔·马雅依、韦内莎·格里芬和雷蒙德·皮莱领导的"尤尼斯帕克"文学社团，约翰·柯灵斯和朗·怀特创建的"作家俱乐部"和该社团的出版刊物《想象》，以及肯·阿维森的文学社，这些文学团体活动于不同的时期，对文学的发展起了促进作用。斐济教育委员会一个报告曾对此做过评价："七十年代人们看到的作品，便是早期处于萌芽状态的强烈创作欲望开花结果的情形。"①

3. 斐济文学的成就及风格特点

（1）主要成就

随着斐济文学的蓬勃发展，斐济文学在小说和诗歌方面都取得了一定的成就。就小说而言，斐济作家雷蒙德·皮莱于 1974 年发表了反映印度族斐济人生活的《预备性的检查》和《等待公共汽车》；在诗歌方面，斐

---

① 约瑟夫·琼斯：《从本土文学到世界文学》，《大洋洲丛刊》第七辑，1984，第 190 页。

济诗人赛里·维拉穆以《斐济》一诗而出名，其《星期一早晨驰过街头》则为城市居民鸣不平；萨坦德拉·南丹的诗集《一个村庄的面孔》反映了印度族斐济人的困境。

这些作品大多用英语写就，也是时代紧迫感与危机感的产物，想了解斐济现实状况的人都不应忽视这些作品。同时，这些作品也反映了作者对使用英语的信心。但是语言问题在斐济还远远没有解决。尽管英语赋予了作者强大的表现力和感染力，然而使用英语的斐济作家往往被同胞疏远，英语作品也常遭抵制。乔·纳科拉在他的剧本《我不再是土人》里发掘了斐济三种语言并存的根源。他的剧本都是用标准的英语写的，但在对话中也掺进了一些斐济语和印度语词汇。这不仅是为了给语言增添色彩，更重要的是真实全面地再现了角色使用语言的实况。

在斐济，不乏受多元的民族、文化和社会背景影响的作家，他们摆脱了民族主义的束缚，获得了其他单一文化背景的作家所不具备的领悟力。雷蒙德·皮莱便是其中的一位。他生于印度－斐济家庭，信仰天主教，父亲是教师，他本人在国外受过良好教育。他认为作家应该是防止民族灾难发生的卫士，应该帮助人民缓和民族之间的紧张关系。他在《致我的养母》一诗中把斐济比作养母，哀叹民族间的分裂：

> 哦，可爱的祖国，你日渐
> 衰退，江河日下，
> 你赤身露体，皮开肉绽，一无所有，
> 你在流血，而我却不觉痛惜。
> 我怎能痛惜？我已失去那种能力。
> 我的本分是干活，不是哭泣，
> 我满脸堆笑，卑躬屈膝，
> 我泯灭自尊，强压满腔怒火。
> 总有一日，这继子要抬高嗓门，
> 那时我们都悔恨莫及。
> 物极必反。勿逼人太甚。

到那漫漫长夜，母亲，你是否会哭泣？

皮莱的另一首诗《苦力的悲歌》表达了他对当年的印度劳工和他们的后裔的深切同情：

> 我们的袖口上不佩戴
> 那颗耻辱的星。
> 难道我们要个标记
> 把犹太人当自己的姓名？
> 这冷酷的国土给我们的权利有限，
> 我们是个没有祖国的种族。
> 我们是应你们的要求而来，
> 我们是来建设你们的国土。
> 现在你们强大而自由，
> 就把我们的希望变为尘土。①

有的斐济作家认为斐济的问题主要在于印度人。詹姆士·米切纳是这样描写印度人的："斐济的印度人简直无法让人喜欢。他们多疑，报复心强，爱发牢骚，不易同化，在一个生活了几乎70年的国家里还是爱寻衅闹事的外来人。他们谁都恨，恨土著黑人，恨白种英国人，恨棕色皮肤的玻利尼西亚人，恨态度友善的美国人。他们瞧不起斐济人，不愿与他们通婚。……不能指望那些印度人来支持政府。总的说来，他们粗暴无礼，令人讨厌。一个旅游者有可能在斐济住上一个星期都见不到印度人一个笑脸。"②

乔·纳科拉的看法却不一样。他道出了要求进取、试图改变现状的斐济人的心声。《我不再是土人》里的萨缪是这样评论印度人的："你瞧瞧

---

① 雷蒙德·皮莱：《灰马》，《大洋洲文学丛刊》第10辑。
② 詹姆士·米切纳：《回归天堂》，伦敦，1956年。

那些印度人！他们始终在奋斗。你瞧拉姆德斯，十五岁拣钉子起家，现在已经有几幢高层大楼，一个大建筑公司，像他那样的人还多着呢。到银行或者别的什么办公处去看看吧，他们根本看不到人家排着长队在等候，他们到处抢先，抓住机会不放，说好话，讨价还价，弄得坐在柜台后的白人实在不耐烦了，只好让步。"①

这里的语气并不全是蔑视。相反，剧作者似乎有意赞赏印度人，希望他的斐济同胞仿效他们。纳科拉借萨缪之口继续说道："咱们要是想过得好些，也得把那一套学到手。"斐济人也意识到世界在变化，在进步，他们也想冲出封闭的小天地，跻身世界的潮流中。萨缪对他的朋友说："……我的心思都放在大事情上。世界、工会、政治、宗教，我要是能再去上学就好了，我还需要学点什么。"②

民族问题是斐济历史上遗留下来的。今天，斐济的两大民族和其他血统的人共同生活在这片土地上，他们正在建设一个新的国家。在斐济，有远见有洞察力的作家不断涌现，他们毅然抛弃旧的观念和偏见，对多元文化传统这一现实加以肯定。现在在斐济首都苏瓦的南太平洋大学任教的作家萨坦德拉·南丹就是其中之一。他的诗集《一个村庄的面孔》收入了《山的阴影》一诗。这首诗把斐济族和印度族两个民族的神话传说糅合到一起，两个民族的神同时出现在诗人的想象中。这种对双重文化的接受无疑开创了文学的新局面。

斐济与南太平洋其他国家一样，地理位置偏僻，人口密度较小，殖民者破坏了传统文化的力量，20世纪的世界大战又或多或少地扼杀了一些可能有发展前途的作家。因此，斐济的文学尚处于发展阶段，离成熟还有一段距离。但是斐济拥有斐济文化、印度文化、原宗主国英国的文化以及其他欧洲移民和中国移民的文化，这无疑是斐济文学发展的得天独厚的有利条件。上述多种文化的逐渐融合，使斐济人民的行为、思维和感受发生改变。事实证明，新一代的斐济作家是善于吸收和消化外来文化的，他们

---

① 金昭敏：《前进中的斐济文学》，《淮北煤师院学报》1991年第4期，第99页。
② 金昭敏：《前进中的斐济文学》，《淮北煤师院学报》1991年第4期，第99页。

有能力根据社会现实的需要，将外来的艺术表现手法与民族传统糅合在一起，创造出既有民族、地域特点，又具有世界性的文学作品。

（2）风格特点

斐济文学属于南太平洋文学理论家克罗柯姆提出的"南太平洋风格"。作为一个思想体系，"南太平洋风格"主要是指意识形态上形成的一个重要特征。它强调南太平洋人应该有自己的文化和自己的独特风格，并强调岛国公民在政治和经济等方面应该享有统治权和支配权。克罗柯姆认为南太平洋艺术的新发展应更多地具有文化方面的性质，地方性文学应促进两个目的：一是在本土作家的影响下，创造出一个新的大洋洲，帮助根除"殖民主义的污染"，使各岛国从西方的监控下解放出来；二是主张南太平洋国家团结一致，作为一个堡垒来抵制外来文化对本土文化的侵蚀。[①] 实际上，按照这些倡导者的观点，南太平洋风格意味着应该具有其自己的主流文化和特色，并以其自身形成一个完整的文学体系。

二　音乐与舞蹈

斐济的传统歌舞，民族特色相当深厚，而又十分普及。不论在城市还是乡村，男女老少都会跳舞。凡有重大仪式或节日，民间歌舞表演是必不可少的。在城市，青年们配以现代乐器，使传统艺术更加丰富多彩。但在各种典礼仪式上，全部是传统的歌舞。

斐济传统歌舞的特点是歌多舞少，舞蹈的表演者是男多女少。一般情况下，男女分组就地而坐进行表演，有一人领唱，然后合唱。演唱中无任何乐器伴奏，只是妇女们手持一段茶杯口粗的竹节，一面唱一面竖起竹节有节奏地打向地面，发出"嗡嗡"和"咚咚"之声，即击节之声。在一场晚会上，大部分节目就是这种曲调单一的合唱，但有时一部分男女演员会一面唱歌，一面把双手举起随着歌曲的节奏左右摇摆，同时眼睛也随之左右转动，这就是"坐舞"。在室内的庆典活动中，这种坐式的歌舞表演

---

① 苏布拉马尼：《文学和正在形成的文学中坚》，《大洋洲文学丛刊》第9辑，1985，第160页。

得最多。

至于全身动作的舞蹈，多在露天广场或田野中举行的庆典活动中表演，且男士居多。男士们一般一只手持一根木棍，另一只手拿一把草编扇子。服装当然是树叶裙，上身赤裸，面部涂成黑色。在女士坐地演唱时，男士们跳跃出场，然后随着歌声和敲击木鼓的节奏，大步飞舞。在广场上、田野中，这种15人一组的舞蹈，其活动范围足有50平方米。男士们的舞蹈体现了斐济人粗犷豪放的性格，舞蹈有的表现斐济武士英勇彪悍，战胜敌人；有的反映斐济人的狩猎生活。女士的全身舞蹈比较少，有时是5~10人一组的妇女唱着歌，手拉手或肩并肩从不同方向前进和后退，体现了女士的温柔文雅。①

在斐济，有一首流传了几百年的民歌，歌名叫《依萨勒》，是一首与亲友惜别的歌曲。其曲调略带凄楚，情意绵绵，极富感染力。1994年9月斐济总理兰布卡正式访华时，他就在李鹏总理于人民大会堂为他举行的国宴上，率领随同他访华的官员们唱了一曲《依萨勒》，赢得了全场的热烈掌声。

三 手工艺品与雕刻

1. 手工艺品

在斐济，人们制作各种各样的工艺品，如雕刻的卡瓦碗、编制的篮子和草席、制作的陶器以及帽子、扇子、果盘、树皮布织物等，虽然产品的质量不及汤加的好，不过数量却很大。库塔（Kuta）是生长于维提岛上的一种芦苇。当地人用这种芦苇编织出特色的钱包，非常漂亮。

大约3500年前，拉匹陶陶艺家（Lapita potters）把制陶技艺带到了斐济群岛。之前，纯手工制作的陶瓷制品仅供制作者自己家用或和其他人以物换物，现在也出售给游客。斐济妇女在黏土中加入了细沙，使陶瓷制成品更加结实耐用。

---

① 徐明远：《南太平洋岛国和地区》，世界知识出版社，2003，第157~158页。

2. 雕刻

斐济雕刻的造型艺术非常盛行，而且大都与对先人的崇拜有密切关系，因而形成图腾。

在斐济，雕刻艺术主要表现在器皿上，很少见到人物或动物的雕刻，器皿雕刻也都是中小型。最具代表性的是斐济的古老武器，也是斐济传统文化的精华。斐济的木制武器，选用当地出产的一种红色树木制成，木质坚硬而沉重。这种古老而精美的传统武器，不下十余种。有的形似一只莲蓬，但莲蓬头的平面上突出一枚尖硬的木钉，据说这主要是借莲蓬头状的木块重量，把木钉钉入敌人的脑袋；有的状似 V 字，是用以叉敌人脖子的；有的像只大牛角，一头小一头大，是用以打击对方腰和腿的。有意思的是，在斐济传统武器中，只有进攻型的而无防守型的，也就是只有矛没有盾。其主要原因在于斐济人勇猛顽强，进攻意识强，打起仗来，只能前进，不可后退。也许是这个缘故，就不需要盾防守了。

斐济特别是东部劳群岛的木雕，是南太平洋诸国中最精巧的木雕。

四　部落文化

斐济自古就是以部落为单位组成的国家，地理位置居中而成为南太平洋文化的十字路口。斐济人仍然保留着本身的文化，以小区取代传统部落茅屋继续生活着，每个小区拥有自己的首领，通常是由最德高望重的酋长担任，居民之间的争执都可由公开的聚会来裁决。

第三节　体育

一　体育教育

1. 概况

由于斐济原本是英国的殖民地，因此其教育体制也类似英国。虽然斐济教育部没有主管体育的部门，但其教育部的课程发展部门有专人负责体育教育。中小学均设体育课，绝大多数体育教师受训于英国，教学大纲由英国教师制定。

1970年斐济宣告独立后，于1987年脱离了英联邦，国内采取排外政策，绝大多数优秀教师纷纷出走。此后，由于政府不重视学校体育教育，不培养体育教师，体育课也被取消了。一般学校一周只安排一个小时的体育活动时间，学生仅凭兴趣参加。

20世纪80年代以来，由于斐济人的体质下降，疾病增多，越来越多的斐济人认识到体育与健康之间的密切关系，也引起了政府对学校体育的重视。从1990年开始，一些中学开设了体育课。然而，小学除国际学校外，多数学校尚未开设体育课。

体育教师的奇缺，是绝大多数学校无法开设体育课的主要原因。截至1995年，全斐济仅21人获取体育教师资格证书（其中仅7人获体育教育学士学位）。斐济教育部为了应急，曾在1989年和1990年组织了一些中学毕业生进行了一至两年的体育教师岗位培训。这些人虽未获得体育教师资格证书，但由于体育教师短缺，也就匆匆上阵。

体育场地严重不足，也是影响斐济学校体育开展的另一个重要因素。斐济到处是草坪，是玩的场地。一般学校都有各种球队及篮球场，不少学校还有网球、篮球兼用场地。可是，所有的中、小学，甚至包括南太平洋大学，都没有自己的田径场。凡是举办田径运动会，都到由中国援建的斐济国家体育场进行。每年，斐济都要分别举行中、小学田径运动会。运动员先由各学校选拔，然后，经过地区中、小学生田径运动会选拔，最后参加全国运动会。

中学体育课教学大纲由斐济教育部的课程发展中心授权体育顾问编写。大纲分两类，一类是为有资格证书的体育教师编写的；另一类则是为那些无资格证书的体育教师编写的。教学大纲列有教学目的、计划、技能、课堂组织、测试等。在为无资格证书的体育教师编写的大纲中，较详细地讲述了教师应如何上好体育课。上体育课时，灵活性很大，各学校可根据实际情况而定。有的学校只上课不测试；有的学校即使测试了，学生成绩也不记录。大纲规定学校每周应有两节体育课（80分钟）。而事实上，有的学校每周只安排一节或不安排，有的学校甚至在升学考试的那个学期，取消体育课，用于英语、数学等主课的教学。[①]

2. 南太平洋大学的体育教育

1968 年建立的南太平洋大学是一所地区性大学，也是全球仅有的区域性大学，其学校董事会由斐济与周围 11 个岛国的代表组成。然而，南太平洋大学虽然有先进完善的健身房和小体育馆，还有标准的游泳池和室外篮球场、排球场、网球场等场地，设施较完备，但这所南太地区的综合性大学，至今还未设体育专业。[②] 1993 年，南太平洋大学才开设了一门体育与运动课，1995 年增设了体育介绍课。这两门课仅仅是某些专业学生的兼学课程，以便他们毕业后，去中学也能兼任体育教师。这两门课都要考试。该大学计划五年以后建立体育运动专业，学此专业的学生必须要修满 25 门课程。

南太平洋大学成立的体育运动协会，每年在暑假举办为期 3 周的面向 8~12 岁小学生的体育运动培训班。孩子们可以学到在学校里学不到的体育技能。

目前，斐济有关部门已经意识到，通过系统培训，某些人能成为合格的体育教师或教练。因此，斐济准备建立一所体育专科学校。

虽然人们对体育这一学科开始有了认识，但是由于长期以来传统势力的影响，人们的观念难以在短时间内转变。加之，南太平洋地区的特点——慢节奏，使得体育这门学科在斐济发展缓慢。

3. 华人学校——逸仙学校的体育教育

逸仙学校是斐济唯一的一所以孙中山先生名字命名的教汉语的华人子弟学校。其中，小学部建于 1936 年，由于受整个社会环境的影响，一直没有开设体育课。一周只是安排一小时的体育活动时间。届时，学生必须穿特制的运动校服。学校副校长同时兼管体育教育工作。学校统一安排各

---

① 蒋以亮：《南太平洋岛国——斐济的学校体育》，《中国学校体育》1996 年第 2 期，第 55 页。

② 参见南太平洋大学的课程设置，http://www.usp.ac.fj/index.php?id=programs。

班的活动内容与场所，有篮球、排球、足球、垒球、游泳及田径等项目，由班主任带领，学生凭兴趣自愿参加。有少数学生由于体质、兴趣等因素，不参加体育活动。在体育活动中，教师通常采用竞赛手段，激发学生兴趣。小学每年9月举办田径运动会。每年的斐济游泳节时，学生们参加游泳比赛。

中学部建于1986年，由于校方急需建设，体育教师缺乏，所以也没有开设体育课，只是一周安排一个小时的体育活动时间。有篮球、排球、手球、羽毛球、足球、网球、乒乓球、游泳等项目，学生凭兴趣爱好自愿参加。各项活动均有一至两名擅长本项活动的教师负责组织管理。学校有两个网球场，有业余网球俱乐部，在校年度颁奖大会上，还专设最佳网球手流动奖杯。每年3月初召开校田径运动会，通过校运动会，选拔优秀选手参加地区中学生运动会。逸仙中学篮球队在斐济名列前茅。1995年校篮球队员被选入国家篮球队，参加南太平洋地区的成人运动会。

1995年，斐济教育部规定，若学校不开设体育课，将不允许学生参加斐济中学统考。因此，逸仙中学不得不聘请了一位无资格证书的体育教师上体育课。

二 体育组织

斐济体育组织主要包括斐济体育协会、斐济高尔夫球协会、斐济橄榄球联盟和斐济国家足球队。

三 体育设施与体育项目

1. 主要体育设施

（1）斐济体育中心多功能体育馆

斐济体育中心位于斐济首都苏瓦市库巴阿卜拉公园及2003年南太平洋运动会规划用地内。斐济体育中心由中方负责设计并组织施工，于2002年2月正式开工建设，2003年5月竣工，体育馆总建筑面积为6650平方米，工程造价为1.1亿元人民币。

斐济体育中心包括设有3274个座位的多功能体育馆、456人看台的游泳池和 500 人看台的曲棍球场，是迄今中国援助斐济乃至整个南太平洋地区最大的一个项目，体育设施也是目前该地区最先进的。可以满足室内球类项目及举重、拳击等比赛的使用要求，平时作展览、会议、演出等使用。

（2）斐济体育中心游泳池

斐济体育中心游泳池总建筑面积为 862 平方米，总座席数为 456 个，满足 2003 年南太平洋运动会游泳、水球比赛的使用要求。观众席座位排距为 850 平方毫米，座宽 550 平方毫米。

（3）斐济体育中心曲棍球场

斐济体育中心曲棍球场总建筑面积为 820 平方米，满足 2003 年南太平洋运动会曲棍球比赛的使用要求。观众席座位排距为 850 平方毫米，座宽 550 平方毫米。

此工程由中国与斐济合作完成。中方负责曲棍球球场主体建筑及建筑红线内的场地、道路、管线、花池等建设，斐方负责建设场地的三通一平及红线外的道路、广场、停车场、绿化及管线围墙建设。

（4）冠军高尔夫球场

自从三个大满贯获得者、前世界第一斐济本土名将、印度裔人维杰·辛格（Vijay Singh）在这里练习高尔夫球开始，斐济高尔夫球运动已经经历了漫长的发展历程。为了推动经济的发展，斐济大力发展高尔夫球运动。与其他的高尔夫球场相比，斐济的许多高尔夫球场拥有众多让人叹为观止的美景：热带雨林，陡峭的山谷和美丽的潟湖，周围懒洋洋的白色沙滩。目前斐济有三个用于举办世界巡回赛的冠军高尔夫球场，都位于维提岛。

①纳塔多兰湾球场

纳塔多兰湾球场坐落在斐济珊瑚海岸（Coral Coast），位于苏瓦与楠迪之间，是南太平洋地区首屈一指的冠军场地，距第一大岛维提岛的楠迪国际机场 40 分钟车程。它是一个标准 72 杆、18 洞的高尔夫球场，占地面积超过 6908 码。这里不仅风景秀丽，而且可在俱乐部的名人录中看到无数熟悉的名字，它恰似太平洋边的一颗明珠，因此又被称为"珍珠南太平洋港高尔夫球场"（The Pearl South Pacific Resort）。辛格的设计眼光独到，球道变化多端，既要击球过崖，又要爬坡，不少球道都是90°大转弯，着实考验球员水平。

②丹娜努高尔夫球俱乐部

该俱乐部位于丹娜努岛度假村中心，是斐济喜来登度假村所在地。由Eiichi Motobashi 亲自设计，其独特的太平洋主题与海洋生物造型沙坑相映成趣、别有风味。这里是斐济价格比较昂贵的当然也是非常高级的高尔夫球场。

③苏瓦高尔夫球俱乐部

这是斐济首都苏瓦居民最喜欢的高尔夫享受之地。预订场地是件非常难的事情，因为斐济高尔夫球俱乐部经常会举办赛事，当地人也频繁地在周末到这里娱乐。在这里可以体验到斐济的高尔夫球运动。

2. 体育项目

在斐济，无论是土著斐济人，还是印度裔斐济人，抑或是欧洲人、罗图马人等都十分热爱体育运动，其中板球、高尔夫球、橄榄球、曲棍球、篮球等都是斐济人喜爱的体育项目。

（1）板球

板球是英国传统的体育项目，在英联邦国家和原英国殖民地国家十分流行。它颇有英国情调，是很优雅的运动。比赛更像是休闲或社交活动，有的比赛要持续两天。

因为斐济原本是英国的殖民地，再加上其居民身体素质很好，既有力量又有速度，所以板球运动在斐济十分盛行。

（2）高尔夫球

"高尔夫"是荷兰文 kolf 的音译，意思是"在绿地和新鲜氧气中的美好生活"，是一种在优美环境中进行的高尚娱乐活动。因为这种体育项目设备昂贵，所以一些国家又叫它"贵族球"，高尔夫球运动已经成为贵族运动的代名词。然而在斐济，高尔夫球运动却非常普及，是典型的全民运动。

斐济也拥有许多环境优美、设施精良的高尔夫球场，甚至到斐济打高尔夫球也成了斐济政府推广休闲旅游的方式。目前，打高尔夫球已成为到斐济旅游不可不做的事情之一。

在斐济，酒店里可以没有电视机，但不能没有高尔夫球场，即使是很小的岛上也都有高尔夫球练习场，街上随处可见扛着高尔夫球用具、帐篷和整箱啤酒的游客，他们往往几天的假期都会在某一个小岛上度过。

（3）橄榄球

橄榄球是刚猛而文雅的男人运动（也有女性参加，别有情趣），它对选手的要求极高，没有强健的身体和顽强的精神是不行的。球队中，队员的体形差别极大，前锋都是高大的壮汉，后卫通常灵巧敏捷。7 人制橄榄球在斐济十分受欢迎，尤其是受到青少年的支持和欢迎。

7 人制橄榄球是从传统 15 人制的英式橄榄球中派生出来的，上下半场只有 7 分钟。相对于 40 分钟的 15 人制来说，它的时间更短，空间更大，身体接触更少，适用性也更广泛。"现代奥运之父"顾拜旦年轻的时候就深深着迷于这项运动，并亲自推动它登上 1900 年、1908 年、1920 年、1924 年和 1928 年奥运会的赛场。1896 年他还在一篇文章中形容橄榄球运动为"生活的缩影，现实生活的实验课，一流的教育手段"。国际橄榄球理事会坚称，橄榄球是最契合奥林匹克精神的运动。

（4）曲棍球

现代曲棍球运动起源于 19 世纪初的英国，并于 1908 年伦敦奥运会首次成为正式比赛项目，1928 年成为固定比赛项目，1980 年增加了女子项目。从 20 世纪 20 年代开始的 30 年间，印度几乎垄断了所有曲棍球比赛的世界冠军，夺得了 1928~1956 年共 6 届奥运会曲棍球金牌。印度曲棍球历史上一共出现过 5 个巴比尔·辛赫，第一个辛赫率领印度队 6:1 击败荷兰队，夺得 1952 年赫尔辛基奥运会男子曲棍球金牌。

作为英国的殖民地和印度人几乎占人口半数的国家，斐济人也十分喜爱曲棍球运动，曾多次参加世界男子曲棍球联赛。

（5）足球

斐济不仅是国际足联的会员国，而且还是"大洋洲足球联合会"（OFC）的会员国，先后多次参加世界杯、大洋洲国家杯的比赛。

斐济国家男子足球队绰号"彩海神鱼"，由斐济足球协会管理，在

2009 年国际足联排名中，斐济足球队排第 105 位，仅次于中国队。斐济男子足球队从 1973 年开始一直参加"大洋洲国家杯"的比赛，并且获得了较好的成绩。然而，1930～1978 年，斐济国家男子足球队从未参加过世界杯比赛。从 1982 年开始，斐济国家男子足球队才开始参加世界杯的外围赛。

①斐济全国足球联赛

斐济全国足球联赛为最高级别的斐济足球联赛，由斐济足球协会管理。斐济的主要足球俱乐部包括：巴城（镇）足球俱乐部、劳托卡足球俱乐部、列瓦（Rewa）足球俱乐部、苏瓦足球俱乐部、楠迪足球俱乐部、兰巴萨足球俱乐部、纳德罗加（Nadroga）足球俱乐部、纳乌亚（Navua）足球俱乐部、Tavua 足球俱乐部和 Nasinu 足球俱乐部等。

②大洋洲五人制男子足球锦标赛

2011 年 5 月 16～20 日，"第八届大洋洲五人制男子足球锦标赛"在斐济首都苏瓦沃达丰竞技场举行，斐济足球队获得了第五名。

③大洋洲沙滩男子足球锦标赛

2009 年 7 月 27～31 日，在塔希提举办了第三届大洋洲沙滩男子足球锦标赛，斐济队首次参加比赛即获得了第四名。

（6）排球

斐济的排球起步较晚，譬如斐济女排 2005 年才开始接触排球，也没有职业排球队员，但在 2009 年她们仍然参加了"2010 年女排世锦赛亚洲区资格赛"。在中国成都赛区的比赛中，虽然她们的成绩垫底，但这一全部由业余队员组成的斐济国家排球队仍然演绎了专业的体育精神。这对于首次参加国际排联比赛且首次出国参赛的斐济女排队员来说，实属不易。

四 国际体育交流

1. "同一亚洲·斐济国际赛"

"同一亚洲·斐济国际赛"是展示斐济作为全球最佳高尔夫旅游目的地的最好机会，不仅得到斐济政府的大力支持，而且在国际高尔夫舞台占有重要一席。澳大利亚高尔夫球锦标赛与斐济政府签订协议，斐济将在

2014~2018年连续五年举办"同一亚洲·斐济国际赛"。这将对斐济的旅游业和经济效益产生重要影响。"同一亚洲·斐济国际赛"巡回赛2014年8月14~17日在斐济纳塔多兰湾高尔夫球场举行。

2. 奥运会

2008年,受中华人民共和国邀请,斐济代表队参加在北京举办的第29届奥运会。遗憾的是,在这届奥运会上,斐济并没有获得奖牌。2012年,第30届奥运会在英国伦敦举行,斐济派出了9位运动员参加射箭、田径、柔道、射击、游泳和举重6个项目的角逐。虽然没有获得奖牌,但斐济代表团给世人留下了极其深刻的印象。尤其是斐济代表团的旗手柔道选手约萨塔基·劳鲁(Josateki Naulu),他在开幕式上不仅未穿上衣半裸入场,而且赤足在身上抹橄榄油。另外,在这次奥运会上,斐济还派出了两位女运动员,她们是马塔丽塔·布阿祖摩(Matalita Buadromo)和玛利亚·利库(Maria Liku),她们分别参加了女子100米蛙泳和58公斤级举重比赛。

不过,在高尔夫球和7人制橄榄球高票入选2016年夏季奥运会比赛项目之后,拥有高尔夫名将维杰·辛格的太平洋岛国斐济将有机会获得首枚奥运会金牌。

3. 大运会

2011年,受中国驻斐济大使馆的赞助,斐济代表团参加了在中国深圳举行的大运会。虽然斐济代表团阵容较小,仅有5名队员,但科普兰德在大运会男子标枪预赛里就投出了80.45米的好成绩,不仅打破了斐济的全国纪录,也创造了个人的最好成绩,并在决赛中以76.75米夺得了第六名。

4. 7人制橄榄球赛

斐济在7人制橄榄球比赛中,取得了不菲的成绩。2011年,在国际橄榄球理事会(International Rugby Board,IRB)最新公布的世界排名中,斐济排第15名。

2005年,斐济队获得世界杯七人赛冠军。2006年2月4日,斐济队经过鏖战,在世界7人制橄榄球赛新西兰站的比赛中,以27∶22的比分战胜南非队，获得分站赛冠军。2010 年 2 月 6 日，斐济队在世界 7 人制橄榄球赛新西兰站比赛中以 19∶14 战胜萨摩亚队，获得分站冠军。2013 年 3 月 24 日，上届冠军斐济队以 26∶19 逆转战胜威尔士队，称霸香港。2013 年，斐济在世界女子 7 人制橄榄球赛中，获得第 13 名的成绩。

2013 年怀恩担任斐济橄榄球队主教练后，先后带领斐济赢得了 2014 年 7 人制橄榄球巡回赛迪拜及东京站的冠军。

2009 年 10 月 9 日，7 人制橄榄球以 81 票赞成、仅 8 票反对的高票入选 2016 年奥运会比赛项目。对于 7 人制橄榄球和高尔夫球能够"入奥"，最高兴的或许是斐济人，因为他们在这两个项目上都有冲击冠军的实力。在此之前，斐济还没有获得过奥运会金牌。

5. 乒乓球

2011 年，经斐济国家乒协副主席、广东省海外交流协会海外理事施杰先生的联系安排，斐济乒协派出三名青年选手来广州伟伦体校训练学习，在他们结束学习即将回国之前，组队来广东省侨办、广东海外交流协会访问比赛，达到增进友谊、促进交流的目的。

第四节　新闻出版

一　报纸与杂志

1. 主要报纸

(1)《斐济时报》

《斐济时报》(*Fiji Times*) 于 1869 年 9 月 4 日在斐济当时的首都莱武卡创办，是斐济历史最悠久、发行量最大的一份报纸，单日最高发行量为 12 万份（2013 年数据）。该报曾归默多克新闻集团下的澳大利亚新闻公司所有，2010 年，通过政变上台的斐济总理姆拜尼马拉马宣布将该报收归国有，目前《斐济时报》由斐济莫迪拜集团（MOTIBAI GROUP）控制。《斐济时报》的最大竞争对手是《斐济太阳报》。据中国新闻代表团调查了解，斐济普通市民更乐于阅读《斐济太阳报》，因为相较于严肃的《斐济时报》,《斐济太阳报》更加活泼,更贴近一般老百姓的生活。

《斐济时报》(国际版)时常会刊登有关中国的文章,大多采用美联社、路透社、新华社等大型通讯社的报道。曾经访问过中国的记者,对华态度友好,对华报道也较客观和公正。

(2)《斐济每日邮报》

《斐济每日邮报》(*Fiji's Daily Post*)于 1974 年由坦妮拉·布里阿(Taniela Bolea)创办,1987 年 10 月由威姆·瓦坎尼萨尼(Wame Waqanisanini)接管,2010 年因被指责仅为土著斐济人的利益服务而被迫停刊。

(3)《斐济太阳报》

《斐济太阳报》(*Fiji Sun*)创刊于 1999 年 9 月,隶属于斐济的太阳新闻有限公司[Sun(Fiji)News Limited],是当地发行量最大的英文报纸之一。《斐济太阳报》报道内容广泛,覆盖经济、娱乐、时事、体育等领域。该报的发行人是澳大利亚人罗素·亨特(Russell Hunter),虽然《斐济太阳报》在其网站上一直宣称它属于斐济的全体国民,拥有 92 名正式雇工,然而 2008 年,罗素·亨特却因"威胁国家安全"被临时国防部长加尼劳驱逐出境。目前,《斐济太阳报》已有网络版,通过该网站我们可以及时浏览斐济最新信息,其网址为 http://www.fijisun.com.fj/。

(4)《斐济日报》

《斐济日报》是斐济的第一份中文报纸,创刊于 2001 年,隔日全国发行,每日八版,经过多年的发展,目前已经覆盖南太平洋的斐济、瑙鲁、汤加、图瓦卢、瓦努阿图等多个岛国。

(5)《斐济华声报》

《斐济华声报》与《斐济日报》一样,也是中文报纸。

(6)《新黎明报》

2009 年 6 月,斐济新闻部正式发行官方报纸《新黎明报》(*New Dawn*),两周一期,旨在帮助斐济民众了解政府政策以及经济、社会建设计划和项目。

2. 主要杂志

斐济的主要杂志是《岛国商务》和《太平洋岛屿》，其中《太平洋岛屿》为月刊，在太平洋岛国地区发行，发行量约1万册。

二 广播与电视

1. 广播电台

斐济广播电台是由澳大利亚AWA公司的子公司斐济广播公司于1935年在苏瓦创办的。1985年，斐济全国性的广播公司——斐济广播有限公司（Fiji Broadcasting Corporation Limited）成立，通过斐济语、印地语和英语向各地广播。它在苏瓦有两间播音室及发射机房，其中有一部500W发射机。

目前，斐济有6个电台，即斐济1台、斐济2台、斐济3台、98调频台、104调频台及西部电台，拥有12个发射台和11个播音室。广播节目主要是在苏瓦播音室制作，通过FPTL线路传送到发射台。

近年来，斐济电台实行计算机化，更新传输设备，扩大英语节目播送范围。

技术部拥有合格的工程师和技术员，他们不但承担开发工作和日常工作，还向太平洋地区的其他电台提供咨询服务。这些人员也向当地政府部门和私营机构提供类似咨询和维护业务。

2. 斐济电视台

斐济电视台（Fiji TV）由新西兰电视公司、斐济开发银行和私人股东于1993年底成立，是斐济唯一的电视台，2012年有工作人员（包括记者）110余人，拥有3个频道节目。2005年设立面向太平洋岛国地区的太平洋天空卫星电视节目服务部。其网站为http://fijione.tv/。

3. 斐济媒体如何报道中国

斐济对其他太平洋岛国有较强的辐射力，首都楠迪不仅是该国著名旅游胜地，而且也是南太平洋地区重要交通枢纽之一，是汤加、萨摩亚、巴布亚新几内亚等国出行的中转站。

南太平洋地区有14个岛国接收斐济电视一台的新闻。由于斐济媒体记者多由西方培养，因此在思维方式上受殖民文化影响较大。不过随着中斐友好交流的深入，斐济新闻界也有不少有识之士认识到应当努力破除西方媒体对中国的妖魔化。

设在斐济首都苏瓦的"太平洋岛国新闻协会"有 21 个成员国的媒体会员，也有个人会员和自由撰稿人等。协会协调整个地区的新闻、出版。协会成员采集的新闻在同一平台上发布，会员缴纳会费，信息共享。协会负责为成员提供培训，开展业内国际合作等。斐济和其他太平洋岛国关于中国的新闻报道大多源自新华社，"太平洋岛国新闻协会"与新华社定期交换新闻，还参加了总部设在马来西亚的亚太广播联合会，通过这个平台获取部分中国新闻。在电视上，鲜有直接来自中国大陆的画面。

自从 2006 年政府发生更迭之后，斐济新政府鼓励媒体在报道中将国家利益放在政治和商业利益之上。斐济新闻部常秘（常务副部长）莱文尼认为，斐济应坚持自己的思路和运作方式，并从中国学习更多的发展经验。①

三　主要网站

1. 斐济网

随着互联网深入各国社会生活的各个方面，传统媒体数字化、网络化已是大势所趋。《斐济日报》在经营困难的情况下，筹集资金，建立网站。2014 年 1 月 26 日，《斐济日报》旗下网站斐济网启动仪式在斐济苏瓦中华俱乐部举行。斐济网是一个专业权威、精准便捷、开放互动的信息平台，设有斐济新闻、中国新闻、留学、体育、购物、投资、移民、领事通知、旅游等栏目（网址：http：//www.netfiji.com），是我们及时了解斐济信息的良好渠道。

2. 斐济乡村网

斐济乡村网是斐济综合门户网站，网站提供有关斐济新闻、体育信息、电台广播、相册、社区服务等内容（网址：http：//fijivillage.com/）。

---

① 唐宁：《澳大利亚、斐济媒体如何报道中国》，http：//news.xinhuanet.com/zgjx/2010 - 01/21/content_ 12848231_ 1. htm。

3. 斐济生活网

斐济生活网是斐济最大的综合门户网站之一，成立于1999年，提供新闻、交友、求职、房地产、电子目录等众多服务（网址：http://www.fijilive.com/）。

4. 斐华网

斐华网（Fiji Chinese）是斐济的华人网站，由《斐济华声报》创办，其全部资料来源于报纸和各华人社团（网址：http://www.fijichinese.com/）。

5. 斐济广播有限公司网站

斐济广播有限公司是斐济全国性的广播公司，成立于1985年，经营六个电台，通过斐济语、印地语和英语播出的电台各有两个，此外还提供免费电视服务，重点关注斐济人每天面临的问题（网址：http://www.fbc.com.fj/）。

6. 斐济中文网

斐济中文网主要包括斐济新闻、斐济华人新闻和斐济华人社区三大板块，是华人了解斐济的重要渠道（网址：http://www.fijicn.com/index.html）。

第八章

外　交

第一节　简史

斐济是南太平洋岛国中外交较为活跃的国家，传统上受澳大利亚和新西兰的影响较大，同时与南太平洋岛国保持密切的关系。

1987～1991年，由于接连发生两次政变，斐济对外关系出现波折。1987年政变后，兰布卡上校在国内实行所谓的"内部安全条例"，政变当局借口发现走私武器而扩大其逮捕和拘押的权力，使其与西方国家和一些南太平洋岛国的关系骤然紧张。1987年10月，斐济的英联邦成员国资格被中止，澳大利亚、新西兰、英国和美国的对斐援助也因此而中断。1988年11月，兰布卡宣布停止执行"内部安全条例"，上述各国开始全面恢复与斐济的正常关系。澳英两国均改变了只承认国家不承认政府的态度，新西兰政府也决定恢复对斐济的援助。

1988年2月，位于斐济首都苏瓦西北方向的罗图马岛上的波利尼西亚族人宣布罗图马岛脱离斐济独立，同时拒绝承认兰布卡上校成立的斐济共和国的合法地位，宣誓将继续效忠英国女王和英联邦。而后，罗图马地方当局呼吁新西兰、澳大利亚和英国政府对罗图马给予政治、经济、军事的紧急援助，但未获得积极响应。兰布卡上校立即派斐济军队前去弹压，并迅速平息了分离运动。为了安抚罗图马岛的波利尼西亚人，斐济新政府承诺尊重该岛人民的合法权益并给予该岛法定的自治权，斐济新宪法还专门规定国会众议院设10个罗图马岛议席，但该岛居民与斐济中央政府之间的矛盾仍未最终解决。

近年来，斐济提出"向北看"战略①，积极发展同亚洲、中东各国的关系。目前，斐济是联合国、英联邦、世界贸易组织、太平洋岛国论坛②、太平洋共同体、美拉尼西亚先锋集团、非加太集团③的成员，已经与130多个国家和地区建立外交关系，驻外使领馆、高专署、贸代处、驻国际组织代表团共19个，外国常驻斐济使馆、高专署和国际组织驻斐办事处有41个。

第二节　与澳、新及其他南太平洋国家的关系

一　与澳、新的关系

1. 传统关系密切

斐济与澳、新有着传统的密切关系。其中，澳大利亚是斐济最大的投资来源国，每年有30多万澳大利亚人前往斐济，有5万斐济人在澳大利亚生活和工作。

澳、新不仅是斐济最重要的贸易伙伴，而且也是斐济的第一和第三大援助来源国。澳、新与斐济互设使馆。根据《南太平洋区域贸易和经济合作协定》，除糖和服装等少数商品外，斐济向澳、新出口单方面享受免税或无限制市场准入待遇。

然而，2006年12月5日，姆拜尼马拉马发动政变、推翻恩加拉塞总理领导的民选政府并解散议会后，斐济与澳、新的关系开始出现裂痕。2007年1月4日，斐济成立了以姆拜尼马拉马为总理的临时政府（过渡政府）后，作为斐济主要援助国和贸易伙伴的澳大利亚和新西兰，不但不支持姆拜尼马拉马的临时政府，反而一直谴责由他发动的军事政变，呼

---

① 有的也称之为"北向战略"。

② 自1987年军事政变以来，斐济曾多次失去英联邦和太平洋岛国论坛成员国的资格。

③ 非洲、加勒比和太平洋国家集团（Group of African, Caribbean and Pacific Region Countries, ACP Group）的简称。

吁斐济临时政府尽快组织大选，并宣布对斐济实施制裁，另外还向斐济临时政府成员发出了旅游禁令。因此，斐济与澳、新两国之间的矛盾愈益激化，多次发生互相驱逐外交官的事件。

2. 政变后多次互相驱逐外交官

（1）新西兰制裁斐济

1987 年斐济政变后，新西兰认为政变夺权不符合斐济宪法，打破了南太平洋地区的平静，拒绝承认斐济新政府，并采取冻结部长级官员互访、停止经济援助、中止军事合作等制裁措施，以迫使斐济恢复立宪政体。斐济新政府不满新西兰的做法，谋求同法国、马来西亚等国发展关系，并提出南太平洋岛国应减少对澳大利亚和新西兰的依赖，丢掉澳新"后院"的标杆。新西兰为保持对南太平洋岛国的传统影响，自 1988 年起调整政策，对斐济新政府采取事实上承认的态度，逐步取消上述制裁措施，1992 年，两国关系恢复正常。①

新西兰与斐济关系的恶化始于 2006 年 12 月 5 日。斐济军方总司令姆拜尼马拉马采取行动推翻了恩加拉塞领导的政府。新西兰对此表示反对，并宣布对斐济实施一系列制裁。姆拜尼马拉马就任斐济过渡政府总理后，两国关系进一步恶化。

（2）2007 年 6 月斐济驱逐新西兰高级外交专员

2007 年 1 月，斐济过渡政府成立以后，新西兰不仅谴责此次政变不民主并且违法，而且其总理克拉克宣布中断与斐济的军事关系，禁止斐济军方高官及其家属入境，并呼吁斐济军政各方在法律框架内缓解对抗。此后，斐济和新西兰关系进一步冷淡。

6 月 14 日，斐济政府发表声明，称新西兰驻斐济的高级外交专员迈克尔·格林（Michael Green）为"不受欢迎的人"，"干涉了斐济国内事务"，因此遭到驱逐，但同时也表示新西兰可以派一位新的高级外交专员来斐济。另外，声明也明确表示，此事是斐济和新西兰之间的事，与斐济和其他国家的关系无关。

---

① 钱其琛主编《世界外交大辞典》M～Z（下册），世界知识出版社，2005，第 2184 页。

驱逐事件发生后，新西兰政府对此表示强烈不满，认为驱逐高级外交专员不是两国之间处理关系的正确方式，这对任何国家而言都是非常严重的事件。新西兰总理克拉克指责斐济的行为完全不可接受，她表示："当一个政府故意像这样加剧两国关系紧张的时候，你不知道下一步会发生什么。"新西兰外交部部长温斯顿·彼得斯则表示，斐济的行为完全"没有道理"。

作为斐济和新西兰的"邻居"，澳大利亚对此事的反应显然深受国际社会关注。澳大利亚外交部部长亚历山大·唐纳（Alexander Downer）在接受新西兰媒体采访时表示，澳大利亚对斐济的这一举动感到不安，并深表遗憾。他同时表示："我们当然要支持新西兰。"

（3）2008年12月斐济和新西兰互相驱逐高级外交官

2008年12月23日，斐济过渡政府宣布新西兰驻斐济代理高级外交专员卡罗林·麦克唐纳（Caroline MacDonald）为"不受欢迎的人"，并令其限期离境。新西兰政府当即采取报复措施，宣布斐济驻新西兰高级外交专员波萨米·切蒂也是"不受欢迎的人"，并将其驱逐出境。斐济与新西兰两国之间的外交龃龉顿时升级为外交事件。

对于驱逐新西兰高级外交官的原因，斐济过渡政府总理姆拜尼马拉马表示，麦克唐纳多年来从事与其外交官身份不符的工作且不与斐济政府合作，因此将其驱逐出境。对此，新西兰外交部部长麦卡利表示否认。他认为斐济过渡政府此举是报复性行为，对此并不感到意外。

新西兰方面则表示，斐济过渡政府迟迟不采取行动进行民主选举是此次事件升级的根本原因。尽管对麦克唐纳被驱逐表示不做评论，但新西兰总理约翰·基（John Key）表示，"新西兰传递给斐济的信息非常明确"，任何属于斐济军方或者与军方有关的人员都将无法获得签证，新西兰"无意解除这方面的旅行制裁"。

两国外交风波升级的导火线是新西兰政府拒绝为一名斐济高官的儿子办理签证延期，致使该名学生无法正常完成在新西兰的学业。斐济过渡政府认为，新西兰对于过渡政府及军方的家人进行旅行制裁有失公允，希望新西兰能够解除自2006年斐济军事政变后新西兰对斐济进行的旅行制裁。

斐济过渡政府总理姆拜尼马拉马警告说，如果新西兰不为这名学生延长签证，斐济将驱逐新西兰驻斐济代理高级专员。新西兰政府随后拒绝了斐济的要求，表示不会更改原来的决定。

新西兰外交部部长默里·麦卡利认为，新西兰和斐济两国互相驱逐高级外交官的举动是"非常严重"的事件。他说，新西兰政府目前没有考虑另派代表前往斐济，新西兰政府需要"一些时间"来评估两国目前的关系状况后再做决定。

舆论认为，斐、新两国互逐高级外交官的举动将使两国关系再度急剧恶化，斐济将因此举在南太平洋地区陷入更加孤立的境地。在第40届太平洋岛国论坛会议中，敦促斐济过渡政府尽快进行民主选举成为主要议题。

（4）2009年11月再次驱逐澳、新外交官

后来，斐济高等法院女法官阿尼亚拉·瓦蒂的儿子因患有重病，需前往新西兰医院进行治疗，但瓦蒂在向新使馆申请医疗签证时遭到了拒绝，斐济临时政府认为这简直就是对瓦蒂本人和斐高等法院的羞辱。更为严重的是，澳大利亚拒绝向同意在斐司法系统任职的斯里兰卡法官发放过境签证，澳大利亚的做法实在是有公然破坏斐济司法系统的人事安排的嫌疑。

姆拜尼马拉马认为，"这些事件说明，他们（澳大利亚政府和新西兰政府）一直在企图破坏斐济的司法独立和尊严"，"确保斐济的司法独立和尊严不受任何外国政府的破坏是本届政府的职责所在。我们必须维护国家的主权，并为此而感到骄傲和自豪"。因此，他命令斐济外交部向澳大利亚和新西兰政府分别发出照会，要求他们在24小时内撤走外交使团。同时，也将召回斐济驻两国的大使。

2009年11月3日，斐济临时政府总理姆拜尼马拉马在首都苏瓦发表声明，要求澳大利亚和新西兰驻斐济外交官24小时内离境，理由是澳、新两国干涉斐济内政。随后，澳、新亦宣布驱逐斐济驻澳、新外交机构负责人。

（5）2010年斐济再次驱逐澳大利亚外交官

2010年7月，由于斐济领导人原本计划召开的美拉尼西亚先锋集团5

个成员国会议遭到了澳大利亚的反对，再加上澳大利亚呼吁其他邻国不要在会议上会见斐济政府人员等举动，激起了斐济领导人的不满。13 日，斐济政府发表声明，以涉嫌"干涉斐济内政及做出不友好的行为"为由，决定将澳大利亚驻斐济代理高级专员罗伯茨（Sarah Roberts）驱逐出境。斐济临时政府外交、民航与国际合作部部长萨拉·长拉图·伊诺凯·昆布安博拉称罗伯茨是"不受欢迎的人"，"她被驱逐令人遗憾"，"这是她干预斐济内部事务、从事不友好活动的直接后果"。昆布安博拉还指出："斐济一直承受来自澳大利亚的不恰当压力，（我方）对它滥用经济、政治等方面的影响感到沮丧。"

虽然澳大利亚外长史密斯认为斐济驱逐澳大利亚外交官的决定"既令人吃惊又毫无道理"，他对此感到十分失望，但同时也表示这次澳大利亚不会像 2009 年一样，驱逐斐济外交官来报复。① 新西兰外交部部长默里·麦卡利则声援澳大利亚，称斐济驱逐澳大利亚外交官会破坏斐济临时政府的国际形象，延缓斐济经济复苏步伐，并在各个层面产生负面作用。

3. 澳、新恢复与斐济外交关系

为了修复双方关系，2010 年以来，澳大利亚、斐济两国外长进行了两次单独会晤，澳、新两国外长 2011 年 2 月在堪培拉与斐济外长举行"私人会晤"。

2012 年 7 月 30 日，澳大利亚外交部部长鲍勃·卡尔（Bob Carr）与斐济、新西兰外长举行了三方会谈。卡尔表示，澳大利亚将向斐济派遣自 2009 年斐济发生宪法危机以来的第一位常驻高级专员，并同意对向斐济实施的旅行限制采取更为灵活的态度。② 这是 2009 年澳大利亚与斐济断交后的一次重大转变，因为英联邦国家之间互派的高级专员相当于特命全权大使。

---

① 《斐济驱逐澳大利亚外交官　称其干涉内政》，中国新闻网，2010 年 7 月 13 日，http：//www. chinanews. com/gj/2010/07－13/2398268. shtml。

② 中山大学大洋洲研究中心：《大洋洲研究通讯》2012 年第 1 期，http：//ntdgyj. lcu. edu. cn/kindeditor－4. 1/attached/file/20130228/20130228100703_ 67532. pdf。

12月15日，澳大利亚外交部部长卡尔宣布，任命现任澳驻俄罗斯大使玛格丽特·图米（Margaret Tumi）为新任驻斐济大使。这是澳大利亚2009年和斐济互逐外交官后重新向该国派遣大使。卡尔在一份声明中说："我欢迎斐济最近迈向民主的行动……尽管还有很长的路要走，但最近（斐济方面）的行动值得得到（外交）承认。"

4. 与澳、新的经贸关系

（1）澳大利亚向斐济服装业提供技术支持

2003年8月，斐济总理和澳大利亚总理霍华德进行互访之后，霍华德说，澳大利亚将为斐济的服装业提供真正的技术援助，帮助斐济的服装业更加具有国际竞争力。霍华德说，澳大利亚将在世界贸易组织的规定内，尽可能地为斐济的服装业提供帮助。

（2）澳大利亚开始向斐济出口活牛

2008年1月，斐济金鸽（Golden Dove）投资公司与澳大利亚超级牛肉（Action Super Beef）公司达成协议成立合资企业，从澳进口活牛在斐济饲养、宰杀，为斐济国内市场供应新鲜牛肉，缓解长期以来牛肉供不应求的局面。斐济农业部部长对该项目给予积极肯定。这也是斐济历史上第一次进口活牛。斐澳双方动植物检验检疫部门对检疫问题进行紧密磋商。[1]

（3）澳大利亚成为斐济唯一的蜂蜜进口来源国

2008年7月，斐济动物卫生部门表示，斐济将从澳大利亚进口蜂蜜，这也是斐济政府目前批准的唯一一个蜂蜜进口来源国。该部门负责人Chand先生表示，双方谈判双边检验检疫协定，所有的质量条件都将符合世界动物卫生组织的相关条例。他指出，控制进口来源国，是为了保证斐济动物卫生安全，严防任何疫病进入，同时也是为了保护当地蜂蜜生产业。[2]

（4）澳、新向斐济提供紧急援助

2010年3月14日深夜，飓风"托马斯"开始袭击斐济北部瓦努阿

---

① 《斐济将从澳大利亚进口活牛》，http：//www. cqn. com. cn/news/zgjyjy/189846. html。
② 《斐济将从澳大利亚进口蜂蜜》，http：//nc. mofcom. gov. cn/news/5046677. html。

岛，随后逐渐向南移动。风速最高达每小时 270 公里，瓦努阿岛附近海域海浪一度高达 7 米。由于斐济全国灾害管理办公室早在 12 日就发布了飓风预警，全国所有学校几天来一直关闭，政府机构也停止办公，因此飓风没有对包括首都苏瓦在内的斐济大部分地区造成严重损失。尽管如此，飓风还是使斐济的许多房屋严重受损，约 1.7 万名居民撤离家园，前往临时避难中心栖身。斐济政府在 16 日还宣布受灾的北部和东部地区进入"灾难状态"。

灾害发生后，澳大利亚和新西兰率先表示积极提供援助。3 月 17 日，新西兰外长麦卡利宣布，新西兰决定向遭受飓风"托马斯"袭击的斐济提供 100 万新西兰元（约合 71 万美元）的紧急援助。当天，新西兰空军一架"大力神"运输机满载救援物资飞抵斐济首都苏瓦，同时这架飞机还在灾区执行空中勘察任务。

同一天，澳大利亚政府也宣布向斐济提供 100 万澳元（约合 92 万美元）的紧急援助，并派一架军用运输机运送救灾物资到斐济。

（5）斐澳、斐新贸易概况

2007 年，斐澳贸易额 20.8 亿斐元，其中斐济出口 12.6 亿斐元，进口 8.2 亿斐元；斐新贸易额 5.826 亿斐元，其中斐济出口 7140 万斐元，进口 5.112 亿斐元。2009 年，斐澳贸易额 8.15 亿斐元，斐济出口 1.95 亿斐元，进口 6.2 亿斐元；斐新贸易额 5.27 亿斐元，斐济出口 0.82 亿斐元，进口 4.45 亿斐元（见表 8 - 1）。

表 8 - 1　2007 ~ 2009 年斐济与澳新贸易概况

单位：亿斐元

年度		贸易额	出　口	进　口
2007	斐济与澳大利亚	20.8	12.6	8.2
	斐济与新西兰	5.826	0.741	5.112
2009	斐济与澳大利亚	8.15	1.95	6.2
	斐济与新西兰	5.27	0.82	4.45

5. 其他问题

（1）澳大利亚高级专员在斐济遭抢劫受伤

澳大利亚驻斐济高级专员詹妮弗·洛森①是一名资深女外交官，1976 年加入澳大利亚外交部。她曾担任澳大利亚驻斯里兰卡和津巴布韦外交官。1993～1995 年，洛森担任澳大利亚驻汤加高级专员一职。高级专员是英联邦各成员国之间互相派遣的外交代表，与大使地位相当。

2005 年 1 月 8 日早晨，当洛森独自一人在苏瓦街头慢跑时，一名斐济男子突然出现在她身边，将其脸部打伤，并抢走了她身上的一部 CD 播放机。洛森虽然脸部严重受伤、下颌骨折，但她当时的意识非常清醒。一个医疗小组当天晚上将洛森空运到悉尼一家医院，洛森在那里接受了脸部外科手术。事后，斐济警方逮捕了一名袭击嫌犯，但调查后发现，此人与凶犯特征并不完全吻合。调查工作随后因警方找不到有效线索不了了之。

（2）斐济不满澳大利亚移民政策

2013 年 7 月 19 日，澳大利亚总理陆克文颁布新移民政策，规定所有到澳大利亚寻求庇护的船民先送往巴布亚新几内亚的难民管理中心，如果符合联合国难民公约认可的难民资格，他们将被长期安置在巴岛。对此，斐济外长昆布安博拉对此指责说，澳方在未经与他国协商的情况下擅自做出决定，此举"震惊"斐济。他在澳大利亚布里斯班出席活动时说："澳政府一意孤行地把自己面临的、其实也是自己制造的烂摊子，扫入别人家门内，我们无法坐视不理。这项新政策不过是再一次反映了澳政府一贯的行事作风：'不考虑别人的处境、墨守成规且霸道、傲慢。'"这番话过后被上传到斐济的官方网站。②

---

① 《澳大利亚高级专员在斐济遭抢劫受伤》，http://www.people.com.cn/GB/42510/43027/43202/43203/3111900.html。

② 《斐济外长批评澳大利亚将难民负担转嫁给邻国》，环球网，http://world.huanqiu.com/exclusive/2013-07/4188698.html。

二 与其他南太平洋岛国的关系

1. 与巴布亚新几内亚的关系

（1）巴布亚新几内亚食人部落为祖先暴行道歉

食人行为在南太平洋很多地区很常见——斐济就曾以"食人岛"闻名，过去曾有数十名欧洲传教士被充满敌意的岛民杀害。

1878 年，斐济 1 名官员和 3 名传教士在巴布亚新几内亚一个小岛上传教时，惨遭当地托来人（Tolai）部落的屠杀。在当地食人族首领的命令下，他们被杀死，接着被投入锅中煮熟、吃掉。4 名斐济人是英国著名传教士乔治·布朗的手下。布朗的大半生都在南太平洋游历，传经布道。乔治·布朗曾在书中描写了他去南太平洋地区一个村庄传教时的见闻。布朗在书中描述道，他看到一间小屋椽子上挂着 35 个熏黑的人的下颚骨。布朗还告诉英国皇家地理学会："同一间屋子里还挂着熏干的人手。外面的椰子树上有 76 个 V 形凹口。当地人说，一个 V 形凹口代表一个在那儿被煮熟吃掉的人。"

即便如此，当布朗得知他的 4 个手下被食人族吃掉时依旧惊讶万分。他写道："他们之所以惨遭毒手，仅仅因为他们是外国人，当地人杀死他们的理由很荒唐，就是想吃他们的肉，抢夺一点财物。"后来，布朗同意对食人族发动"惩罚性"行动，命人在布兰奇海湾展开报复，放火烧毁了几个部落村庄和木制独木舟。

布朗的报复行为引起了媒体的猛烈抨击，尤其是澳大利亚媒体。澳大利亚一家报纸称："如果传教活动会引发报复冲突，进而发展成种族灭绝战争，那么从野蛮之地撤出传教活动，可能是最好的办法。"一年后，英国当局对布朗展开正式调查，最后宣布布朗无罪。

2007 年 8 月 15 日，巴布亚新几内亚一个食人族部落为祖辈在 19 世纪吃掉了 4 名斐济人的行为道歉。数千名村民出席了在巴布亚新几内亚东新不列颠岛首府拉包尔举行的和解仪式，托来人部落首领就他们祖先的食人行为，向斐济驻巴布亚新几内亚的高级代表拉图·伊斯奥·迪克卡致歉。迪克卡在接受道歉时说："我们对此深受感动，希望我们结束历史分歧之后，能给你们带来得到原谅的最大愉悦。"①

（2）巴布亚新几内亚收购斐济殖民银行

2009 年底，巴布亚新几内亚南太平洋银行收购斐济殖民银行，② 成为南太地区规模最大的银行。

（3）巴布亚新几内亚与斐济签署合作协议

2013 年 4 月 16 日，沃达丰斐济公司和巴布亚新几内亚 Bemobile 公司签署合作协议，巴布亚新几内亚和斐济两国总理参加了签约仪式。

Bemobile 公司后更名为沃达丰 Bemobile 公司，巴布亚新几内亚独立公共商业公司注资 8820 万美元，持有 51% 股权，斐济国家储备基金注资 9190 万美元，持有 40% 股份。根据协议，Bemobile 公司有权在巴布亚新几内亚和所罗门群岛使用沃达丰商标，沃达丰斐济公司将承担 Bemobile 公司的管理工作。

Bemobile 公司董事长称，未来两年，Bemobile 公司将在巴布亚新几内亚和所罗门群岛集中投资，增加网络设备和工作人员。新的基础设施建成后，巴布亚新几内亚和所罗门群岛的移动通信有望得到显著改善。③

2. 与萨摩亚的关系

萨摩亚与斐济的频繁交往从人名、地名、头衔和传说中也可以得到证明。据说，萨摩亚文身和制造双排船的技术均来自斐济。

萨摩亚、汤加和斐济之间交往频繁的重要表现之一是通婚，这既有地理上的原因，也有争取战争盟友等政治因素。在旧时代，国家、部族之间常常通过婚姻来达到特定的政治目的，通婚建立了亲缘关系，还建立了重要的战略同盟，扩大了势力，提高了地位。萨摩亚首位女王萨拉马西娜就因其家族与各大家族，甚至与汤加和斐济都有亲缘关系而登上

---

① 凌子：《巴布亚新几内亚：食人族部落为祖先暴行道歉》，http://news.cctv.com/world/ 20070825/100127.shtml。

② 《巴布亚新几内亚南太平洋银行收购斐济殖民银行》，中华人民共和国驻斐济大使馆经济商务参赞处，http://fj.mofcom.gov.cn/aarticle/jmxw/200910/20091006545585.html。

③ 《沃达丰斐济公司接管巴新 Bemobile 公司》，中华人民共和国商务部，http://www.mofcom.gov.cn/article/i/jyjl/l/201304/20130400091902.shtml。

王位的宝座。萨摩亚人至今在婚姻方面仍非常注重对方的社会地位。萨摩亚与汤加通婚比例高还有语言方面的原因，过去两者语言几乎是一样的。

斐济位于萨摩亚的西南方向，地理位置决定了它与萨摩亚的通婚比例较汤加低，加上斐济属于美拉尼西亚，因此两国现在通婚现象越来越少。

第三节　与欧盟及其他国家的关系

一　与欧盟的关系

欧盟是斐济蔗糖和农产品的主要出口市场和斐济游客及投资的重要来源地。根据《洛美协定》和《科托努协定》，欧盟以3倍于国际市场的价格购买斐济的蔗糖，每年斐济蔗糖的70%销往欧盟。斐济在比利时和英国设有使馆，法国、英国、欧盟在斐济设有使馆。2006年12月斐济政变后，欧盟要求斐济尽快恢复民主、人权和法治，否则将影响欧盟向斐蔗糖业改革提供援助。2009年5月，欧盟委员会宣布，因没有迹象表明2009年斐济能够有一个合法的政府进行管理，该委员会决定取消2009年对斐济的食糖配额。

（1）1975年《洛美协定》

《洛美协定》是非加太集团与欧盟（当时的名称还是欧共体）之间进行对话与合作的重要机制，也是迄今最重要的南北合作协定，欧盟一直通过该协定向非加太集团成员国提供财政、技术援助和贸易优惠等。斐济是该协定的重要成员国。

2000年2月，非加太集团和欧盟就第五期《洛美协定》达成协议，并于同年6月23日在贝宁首都科托努正式签署，改称《非加太地区国家与欧共体及其成员国伙伴关系协定》，简称《科托努协定》（Cotonou Agreement）。经欧盟15国和非加太集团76国政府的正式批准，《科托努协定》自2003年4月1日起正式生效。

《科托努协定》有效期 20 年，每 5 年修订一次，包括政治对话、贸易与投资、为促进发展而进行的合作三方面。主要内容是欧盟向非加太国家提供经济援助，双方进行全面政治对话，及时解决在消除贫困和防止地区冲突方面的问题，扩大经贸合作以及进行财政援助改革等。加强政治对话是协定的重要方面，对话涉及诸如人权、民主及善政等问题。在贸易及发展方面，协议执行头 5 年的金额将达到 160 亿欧元。根据协定，欧盟和非加太地区将签署一系列经济伙伴协议，制定贸易和投资新框架，通过贸易和区域一体化减少贫困现象、保持可持续发展态势并加快非加太地区融入世界经济的步伐。

（2）欧盟谴责斐济政变

2006 年 12 月 5 日，斐济武装部队司令姆拜尼马拉马宣布军方接管政府并控制全国后，欧盟轮值主席国芬兰发表声明，谴责斐济当天发生的军事政变，强烈反对斐济军方接管民选政府的权力。声明要求斐济军方停止采取破坏斐济民主进程的行动，并让位于民选政府。呼吁斐济各方通过各种渠道进行对话，以解决斐济当前的危机，使局势恢复稳定。

2006 年 12 月 11 日，在布鲁塞尔召开的欧盟外长会议就斐济局势通过决议，谴责斐济军事政变。决议说，欧盟理事会谴责斐济军方发动政变，推翻并接管民选政府。欧盟理事会对斐济武装部队司令姆拜尼马拉马废黜政府总理的行为表示遗憾。决议要求紧急并全面恢复斐济民主秩序。

（3）欧盟推迟对斐济的多边援助计划

由于斐济 2006 年 12 月发生军事政变，导致总金额高达 4 亿斐元[①]的欧盟对斐济多边援助计划推迟。该援助是否继续实施将取决于斐济临时政府能否兑现 2007 年 4 月 18 日与欧盟达成的关于人权、法治及民主方面的承诺。欧盟驻斐济使团宣布的 4 亿斐元援款具体安排如下。

第一，正在实施的欧盟第 9 个发展基金计划中的约 4400 万斐元中，3670 万斐元用于斐济教育部门学校兴建计划，180 万斐元用于已批准签字的国家公民选举培训计划，其余 550 万斐元用于固体垃圾处理项目。

---

① 1.6 斐元 = 1 美元。

第二，对斐蔗糖业改革计划的 2.741 亿斐元中，890 万斐元用于已批准但尚未签约的蔗糖业项目，该项目资金来源于 2006 年蔗糖业改革基金。其余约 2.652 亿斐元用于在 2007～2013 年帮助斐济适应经济全球化和向欧盟出口蔗糖的价格补贴，该援款包括已确定的用于 2007～2010 年的 1.326 亿斐元，以及 2011～2013 年计划中的等额款项。此外，由于斐济能根据蔗糖协定（Sugar Protocol）将大部分蔗糖以大大高于国际市场价格向欧盟出口，斐济暂时将继续会从额外收入中获利。据估计，斐济 2006 年额外收入获利额高达 1.1 亿斐元。

第三，2008～2013 年未来发展援助（欧盟第 10 个发展基金计划）中，激励部分为 1700 万斐元。至于其他非洲、加勒比及太平洋蔗糖生产国，后续激励援款的提供则取决于其政治建设达标与否。上述对斐济的援款计划磋商于 2006 年 12 月 5 日政变后中断。

此外，斐济还可从欧盟对所有太平洋蔗糖生产国的地区援助计划中受益。根据该计划，欧盟第 9 个发展基金计划总金额为 8620 万斐元，2008～2013 年欧盟第 10 个发展基金计划为 1.69 亿斐元。同时，斐济也可以获得诸如人权、环保、供水、公民社区及能源等单项援助资金。这些资金分别来自"非洲、加勒比及太平洋蔗糖生产国内部计划"（Intra-ACP Programmes）、企业发展中心（CDE）及欧洲投资银行等。

（4）斐济罐装鱼不符合欧盟质量标准被停运

2008 年 4 月 30 日《斐济时报》报道，由于质量不符合欧盟卫生检验检疫标准，斐济 10 个集装箱、价值 50 万美元的罐装鱼被停运。出口商太平洋渔业公司首席执行官 Prakash 表示，这是该公司自 1980 年向欧盟市场出口罐装鱼以来，第一次发生此类事件。如果得不到妥善解决，斐济罐装鱼恐将永久失去欧盟市场。斐济雇主协会指责政府卫生检验部门未能认真履行职责，疏忽职守，导致该事件发生。

（5）斐济与欧盟签署长期食糖出口合同

2008 年 5 月，斐济糖业集团与欧盟泰莱（Tate & Lyle）公司签署价值 10 亿斐元的长期食糖供货合同。按照合同规定，在今后 7 年内斐济每年将以优惠价格向该公司出口食糖 30 万吨，供应欧盟市场。该合同是斐济与欧盟签署经济伙伴协定的一部分。2007 年，曾给斐济糖业带来巨大利益的《科托努协定》（原《洛美协定》）到期。自 2006 年起，欧盟在 4 年内削减对斐济蔗糖价格补贴 36%，直到 2009 年 10 月。为保护国内制糖业发展，斐济政府于 2009 年年底率先与欧盟签署临时经济伙伴协定。斐济制糖业部部长乔杜里表示，即使降低了 36%，欧盟的优惠价格还是很有吸引力。他认为合同的签署对斐济制糖业持续稳定发展将起到积极促进作用。

（6）欧盟禁止进口斐济鱼产品

2007 年 7 月，7 位消费者在法国食用来自斐济的金枪鱼导致食物中毒后，欧盟即向斐济提出警告。斐济商业协会主席要求斐济临时政府与欧盟协商解决此问题。

随后，欧盟就鱼类产品安全问题派出代表团专程访问斐济，评估斐济政府在生产领域对出口欧盟的鱼类产品的控制体系。代表团事后做出的报告显示，不仅斐济政府在整个出口欧盟鱼类产品生产控制方面管理一片空白，在处理鱼产品的过程中存在着严重的卫生问题，而且斐济政府官员对欧盟有关标准体系缺乏必要的认识，斐济还不能够按照欧盟的要求提供最低的必要保证，这将对欧盟消费者的健康构成威胁。基于此，2008 年 8 月，欧盟做出禁止从斐济进口鱼类产品的决定，不再允许斐济的鱼产品进入欧盟的市场。

据斐济方面估计，此决定不仅使斐济鱼类的出口受到沉重打击，而且还将致使斐济蒙受数百万美元及 4000 个工作机会的损失。2006 年斐济对欧盟出口冷冻和新鲜金枪鱼共 675 吨，占斐济总产量 42000 吨的 1.6%。斐济渔业部门表示，欧盟市场每年增幅显著，是斐济鱼类产品最具出口潜力的市场之一。此后，欧盟驻斐济代表处与斐济渔业部紧密合作，尽快解决此事。

（7）签署临时经济伙伴协定

2009 年 12 月，斐济与欧盟签署临时经济伙伴协定。根据协定，欧盟对斐济商品给予免关税、免配额进入欧盟市场待遇，斐济也将在未来 15 年内逐渐取消 87% 的欧盟进口商品的关税。双方还将加强在动植物健康和技术标准方面的合作。

（8）鱼类及渔业产品再度进入欧盟市场

2011年，在失去进入欧盟市场资格约三年之后，斐济最终获得欧盟委员会健康和消费者保护总署（DG SANCO）的许可，开始出口鱼类和渔业产品至欧盟市场。欧盟为斐济非生鱼片级鲜冷金枪鱼和冷冻金枪鱼产品出口提供了高价值市场销路。

2008年5月，因斐济卫生部（CA）无法有效保证其鱼类出口满足欧盟严格的SPS规定，欧洲委员会（EC）将斐济从其"名单2"中剔除。卫生部对该产业进行了必要的改革，从而满足欧盟的规定。斐济现在已获得"名单1"身份，而这也使得斐济可出口其产品至所有欧盟成员国。

2009年6月，除了CA确认的问题外，欧盟委员会健康和消费者保护总署食品与兽医办公室检查员也认为出口金枪鱼至欧盟市场的三个斐济渔业加工设备无法满足欧盟的标准。这些公司继续升级其渔船和加工、出口设备，从而解决一系列相关问题。目前，只有两家公司（共计7艘船）满足需要的标准，而斐济最大的出口公司则对试图满足欧盟SPS标准所产生的巨额费用表示关注，而欧盟将这些标准作为非关税壁垒的可能性也值得关注。

（9）面临的挑战

以斐济为根据地的渔获出口商近来对于产品出口至欧盟的前景感到忧心忡忡，因为斐济恐将失去进入欧盟市场的优惠协定（preferential market access arrangements）资格。

斐济与巴布亚新几内亚（PNG）皆签署了《临时经济伙伴协定》（IEPA）。然而，斐济并未像PNG一样执行IEPA，故目前斐济是在"市场进入条例"（Market Access Regulation）下出口产品至欧盟，而该条例的效力如同《科托努协定》，暂时提供非互惠国的市场进入，直至签订IEPA或《经济伙伴协定》（EPA）的国家完全批准该协定为止。

争议点在于，欧盟对于批准IEPA或完成与批准EPA设有期限。欧盟执委会单方面对外表示，2014年1月1日撤销市场进入条例；而在欧洲议会介入后，期限则延长至2014年10月1日。若非洲、加勒比和太平洋地区等被列为最不发达国家，届时尚未批准 IEPA 或 EPA，即可适用欧盟普遍优惠关税制度（EU's Generalized System of Preferences，GSP），特别是欧盟的 EBA 条款（Everything But Arms Initiative，EBA），EBA 指提供特定低度开发国家除武器外的所有商品，进入欧盟时享有免关税及免配额的优惠待遇。

然而，新修正的 GSP 于 2014 年 1 月开始生效，斐济及其他目前使用市场进入条例的非 LDC 国家，届时将不再具有适用 GSP 的资格，而欧盟是否会同意未及时核准 IEPA 或 EPA 的国家移转至 GSP 则立场尚未明朗。

尽管如此，GSP 对渔产品的优惠仅比最惠国关税待遇少了 3.5%，在贸易上来说差异不大。

此外，欧盟 GSP 受制于原产地规则，且不包括全球供货，即从本土外寻找供货商以提供商品或服务，达到降低成本的目的。GSP 原产地规则目前并不允许太平洋岛国或其他国家区域间的累积，换句话说，即便斐济的水产品符合 GSP 标准，斐济也只能使用该国或欧盟渔船所捕捞的渔获。[1]

二 与美国的关系

1970 年 10 月，美国承认斐济独立。斐美互设使馆。斐济重视与美国的关系，认为美国的援助对斐济的市场准入和地区竞争具有重要意义，积极推动美、南太联合商务委员会开展活动。斐济是美军在太平洋主要补给点之一。2006 年 12 月斐济政变后，美对斐济实施制裁。2008 年斐美贸易额为 2.42 亿斐元。2008 年 2 月，美国首席助理国务卿帮办戴维斯访问斐济。2010 年美国宣布恢复美国国际发展署驻斐济办事处。

1. 美国与斐济 2000 年军事政变

2000 年 7 月 8 日，美国当局宣布已召回驻斐济大使奥斯曼·斯迪克，并再次对斐济局势表示强烈关注。声明中说："美国对斐济局势深为关

---

[1] 《斐济恐于 2014 年丧失进入欧盟市场优惠资格》，中国鳗鱼网，2013 年 8 月 6 日，http://www.chinaeel.cn/ShowInfo.aspx? Id = 11177。

注。我们谴责政变分子劫持人质的行为，以及军方剥夺斐济公民政治权利的做法。"美国还表示将与其他国家进行紧急磋商，并采取一系列将对斐济局势产生"重大影响"的措施。此前，美国国防部曾做出过类似的声明，敦促斐济当局尊重全体斐济公民的政治权利。

2. 美国敦促斐济向伊拉克派兵

2003 年 11 月，美国敦促斐济政府向伊拉克派遣维和部队。美国驻斐济大使在接受当地一家报纸的采访时说，美国政府同意向斐济维和部队提供装备和后勤援助，但无法支付士兵的军饷。斐济政府表示他们会考虑美国的请求，但迹象表明，他们无意自己掏腰包向伊拉克派遣维和部队。美国驻斐济大使在接受当地的《斐济太阳报》采访时说，他相信斐济政府愿意在促进全球稳定方面发挥作用，向伊拉克派兵将证明斐济仍然在派遣维和部队方面处于世界领先地位。

斐济向争端地区派兵历史悠久。曾经参与以澳大利亚为首的在所罗门群岛的维和行动，以及联合国在东帝汶和黎巴嫩的维和行动。但是，斐济政府被迫缩减军费开支，虽然有意为伊拉克维和做贡献，但无法自己承担费用。

美国方面表示他们愿意出钱购买军服、部分武器装备、提供交通援助，但不会支付军饷等其他开销。有 1000 多名斐济士兵在英国军队服役，其中一部分被派往伊拉克。2003 年 11 月，巴格达北部一辆运载伊拉克新货币的汽车爆炸，三名斐济士兵受伤。

3. 美国与斐济服装业

2006 年 8 月，在同美国国会代表团举行的会议上，斐济外交部部长特沃拉提议增加斐济和美国之间的服装贸易，帮助斐济发展服装加工业。特沃拉解释说，《多种纤维协定》（MFA）① 的结束导致斐济的服装加工业没有竞争力，无法同中国和印度等国进行竞争。

《多种纤维协定》是在 1974 年引入的，目的是帮助发展中国家提高他们的服装出口。特沃拉要求美国政府向斐济提供 GSP 体制，这将帮助

---

① 即《国际纺织品贸易协定》，是在关贸总协定的框架下达成的，1974 年 1 月 1 日生效。

加强斐济的经济发展，提供无关税进入美国市场的地位。美国为 144 个国家和地区的 4650 种产品提供了无关税进入的地位。

2006 年 10 月，斐济国内的服装加工业最终获得了成功，服装加工业将包括在同美国的自由贸易协定当中。斐济外交部部长特沃拉说："我们试图同澳大利亚和美国签订自由贸易协定，但是这是不可能的，这是因为自由贸易协定没有关于这个工业区的规定。"新调整的政策将允许将资格工业区包括在自由贸易协定当中，利用现有允许的有利条件。美国政府决定尽快修正自由贸易协定，将资格工业区纳入自由贸易协定当中。斐济再次提议建立一个出口能力计划，美国表示对该工程持乐观态度。

4. 美国与 2006 年斐济军事政变

2006 年 12 月 5 日，斐济军方发动"无血"政变，宣布军方接管政府，解除了时任总理莱塞尼亚·恩加拉塞的职务并且任命了新的过渡政府总理。当天，美国国务院发言人麦科马克在新闻发布会上宣布，根据美国法律规定，当一个国家发生政变或出现政变企图时，美国将停止对该国的援助。基于此，美国决定中止对斐济的援助。

12 月 15 日，斐济传统最高权力机构——大酋长委员会拒绝承认军方任命的过渡政府，并计划邀请被军方推翻的前总理一起商议斐济的未来。

12 月 19 日，美国国务院宣布对发动政变的斐济军方实施制裁。美国国务院在一份声明中称，制裁涵盖了美国向斐济提供的价值大约 250 万美元的援助（以军事援助为主），并且禁止向斐济提供新的经济援助项目。美国同时暂时停止向斐济售卖"杀伤性军用装备"，并且禁止斐济军方参加美国资助的军事演习或军事会议。此外，美国还向斐济军方高级将领以及过渡政府官员颁布旅行禁令，禁止他们入境美国。

2009 年 4 月 10 日，斐济总统伊洛伊洛发表全国电视讲话，宣布废除1997 年颁布的斐济宪法，并自任为政府首脑，同时撤销对司法系统内所有法官的任命。在伊洛伊洛做出这一宣布的前一天，斐济上诉法院宣布，由姆拜尼马拉马领导的斐济过渡政府不符合宪法。当天，美国国务院发表声明，对斐济总统伊洛伊洛宣布接管政府权力并废除斐济宪法表示关切，对斐济国内的政治对话进程失败深表失望，希望斐济能够恢复民主管理制度。

5. 斐济蜂蜜出口美国

2008 年 2 月，斐济蜂蜜首次出口到美国。斐济蜂蜜是有机蜂蜜，符合美国食品卫生要求。斐济的塔韦乌尼岛年产蜂蜜 23 吨，750 毫升瓶装蜜售价 15 美元。

6. 向美国商品出口显著增加

2008 年 3 月，斐济驻美国洛杉矶贸易专员说今后三年内，美国将为斐济出口增长与拓展提供最好的机遇。美国政府外贸局报告称，2007 年斐济向美国的出口显著增长，从而扭转了前些年的下降趋势，比 2006 年出口增长了 4.8%，达到 2.2813 亿斐元（1.528 亿美元）。

其中，出口额最大的商品为矿泉水，比 2006 年增长了 40%，达到 8480 万斐元（5680 万美元）。2007 年，一些商品出口创历史纪录，这其中包括：矿泉水，过去 3 年内增长了 100%，从而代替金枪鱼，成为斐济出口到美国的最大产品；生鲜和冷冻鱼类，比 2006 年增长了 71%，达到 1517 万斐元（1016 万美元），过去 3 年内增长了 66%，并代替糖成为斐济出口到美国的第三大产品。美国成为斐济最大的金枪鱼出口市场。

7. 斐济航空公司获准在美国 23 个城市运营

2011 年 12 月 16 日，斐济"太平洋航空公司"与"美国航空公司"签署了代码共享协议。根据协议，"太平洋航空公司"航班获得了从斐济西部旅游城市楠迪飞往纽约、华盛顿、洛杉矶、芝加哥和旧金山等 23 个美国城市的运营权，并代售双方所有往来于美国和斐济之间的航班机票。这不仅有利于增加"太平洋航空公司"乃至斐济在美国的影响，而且将对斐济发展旅游业发挥重大作用。

8. 斐济与美国达成金枪鱼渔业协议

2012 年 10 月，美国与太平洋岛国就美国渔船在这些国家水域进行金枪鱼作业进行谈判，并达成了一揽子财政计划。

太平洋岛国借机要求增加入渔费，削减作业天数。未来 10 年，美国在太平洋水域进行金枪鱼作业的入渔费用将增加到目前的 3 倍，达到每年 6300 万美元。美国在一份声明中表示，每年 6300 万美元，共计 6.3 亿美元的入渔费用已经达到甚至超过了太平洋岛国的预期。协议内容主要有：

每船每天所支付的入渔费用超过瑙鲁协议（PNA）所制定的 5000 美元地区基准价的 50%。美国渔船的回报率将达到 17%，高于该地区所规定的 10% 的回报率。非 PNA 国家管辖水域内的渔业生产机会公平分享。

在这之前，太平洋岛国认为入渔费用偏低，与其所获得的利益不相称。太平洋岛国为此联合起来，彼此团结，发挥专属经济区的整体优势，争取更多的谈判利益。

斐济渔业部部长 Sanaila Naqali 表示，一旦斐济与美国签署协议以后，每船每年将为斐济带来 70 万美元的收入。允许作业的美国船只越多，斐济获得的收入也将越高，届时斐济政府将把此项收入用于发展本国渔业。与太平洋岛国的渔业谈判每三年一次。在与美国达成渔业协议之后，韩国与日本也表示愿意支付相同甚至更高的入渔费用。美国方面表示，原有协议将在每年 6 月到期，此次新协议的达成促进了美国与太平洋岛国之间的密切合作。

三 与英国的关系

斐济曾为英国的殖民地，虽然已经获得了独立，但它与英国之间有着千丝万缕的联系。

1. 斐济与英国核试验

据《斐济时报》的报道，一些曾经在圣诞岛上参加英国核试验的前斐济士兵正在起诉英国政府，因为他们当时参加了这些试验，而现在却身染重病、痛苦不堪。

1956～1958 年，英国在圣诞岛上进行了数次大气核试验。圣诞岛是太平洋岛国基里巴斯的一部分。当时，斐济是英国的殖民地，来自斐济、澳大利亚和新西兰的士兵参加了其中的试验。现在，这些士兵感觉身体不适，他们认为英国政府难辞其咎，应该让他们做出赔偿。斐济士兵已经向英国高等法院提起了诉讼。日本一名专门研究原子弹和氢弹相关疾病的专家斋藤友治对这些士兵做初步检查，确定他们的辐射剂量和患病程度。

2. 英国与斐济 2000 年军事政变

2000 年 5 月 19 日，斐济发生政变，总理乔杜里和几名内阁成员在议会大厦内被突然闯入的武装分子扣为人质。政变发生后不久，马拉曾指责政变为"非法",并宣布全国进入紧急状态。但 27 日,马拉又宣布解散乔杜里领导的政府,同时成立看守内阁,并将修改斐济宪法以满足政变领导人斯佩特的要求。

5 月 28 日,斐济首都苏瓦发生了袭击警察和冲击电视台事件。事后,英国政府发表声明,表示支持斐济政府通过和平方式解决发生的人质危机。英国外交大臣库克在当天发表的一份声明中说,他已致信斐济总统马拉,对斐济的人质危机表示关注。库克表示,英国将全力支持马拉谋求以和平、合法的方式结束持续了近十天的人质危机,争取使斐济总理乔杜里等人质尽早安全获释。

3. 英国与斐济 2006 年军事政变

2006 年 12 月 5 日斐济政变发生后,英国外交大臣贝克特对此表示谴责,宣布英国将暂停对斐济的军事援助。贝克特在当天发表的一份声明中说,斐济武装部队司令姆拜尼马拉马发动的军事政变是该国民主进程的一个倒退,严重影响了斐济的国际形象以及它与国际社会的关系。她认为斐这起军事政变违反了斐济宪法,并呼吁姆拜尼马拉马尽快让斐济恢复民主。贝克特还表示,英国将立即暂停对斐济的军事援助,并考虑与欧盟以及其他英联邦成员一道采取进一步措施。

4. 去英国化

(1)斐济新版钱币去除英国女王头像

2011 年 3 月,斐济总理姆拜尼马拉马宣布,斐济将发行新版货币,新版硬币和纸币上将不再出现英国女王伊丽莎白二世的头像,取而代之的是具有当地特色的动植物图案。

2013 年,斐济国际储备银行发行新版钱币,钱币设计上首次去除英国女王伊丽莎白二世头像,采用斐济本土的动植物作为钱币图案,新货币含面值为 5 斐元、10 斐元、20 斐元、50 斐元和 100 斐元的纸币以及面值为 5 分、10 分、20 分、50 分、1 斐元和 2 斐元的硬币。这套钱币因为设计合理、美观大方,被誉为世界最美钱币。

(2)将英国女王生日从公共节假日列表中清除

2012 年 7 月 31 日,斐济临时政府宣布将英国女王生日从该国公共节假日列表中清除，并称斐济不再与前英国殖民地有关联，以推动斐济的经济生产能力。斐济劳动部发言人乌萨马特（Jone Usamate）说："当我们成为一个共和国时，女王生日的重要性就从斐济消失了。我们现在是一个独立的国家。""我们现在以提高生产力和促进经济增长为重点，因此决定减少斐济公共假期数量，因为假期会给商业和政府带来负担。"

（3）将重新设计国旗，去除英国殖民色彩

2013 年，斐济总理姆拜尼马拉马在新年贺词中，提及 2013 年将就修改国旗发表新公告，但未透露具体细节。针对此事，斐济总理办公室常务秘书皮奥·蒂科杜瓦杜瓦表示，斐济需要新的身份，而重新设计国旗是实现这一目标的方式。此后，斐济政府证实，斐济将重新设计国旗，新版国旗的主题将是国家团结。

四 与日本的关系

近年来，斐、日关系发展较快，日本已成为斐济的第二大援助来源国，每年对斐济援助达 1300 万斐元。斐、日已互设使馆，并开辟楠迪至东京航线，日本自 1983 年起向斐派出志愿者。斐济在旅馆业方面吸收了大量日资。

2000 年 8 月，日本在西方国家中率先承认斐济政变后成立的临时政府。1997 年 10 月、2000 年 4 月、2003 年 5 月，斐济总理兰布卡、乔杜里、恩加拉塞先后率团赴日出席第一、二、三届日本与太平洋岛国领导人会议。2005 年 6 月，恩加拉塞总理赴日出席爱知世博会斐济馆日开幕式。2009 年 5 月，斐济驻日本大使以政府代表身份参加第五届日本与太平洋岛国领导人会议。

1. 日本和法国联合调查斐济海盆发现热泉活动

日本科学技术厅从 1989 年 12 月 14 日到 1990 年 1 月 13 日，使用海洋调查船"深海号"对斐济海盆进行调查，在瓦努阿岛的东侧发现了随海底扩大存在着热泉活动。这次海洋调查的目的是全面证实和理解板块结构理论，探查海底矿藏资源，并通过调查写出了《关于判明南太平洋的海洋板块形成地带的研究（1987～1989）》一书，作者是南方昭三郎（东京大学名誉教授）。

2. 斐济与日本合资生产甘蔗深加工产品——乙醇

2008 年 2 月 15 日，斐济内阁审核通过了斐济糖业集团、斐济甘蔗种植委员会与日本 Sojitz 公司建立合资公司生产乙醇的申请。斐济糖业部部长乔杜里表示，作为斐济重要工业之一的制糖业，正在经历历史上最严峻的考验，基础设施落后，生产车间缺少资金投入，以及欧盟方面政策改变，导致该行业目前发展举步维艰。因此，开发甘蔗深加工产品对确保未来制糖业可持续发展意义深远。项目投产后，预计每天能生产 10 万升乙醇，第一年能达到总设计产量的一半。

五 与印度的关系

斐、印关系在斐济 1987 年政变后恶化。1997 年，斐济修改《1990 年宪法》中对印族人的歧视性条款，斐、印关系好转。1997 年，斐济总理兰布卡两次会晤印度总理古杰拉尔。1998 年，印度解除对斐济长达 10 年的贸易禁运。斐济对印度 1998 年 5 月进行的地下核试验表示谴责。斐济 1999 年大选后，斐、印关系逐步恢复，印度于 1999 年 5 月在斐济重开高专署。2000 年斐济"5·19 政变"后，印度对斐济实施制裁。2004 年 1 月，斐济在印设高专署。2005 年 10 月，恩加拉塞总理访印。2008 年 2 月和 2009 年 4 月，斐济临时政府总理姆拜尼马拉马两次访印。2008 年 4 月，斐济临时政府财长乔杜里访印。

此外，印度每年还向斐提供 25 名以上的奖学金名额。

第四节 斐济与太平洋岛国论坛的关系

1. 初期的南太平洋区域合作组织

第二次世界大战后不久，南太平洋地区曾经建立了两个区域性组织，即 1947 年建立的南太平洋委员会和 1950 年开始召开的南太平洋会议。其中，南太平洋委员会由当时在南太平洋地区有属地和托管地的美国、澳大利亚、英国、法国、荷兰（1962年退出）和新西兰6国建立，自然也为这些国家所控制。1974年上述两个组织的谅解备忘录规定每年同时开会，并定名为南太平洋会议，主要讨论经济和社会问题。随着时间的推移，南太平洋国家的领导人越来越感到有必要建立由本地区国家组成的区域性组织，以便于处理本地区的共同问题以及与区域外大国打交道和在国际组织中发挥较大的作用。此外，该地区国家也对原已存在的组织的局限性表示不满。于是，澳大利亚、新西兰、库克群岛、斐济、瑙鲁、汤加和西萨摩亚七国的首脑于1971年8月在新西兰的首都惠灵顿成立南太平洋论坛。

2. 南太平洋论坛概况

1971年8月5日，"南太平洋论坛"（South Pacific Forum）在新西兰首都惠灵顿成立，参加者包括斐济、汤加、瑙鲁、西萨摩亚、库克群岛、澳大利亚和新西兰7个国家，是南太平洋国家的区域化合作组织。2000年10月，"南太平洋论坛"正式改称为"太平洋岛国论坛"。目前成员已经扩展至18个国家和地区，即澳大利亚、新西兰、斐济、汤加、萨摩亚、瑙鲁、巴布亚新几内亚、纽埃、帕劳、基里巴斯、瓦努阿图、密克罗尼西亚、图瓦卢、库克群岛、所罗门群岛、马绍尔群岛和吉尔伯特群岛以及中国的台湾地区。另外，还有两个观察员国，它们是新喀里多尼亚和东帝汶。

南太平洋论坛是亚太地区最主要的次区域合作组织之一，每年举行一次政府首脑会议。论坛的议事特点是求同存异，领导人的年会一般不讨论政治分歧，而是寻求诸如政治、经济和安全等方面的广泛一致，以及决定在国际事务中所要采取的共同立场。会议不采取投票方式来做决定。该组织每年的预算由澳大利亚和新西兰各负责1/3，其余由其他国家分担。总部设在斐济首都苏瓦。

南太平洋论坛的重要下设机构有1973年设立的南太平洋经济合作局。它是论坛的主要执行机构和经济、社会各种合作项目的协调机构。1988年该局成为论坛的秘书处，负责处理论坛的日常事务以及与南太平洋委员会和南太平洋会议以及区域外组织的合作关系。秘书处的执行机构为由成员国代表和高级官员组成的委员会。1988年论坛第20次年会决定以后每年举行一次"后续部长级会议",即在年会之后与对话伙伴会谈。1989年,英国、加拿大、法国、日本和美国应邀参加会议,1990年中国也应邀参加。1991年欧共体首次参加后续部长级会议。

3. 南太平洋论坛简要发展史

1971年8月在惠灵顿召开的第一届会议,集中讨论了在运输、交通、财政和国际代表权等方面相互援助的方式方法。1973年4月成立了"论坛"的常设机构"南太平洋经济合作局",以协调各成员国之间的活动,争取逐步建立南太平洋共同市场。

在20世纪70年代美苏争霸的关键时刻,"南太平洋论坛"曾于1976年3月、7月和10月,接连三次举行会议,探讨警惕苏联在印度洋和太平洋加紧活动的问题。

1977年6月,决定建立南太平洋论坛船运公司;8月,在巴布亚新几内亚召开会议,一致通过关于各成员国在1978年3月底以后各自建立200海里专属经济区的决议,并且决定成立"南太平洋地区渔业局",专门负责该地区渔业的"科研、资源开发、制定和协调政策并监督其执行"。

20世纪70年代末,南太平洋地区逐渐成为苏美两霸角逐的新地区。尤其是苏联打着"支持民族解放""友好合作"的旗号千方百计地插足南太平洋地区事务。为了对抗两霸的控制和掠夺,南太平洋地区的国家积极发展区域合作。"南太平洋论坛"的建立和扩大,反映了这一斗争情况和共同要求。1977年,"论坛"顶住了美国的压力,决定建立专属经济区;这个决定也打击了苏联掠夺该地区渔业资源的图谋。

1978年,"论坛"各成员国陆续宣布实施这一维护本国海洋权益的措施。从此,东起西萨摩亚、西至印度洋东部,北自赤道、南至南极洲,这个辽阔水域的万岛世界,就开始了200海里专属经济区的时代。这也是南太平洋地区国家和人民团结反霸斗争的成果。1978年6月11日,李先念副总理在欢迎斐济总理马拉的宴会上指出:"我们高兴地注意到,南太平洋论坛在促进区域合作,团结反霸方面发挥着越来越重要的作用";对"论坛"建立200海里专属经济区的决议这一正义行动,表示"赞赏和支持"。

4. 斐济与太平洋岛国论坛

斐济重视同南太平洋其他岛国的传统关系，是太平洋岛国论坛创始会员国，斐济与南太平洋其他岛国领导人互访频繁。2002 年 7 月和 8 月，斐济先后主办了"第三届非加太国家首脑会议"和"第三十三届太平洋岛国论坛首脑会议"。2003 年 6 月，斐济主办南太平洋运动会。2006 年 10 月，斐济主办第 37 届太平洋岛国论坛会议和第 18 届论坛会后对话会。

然而，在 2006 年政变后，斐济与太平洋岛国论坛的关系开始出现波折。2008 年 8 月，由于斐济临时政府缺席了在纽埃举行的第 39 届太平洋岛国论坛首脑会议，所以会议结束后发表的公报称斐济此举"不可接受"。2009 年 1 月，斐济出席了在巴布亚新几内亚首都莫尔兹比港召开的太平洋岛国论坛特别首脑会议，会议敦促斐济确定 2009 年年内举行大选的时间表，结果遭到斐济拒绝。5 月 2 日，太平洋岛国论坛以斐济政变领导人、总理姆拜尼马拉马没有在 5 月 1 日前公布 2009 年底举行大选的日期为由，中止斐济参会资格。

为了实现与斐济继续对话和接触，太平洋岛国论坛专门成立了斐济问题部长级联络团，成员包括来自澳大利亚、瓦努阿图、巴布亚新几内亚等太平洋岛国论坛成员的部长级官员，主席则由新西兰外长默里·麦卡利担任。联络团多次访问斐济，与斐济重要领导人进行广泛的接触，取得了良好的效果。在 2014 年 2 月的访问中，联络团同太平洋岛国论坛秘书长探讨了斐济 2014 年 9 月大选后恢复该国太平洋岛国论坛参会资格的相关步骤。澳大利亚外长朱莉·毕晓普还单独会见了斐济总理姆拜尼马拉马，联络团会见了斐济总检察长、外长以及各政党代表等。

5. 斐济与"太平洋岛国接触会议"

2009 年 7 月和 8 月，美拉尼西亚先锋集团分别在瓦努阿图首都维拉港和斐首都苏瓦举行特别首脑会议和外长会议，与会各国表示理解和支持斐济国家发展和民主路线图。2010 年 7 月，美拉尼西亚先锋集团主席、瓦努阿图总理纳塔佩拒绝向斐济总理姆拜尼马拉马移交轮值主席职务，斐济政府转而在斐济举办"太平洋岛国接触会议"。12月，瓦斐双方举行和解仪式，瓦新任总理基尔曼致歉并向斐移交轮值主席一职。2011年3月，美拉尼西亚先锋集团首脑会议在斐济举行，各国在政治、经济、军事、文化合作等领域取得重要共识。2011年9月，斐济举行第二届"太平洋岛国接触会议"。①

6. 太平洋岛国贸易展销会在斐济开幕

为了促进本地区经贸往来与合作，推动区域整体经济发展，2012年6月25日，为期三天的太平洋岛国贸易展销会在斐济西部旅游城市楠迪拉开帷幕，来自太平洋岛国的50多家企业展销各自的特色产品，包括斐济的珍珠、纽埃的香草、马绍尔群岛的手工艺品、巴布亚新几内亚的咖啡、所罗门群岛的椰皂和椰油、萨摩亚的面包果、汤加的诺丽果汁和辣椒酱、瓦努阿图的香蕉片等。

本届展销会得到联合国开发计划署的支持，由太平洋岛国私人企业组织等机构主办，澳大利亚 - 新西兰国民银行和斐济工贸部等提供赞助。②

第五节　与中国的关系

在南太平洋岛国中，斐济是第一个同中同建立外交关系的国家。1970年10月10日斐济宣布独立，周恩来总理即发电表示祝贺，斐济总理马拉复电表示感谢。双方经过几年的谈判，于1975年11月5日宣布建立外交关系。

一　有阳光的地方就有华人

南太平洋各岛屿虽然深处大洋，交通不便，在经济状况、生活条件方面，更不可与欧美发达国家同日而语，但这些都没有成为华人前往谋生的

---

① http：//www. gtgjhk. com.
　　http：//www. 100hongkong. com.
② 《太平洋岛国贸易展销会在斐济开幕》，http：//news. xinhuanet. com/fortune/2012 - 06/25/c_ 112286809. htm。

障碍。事实证明，凡是有阳光的岛屿上都有华人的足迹。据推算，20 世纪 80 年代在南太平洋岛国和地区的华人大约有 2.5 万 ~ 3 万人。华人最多的地区是法属波利尼西亚，有 1.8 万 ~ 2 万人；其次是斐济，约 5000人。巴布亚新几内亚也有 3000 余名华人；其他岛屿和地区约有 1000 人。不少岛屿早已出现了中国城或唐人街。他们大部分以经商为业，且以经营中餐馆、杂货店、饮食店居多。少数人从事农业种植，很少有人从政。从总的数量看，那里的华人虽然不是很多，但他们已经成为当地社会的重要组成部分。在有些岛屿上，华人经济是当地的重要经济支柱。

以 2007 年斐济人口普查为据，1911 年斐济的华人仅 305 人，1921 年则上升到 910 人，1936 年为 1751 人，1946 年为 2874 人，1956 年为 4155人，1966 年为 5149 人，1976 年为 4652 人，1986 年为 4784 人，1996 年为 4939 人，2007 年为 4704 人。[①] 在斐济的华人社会中，从职业看，仍以经营工商业者居多，而其中经商的要比搞工业的多。从商的华人，除少数经营进出口贸易和电子、电器商业外，大部分经营餐馆、饭店和杂货、百货业。

目前，华人中最大的企业家是住在西部劳托卡的李华业先生的李氏家族，他主要经营食品。其子罗伯特·李曾留学美国，获经济学博士学位，他 28 岁继承父业，掌管李氏家族的全部工商业，并被推选为斐济制造业协会主席。目前，带有 LEES（李氏）商标的各类食品，不仅垄断了斐济的整个市场，而且扩展到南太平洋地区各个岛国。在斐济，不论是繁华的城市还是遥远的山村，都能看到大幅的 LEES 的广告。1991 年，李华业先生受国务院侨办的邀请曾到北京参加国庆活动。他为家乡广东中山县捐献的一所小学校早已落成启用。李先生现在仍然不断捐款，资助家乡的教育事业。

华人在斐济制造业中的另一巨头是西部地区的黄润江先生，他的汽水厂生产的汽水是斐济市场上的主要饮料。居住在劳托卡的杨灿荣先生在西

---

① "CENSUS OF POPULATION BY ETHNICITY 1881 – 2007", Fiji Bureau of Statistics, June 2012.

部经营的百货业，在当地首屈一指。居住在苏瓦的华人何志美经营电子机械和房地产，均有相当的规模，也堪称华人中的巨富。

在斐济，有几百户广东新移民。他们以种植蔬菜为业。蔬菜种类繁多，价廉物美，深受斐济人的欢迎。他们把一个缺菜和无菜的斐济，变成了蔬菜充分自给并可出口的国家。有少数华人从事文教、医务、政法、工程技术等工作。著名工程师、华侨领袖余汉宏曾任多届斐济议员，华人何志美曾任斐济工业和贸易部部长，经济专家余鼎新先生任斐济养老基金会总经理。

斐济华侨与华人对中国的看法随着形势的发展不断发生变化。斐济与我国建交之前，国民党在斐济设有特别支部，在那里散布了一些反共恐共和仇共的滥调，使有的同胞对新中国心存疑虑。随着中斐建交，他们对国内真实情况了解得越来越多，疑虑自然消除了。绝大多数老一代华人都不存偏见，心向祖国，并愿为祖国的改革开放和祖国统一贡献力量。旅斐老一代华人，不论持何种信仰，他们都在弘扬祖国文化、为侨胞谋福祉等方面做出了可贵的贡献。在斐济社会发生动乱的年代，华人安分守法，不参与政治纷争，得到斐济当局的称赞。在斐济社会中，华侨与华人数量不多，但几代人的辛勤劳动，对斐济社会的发展和促进中国同斐济之间的友好关系，做出了巨大贡献。

二　华人艰苦创业史

同世界上其他地方一样，在南太平洋地区的华人发展到今天无一不是经历了一个从无到有的艰苦创业过程。

1. 南太平洋华人的发展

19 世纪时，孤悬于南太平洋中心的斐济，人迹罕至，所以根本没有任何的移民条例，外人可以自由出入。

据记载，华人进入南太平洋地区是 19 世纪上半叶的事，这些华人在欧洲商船上做木工、厨师，也有一些华商来买檀香木运往广州。檀香木采伐殆尽后，精明的华商又转向收购海参、龟壳和珍珠贝等特产。这些华人目睹南太平洋的旖旎风光、奇特粗犷的风土民俗，留下了毕生难以磨灭的记忆。开发较早的澳大利亚悉尼，当时已是南太平洋地区的商业活动中心。许多华人从悉尼出发，在前往诸岛收购土产的过程中，逐步在各地建立商站。法属波利尼西亚的大溪地、斐济的莱武卡和巴布亚新几内亚的拉包尔，则是代理商与货品集散的商业辅助中心。华人就是从这些地方开始，逐渐把商业网络延伸覆盖到邻近地区的。1850 年大溪地华人在邻岛和库克群岛建立商站。巴布亚新几内亚的拉包尔 1880 年时仅有一个华商，若干年后，越来越多华人到来，把拉包尔变成了巴布亚新几内亚和所罗门群岛的商业中心。

华人进入南太平洋地区的另一途径，就是当契约劳工，即广东人讲的"卖猪仔"。1865～1941 年，有 2 万多名契约华工在南太平洋地区工作。猪仔工最早出现在大溪地，当时是 1865 年。1898～1903 年，德国人开始在新几内亚岛和萨摩亚引进契约华工开垦椰园。瑙鲁和巴纳巴发现磷酸盐矿之后，英国磷酸盐公司在 1906 年开始引进契约劳工，直至 2005 年，瑙鲁岛上的华人除持度假签证者外，其余的多为契约劳工身份，可以说是南太平洋唯一仍存在契约劳工的地方。不同的是，以前瑙鲁的契约劳工没有行动自由，做的是苦工。而今时今日在那里的华人劳工，居住、水电免费，公司还发放伙食（米、油、罐头等），除了做公司那份工之外，大部分华人都有自己的店铺，待遇已大不相同。20 世纪初至 20 年代，斐济的华人香蕉园主曾聘雇一批华人契约劳工，后因殖民政府禁止再雇用华人契约劳工，香蕉园也因受澳大利亚禁止香蕉入口和病虫害影响而逐步减少，但当地原住民至今仍称香蕉为"CHINA"，国徽上也绘有一串香蕉，可见华人种植香蕉在斐济历史上的重要地位。

1900 年，斐济华人仍不足百人。后来中国爆发辛亥革命，引起了华南地区局势动荡，大批华人从广东中山、四邑（恩平、开平、新会、台山）和东莞迁来斐济，令本地华人各行各业增添了一批生力军，为日后华人经济的发展，提供了必不可少的人力资源。1911 年，斐济有华人 305名（包括 29 名妇女），1915 年有 821 名。[①] 这是我同胞在斐济的最早的官

---

① 徐明远：《南太平洋岛国和地区》，第 278 页。

方记录。斐济华商的增加也比较迅速，1913 年有 105 个生意牌照发给华人，1914 年是 118 个，1915 年是 146 个，1916 年是 171 个，1917 年增至 198 个。1936 年，斐济华人已达 1751 人（包括 275 名妇女）。据称，20 世纪 70 年代达到 8000 人。斐济独立后，不少人外迁至澳大利亚、新西兰、美国和加拿大。2007 年，在斐济的华人有 4704 人。

他们的先辈含辛茹苦，艰苦创业，好不容易在异国他乡落脚扎根。他们有的和当地人通婚，生儿育女；有的已三四代在斐济生活，早已加入了斐济国籍。20 世纪 70 年代末 80 年代初，斐济华侨中增加了不少新成分。他们来自广东，基本上都是农民，到斐济主要从事农业生产。自 80 年代中期开始，斐济的华人社会又发生了新的变化。随着中斐两国关系的发展，国内去斐济的同胞来自更多的省份，如浙江、四川、江苏、北京以及台湾地区。

在 19 世纪至 20 世纪上半叶，南太平洋的华人，是以澳大利亚悉尼为中心向诸岛迁移，建立辅助中心的商站之后，再延伸至更远的地区。但在若干年后，特别是 20 世纪 70 年代开始，散布在各岛的华人又陆续移民到纽埃、澳大利亚、美国和加拿大。华人似乎是经历了一次漫长的跋涉，又回到了当初的起点。当初离开初具文明的澳大利亚悉尼，挺进到蛮荒不毛之地，是因为那里有丰富物产宝藏与无限商机。但经过长期开发，生意竞争日益激烈，岛国型经济的依赖性与局限性显露，影响了华人的经济发展。后来诸岛国先后独立，出现了政治不稳、经济衰退、治安恶化等问题，影响了华人安居乐业的信心。加上华人子女在纽澳美加学有所成，并定居当地，华人于是申请移民前往团聚。

2. 第一位来斐济的华人

第一位来到斐济的华人应是"康利"的创始人，经查证这位华人先驱叫梅屏耀，又名百龄。时间大约是 1856 年。[①] 梅氏的子女有福祺、福裕、福祥、福就等。梅屏耀是广东台山端芬镇人，清咸丰二年（1852

---

① 也有人认为，早在 1805 年华人即开始涉足斐济。参见王光华《斐济华人》，《华裔世界》2004 年第 2 期，第 6 页。

年）到澳大利亚悉尼谋生，咸丰五年（1855 年）从维多利亚驾驶帆船来斐济的莱武卡定居，他在莱武卡开了康利公司，这也是斐济第一家华人公司。

光绪八年（1882 年），梅屏耀回中国娶妻阮氏，回到悉尼后他为这位年轻的妻子取了一个英文名字"玛丽"。梅屏耀这次偕同黄佑、陈泰和海南德三人再次驾船投奔怒海来到斐济。从博物馆保存的梅家照片来看，梅屏耀当时经济富裕，且受澳洲白人文明影响，老小均着西式服饰。蓄须留发的梅百龄乍看上去与欧洲人无异。梅屏耀的妻子阮氏百岁始殁，卒于1956 年，享年 101 岁。阮氏的墓冢现在苏瓦华人坟场，被萋萋荒草掩没。今时来此"行青"的华人已极少知晓在这个简朴的墓冢下长眠的，是第一位来斐定居的华人女性。

3. 建立商业王国的斐济华人

在梅屏耀之后接踵而来的华人也在斐济建立了自己的事业，并且抓住了市场的契机，在极短的时间内将生意的触角伸到了斐济大小岛屿的各个角落。在 20 世纪初，斐济华人已行风气之先，创造了今日流行全球的生意网络。华人除了经营洗衣馆、饼铺、餐馆之外，还从事贸易和零售批发这一行业。因为斐济的土特产散布在各个山头，精明的华人就到各处建立分店，为了扩大生意，更在亲朋好友和同姓宗亲中招股集资，有了足够的资金便可大量囤积货物，保障供应。这种集团性的经营模式，令华商能广泛而及时地将各地的檀香木、海参、土酒与椰干资源掌握在手，当时华商建立了巨大商业网络，那些无处不在、日夜营业的小店，几乎垄断了全岛的零售批发生意，也引起了欧裔商人的抗议，因为他们根本无法与遍地开花的华商竞争。

在梅屏耀经营"康利"的同期，亦即他偕同黄佑、陈泰、海南德从澳大利亚驾船重回斐济的时候，另一家颇有名气的华人公司"英昌"在1892 年开张。据《海外华人百科全书》记载，"英昌"当时进口中国货，出口海参、椰干、珍珠贝和木材到中国，同时经营家私厂和碾米厂，种植水果、稻米、生姜供应出口。

继"康利"和"英昌"之后，来自广东开平横江的余械中，在 1913

年来到了斐济（当时的华人都称斐济为"飞枝岛"）。他起初开了一间"新盛号"洗衣馆，后来觉得以体力劳动为主的洗衣生意利润微薄，在1918年与同宗兄弟余扳中，还有余凤、邝祥修（即后来的"安和祥"创办人）一起成立了广泰公司。次年，余械中思乡心切，返回中国大陆，"广泰"业务由余扳中主持。余械中在1920年返斐，出任"广泰"总经理。1928年"广泰"注册成立有限公司，当时公司销售的货物只限丝绸布匹和日用杂货等。1935年，余械中返香港成立开源公司，为"广泰"采购各式货物，未几他避日寇侵华战乱于坷里。此一时期的"广泰"也由第二代人接手，在余扳中的儿子余锦池和余械中的儿子余海湘（1925年来斐济）经营下，"广泰"逐渐成为有名气的大公司，并在各地设立多间分店。全盛时期的"广泰"，经营项目有美都酒店、利伦有限公司、屠场、养猪场、养牛场、伟德灵顿有限公司、克尽诚有限公司、霓虹汽水厂、杂货店、面包房、椰子园和电影院。六十年代斐济政府统一管制椰干销售。"广泰"也就退出椰干行业，转向房地产物业的长线投资。此时，横跨金明街和玛格士街的广泰大商场也落成了，经营品种齐全的中国商品，这个商场也被称为"中国城"，游人如过江之鲫。到了1990年之后，在商界叱咤一时的"广泰"家族逐步出售名下之物业，并经束了在"中国城"的总店业务，目前只有利伦冻肉公司仍在运营之中。

"永安泰"是谭炳南在1938年与司徒文湘共同创建的，当时公司位于苏瓦玛街（MARKS ST.）。谭炳南是斐济首任总督梅含理（HENRY·MAY）于1931年带来的私人厨师，他离开总督府后曾开过饼铺。在创办"永安泰"的次年，即1939年，谭炳南就脱离了公司，创办和利肉铺。"和利"后来扩张到五间分店并建立了养猪场，分布在苏瓦、拉米（LAMI）。"和利"的分店后来减少至三间，但"和利"经营历史长达63年，是斐济华人诸大公司中经营时间较长的。

与其他华人公司一样，"安和祥"的创始人同"永安泰""广泰""和利"都有亲缘关系。"安和祥"创始人邝祥修曾是"广泰"的创造人之一，而"安和祥"的第三代邝灼富，其夫人谭莲娇便是谭炳南的长女。

"安和祥"是邝敬居（祖籍台山）、邝祥修在 1930 年左右创办的。当时公司业务以收购海参、椰干为主。据公司原股东邝灼富先生回忆，当时正式分店有七八间。1975 年，"安和祥"总部大楼落成。1999 年，作为斐济华人大公司之一的"安和祥"歇业，结束了长达 70 年的历史。

"振兴隆"是郭清河（英文名汉臣）创建的，他来自永安百货集团的郭氏家族，当时也是唯一携带资金来斐投资的华商。后来"振兴隆"改名为"中兴隆"，亦是经营百货及零沽批发，所进口货物都是在苏瓦市场河边码头上岸的。"中兴隆"公司兴建有"汉臣大厦"。郭清河热心社会而又长袖善舞，在苏瓦现今大镬餐厅一带拥有大块地皮，故那处被命名为"汉臣路"，他捐出了一大块地皮给逸仙学校，体现了造福社会弘扬文化的儒商风范。

在 20 世纪 20~40 年代，斐济华人的公司还有余锦荣公司。其子余国明是太平绅士，曾任国会议员与华人协会会长。

在香蕉种植业方面以方万亭较为突出，他的香蕉园分布在塔麻乌（Tamavua）至威老歌（Wailoku）的广大地区，他曾出任苏瓦市政长官，并捐赠一座教堂给塔麻乌村，与当地酋长及村民关系十分友好。这座教堂至今仍屹立在沙湾（Savani）河边。另一位"香蕉大王"方万辉因性格豪迈、乐善好施，被当地人称为"罗宾汉"式的绿林好汉。后来香蕉种植业在澳大利亚的限制（1920 年）以及病虫害两方面影响下逐渐衰落。

20 世纪 20 年代在维提岛的西区巴城，有一位叫方作标的中山人，他来自中山县沙溪镇墩头村。后来当地人均称他为"方利"。1920 年，方利仍是个目不识丁的小商贩，但他独具慧眼，全力支持一位白人朋友开采金矿。当时，政府、银行和大公司都拒绝给予支持，唯独方利为他提供后勤补给。后来这位白人居然真的找到金矿并挖到黄金，为了报答方利力排众议的宝贵支持，他将矿场的后勤补给供应专利权给了方利，当四面八方的工程技术人员与劳工涌进瓦图科拉这个小地方之后，此地很快就繁荣起来，而方利的商店由于独家经营也生意兴隆，发展成西区最大的华人商行"方利行"。他还经营房地产生意，在巴城至今仍有不少当地人知道"方利行"在哪里。

当年为方利工作过的华人不计其数，他们之中有不少人后来自立门户，成了大商家。如李华业，曾在方利旗下工作，后来创立"李氏企业"，专营食品加工并兼营胶管、家具等生意。黄润江、杨轩当年也是方利的雇员，后来创立"爱特轩公司"，生产"六宝"饮料。方利的一生充满传奇，后来在抗日战争中，他捐献了一架飞机，蒋介石曾题词褒奖，并与之合影，赠以中正剑。在他病逝后，蒋介石也题了"贞固流芳"以示悼念，这几个字还刻在方利的墓碑上。

斐济的几大华人公司，曾在相当长时间中，成为斐济经济中显赫的明星，这些公司创始人白手兴家的故事，也成为后人流传的美谈，并作为一种精神的感召与激励，促使无数华人后进努力奋斗，开创在斐济的人生新天地。①

由此，可以看出，在20世纪三四十年代，华人商业曾鼎盛一时。当时，华人商店遍布各岛，他们不仅经营百货，还从事香蕉出口和椰干的收购，有的开办面包房和汽水厂。那时各岛的商店几乎全是由华人经营。但自1948年起英国殖民政府下达了禁止华商收购椰干的命令，不准斐济人向华商出租店铺，致使各岛华人店铺倒闭。自此华人在各岛的商业一蹶不振，并逐渐被印度商人取代。但是华人凭着中华民族吃苦耐劳、坚忍不拔的个性，在当地法律允许的范围内，充分发挥他们的聪明才智，搞多种经营，除了经商开店外，有的跨入了制造业，有的经营房地产，还有的人独具慧眼，看准了斐济不产蔬菜这块空白，搞蔬菜种植业。经过多年的辛勤劳动，华人经营的工商业和农业才达到了当今的重要地位。

4. 目前斐济华人的生活剪影

在繁荣斐济经济的过程中，华人不声不响地做出了极大的贡献，华人社区目前已经发展成为斐济社会举足轻重的一部分，华人也非常受社会尊重。他们或者开餐馆、面包房和小百货店，或者大量种植蔬菜，通过辛勤的劳动

---

① 孙嘉瑞：《斐济华人史话》，《中山侨刊》第66期，2005年12月1日，中山市外事侨务局网站，http://www.zsnews.cn/zt/zsqwj/2006/01/26/650896.shtml。

走上致富之路，同时他们也成为斐济经济繁荣的一大支柱，比如在华人移民到来之前斐济只能从国外进口蔬菜，而现在斐济已经向国外出口蔬菜了。

苏瓦生意兴隆的蔬菜集市是首都最热闹的地方，住在苏瓦的人都知道要想吃到最好的蔬菜就得到华人的摊位上去买。芬尼拥有一个典型的家庭农场，他每天都把自己生产的蔬菜拿到这个集市来卖，有卷心菜、黄瓜、胡萝卜等，品种繁多，质量上乘。芬尼每天早上6点起床，然后到农场装运新鲜蔬菜，7点左右赶到集市上来卖菜。这儿的大多数菜农在日常生活中仍然说中文，他们把子女送到苏瓦的中文学校念书。那所学校主要录取华人子弟，但斐济学生只要功课好也能进那所学校。

在苏瓦沿海大道上有几十家中国餐馆和杂货店，一家杂货店丰牛顿先生的出口生意小有成就，还经常帮助这里的华人社区募集捐款。他是这里的第一代斐济华人，基本上是在斐济长大的，在斐济上中学，在澳大利亚的悉尼上大学，毕业后回到斐济做生意。

曼丽成衣厂是一家华人开办的服装厂，坐落在一大片新建的工业区内。斐济政府为了吸引外资把该地区划为免税区。曼丽的经理邓丽莎说，斐济当地熟练工人实在太少，若不是她从中国招了20名技术工人，曼丽早就关门了。曼丽成衣厂生产的服装大部分出口到澳大利亚，由于产品质量过硬，销路一直很好。

5. 斐济华人参与政治的情况

与世界许多地方的华人一样，斐济华人也一向不愿意抛头露面。从历史上看，华人不关心当地的政治，也不参与当地政务，华人在斐济从政者较少。据记载，在1882年斐济迁都苏瓦之前，华人方文清曾任苏瓦镇公所所员，这算是第一位参政的华人。此后，1946年郑观陆（曾任国民党驻斐济副领事）、余国明、李乐臣先后被任命为苏瓦市议会议员。1966年，司徒泽被选为苏瓦市议员，并于1967年被任命为苏瓦市第一位华人副市长。同年，西区的华人黄润江被任命为斐济第二大城市劳托卡市的第一位华人市长。1967年，英国殖民政府试行自治国会的首次选举，华人工程师、学者余汉宏先生当选为议员，并连任两届。1982年，华裔何志美先生继任。1987年大选中，何志美先生和另一华裔司徒慈先生双双入选。另一华人余国明先生，则作为反对党成员也曾两届被选为议员。斐济华人除上述参政的几位外，绝大多数在斐济以从事商、工为主。

三　华人社团与华语学校

斐济华人主要聚居在位于第一大岛维提岛的首都苏瓦及其近郊劳托卡、楠迪等地，2007 年斐济有华人 4704 人。在斐济第二大岛瓦努阿岛兰巴萨市有华人百余人，他们是当地出生的第二代或第三代华人，操英语或斐济语。有些是中斐混血，他们对中国所知甚少。但所有华人都对中国有着亲切的感情。平时他们为了各自的生计各奔东西，一年之中难得有机会相聚。但当听说中国国内有人来此访问时，便会聚集一堂。

1. 华人社团

与其他南太平洋岛国一样，斐济华人也有自己的社会团体。在斐济，华人社团不算多，在 20 世纪 80 年代主要有四家，分别为斐济华人协会、中华教育协会、中华俱乐部和中华青年文化协会。

（1）"斐济华人协会"

"斐济华人协会"是斐济影响最大、成员最广泛的华人社团。该会的前身是 1988 年由工程师余汉宏、绅士余其祥和商业家高伟忠等人首创的培华社。顾名思义，培华社的宗旨就是通过各种活动培养华人弘扬和继承中华文化的意识、促进中斐人民之间的了解和友谊。培华社主要联系以苏瓦为中心的东部地区的新老华侨和华人。1994 年，在培华社的基础上，建立了全国性的斐济华人协会，余汉宏为会长，高伟忠为秘书长。不久，在西部城市劳托卡建立了斐济华人协会西北区分会。迄今，斐济华人协会是斐济影响最大、成员最广泛的华人社团。

（2）中华教育协会

中华教育协会以逸仙学校为基础，团结华人，以中华文化教育新一代。教育协会理事会每年 3 月改选一次。余汉宏、余其祥等人都曾连任该协会主席或理事，为中华教育事业做出了贡献。

（3）中华俱乐部

中华俱乐部是主要以娱乐、饮食和聚会的形式联络各界华人的商业性社团。

（4）中华青年文化协会

中华青年文化协会几乎全部由当地出生的华裔青年组成，其中不少是逸仙学校毕业的学生，他们在逸仙学校受到过中华文化的启蒙教育。文化协会的宗旨是研究和弘扬中华文化，主要活动是举办中国舞蹈表演和音乐、电影欣赏。

此外，1994 年在西部城市劳托卡还建立了一家地区性的"中华商会"，其活动范围在西部地区。

2. 逸仙学校及其汉语教学

（1）逸仙学校

在斐济，有一所华语学校，深受华侨华人的爱护。此校原名为华侨学校，因斐济是多民族国家，斐济政府明令学校不得冠以本民族的名称，故后来改名为逸仙学校。1936 年 6 月 15 日此校创建于首都苏瓦的国民党总部，原名为"飞枝华侨小学"。经当时各界侨胞慷慨解囊，几经筹措，于 1937 年正式开学。后侨胞组织"建校委员会"（即华校主管部门——中华教育协会的前身）向侨胞筹得数千镑巨款，并从英国教会购买哥顿街物业，华侨小学便于 1938 年从苏瓦国民党总部迁往至此。

1947 年，富商郭清河先生在苏瓦扯旗山地区开发大面积租地，"建校委员会"副董事长兼华侨小学校长余锦荣先生，要求郭清河先生从该地中保留 7 英亩（24000 平方米）土地作为华校用地。在捐赠土地的郭清河先生和承建商谢池着先生及当时号称"六君子"的余锦荣、邝士奇、司徒炳璇、谭炳南、方瑞田和方作标（方利）共同努力下，1952 年 2 月 7 日华侨小学第一幢教学楼建成，次年该校由哥顿街旧址搬进新校园。

1970 年斐济脱离英国宣布独立，政府明令学校不得冠以本民族名称。华侨小学遂于 1976 年改名为"逸仙学校"，并招收非华人子女入学。直至现在，不但有华人子女，也有斐济族、印度族等民族子女在该校读书。1936 年华侨小学有 12 名男生、5 名女生，到 1986 年，逸仙学校已有学生 675 名。1984 年 10 月 1 日，斐济教育部批准设立中学部。1986 年首次招生，逸仙中学成立，仍合称"逸仙学校"。逸仙小学一直得到中国台湾地区的资助，使用的汉语教材由台湾"侨委会"提供，教授的是繁体字和注音符号。中学则得到我国政府的支持，中学的两位汉语老师由我国教育部派遣。中学使用的教材由国务院侨办提供，教授的是简体字和汉语拼音。逸仙学校还得到中国侨联的帮助，中国侨联两次捐赠了电脑等教学设备。

逸仙学校自建校迄今，一直秉承弘扬中华文化，不忘祖国的宗旨，培养了大量的华人子弟，为继承和弘扬中华文化做出了重大贡献。

随着社会的发展，逸仙学校也发生了重大变化。首先，学校的规模由单一的小学部发展为中学、小学两部，学生由几十人到今天的数百人。与此同时，学校的占地规模、教室校舍及各项设施也今非昔比。其次，为使华人子弟适应当地就业的需要，由原来的着重中文教学，发展为中英文并重。这样，作为华人子弟，既学习了中文，饮水思源，不忘祖宗；同时作为斐济社会的一分子，又学了英文，便于就业。

经过几十年的教学，逸仙学校越办越好，教学质量和管理水平之高已闻名遐迩。当前，不仅华人子弟必进逸仙，就是其他民族，如印度族、斐济族、澳大利亚人、新西兰人对其也深为仰慕，纷纷把自己的子女送入逸仙学校就读。故现在的逸仙学校已成为以华人子弟为主也吸收其他民族儿童的多民族的学校。由此也显示了华人社会和当地人民之间友好相处的良好关系。

逸仙学校是南太平洋地区唯一的一所由华侨自办的以华侨子弟为主的华文学校。斐济的华侨与华人人数不太多，但他们一向珍视中华文化，团结办学，实在是可贵和可敬。中国有关部门也很重视并积极支持他们继续办好逸仙学校。从1985年起，中国免费派遣两名教师在中学部任教。他们结合当地情况和学生的文化程度，自编一套教材，从几年的试用情况看，学生对其易于理解、接受和记忆，有事半功倍之效。

（2）逸仙中学的汉语教学

逸仙中学是斐济唯一设置汉语课程的中学。修汉语课的不仅有华人子弟，也有其他民族的学生，如斐济族、印度族学生及少量澳大利亚人、新西兰人、日本人、韩国人等。学校规定凡有华人血统的学生必须学习汉语，所以对他们来说汉语课是必修课，对其他民族的学生则是选修课。无论是必修课还是选修课，汉语考试成绩一律登入期末成绩单，对学习优秀者发奖以资鼓励。毕业班汉语成绩最佳者被授予最高荣誉——"汉语杯"。

各年级的汉语课均按学生的汉语程度分为快班和慢班。华人学生一般分在快班。他们的汉语有一定基础，大多会说广东话，能听懂普通话，所以教师用普通话授课；使用的教材是北京语言大学编写的汉语课本，教学进度比较快，每周 3 课时，除了课本内容外，还由教师根据实际需要编选一部分补充材料。非华人血统学生分在慢班，教学进度较慢，每周 2 课时，教学要依靠英语作媒介。

斐济的通用语言是英语、斐济语和印地语，学生的汉语学习缺乏必要的语言环境，只能接触到一些中文报刊、中文电影以及汉语广播等，有一定的听、读的机会，说、写的机会是很少的。针对这种情况，斐中汉语课的教学采取了突出听、读，以听、读带动说、写的做法。例如，在语音教学中，辨音能力的训练领先于发音能力的训练，先安排大量的辨音练习，在此基础上安排适量的发音练习，必要的时候对发音要领予以简单扼要的说明，不从理论上做过细的讲解，主要让学生通过实践慢慢找到正确的发音部位和发音方法。在汉字教学中，先教认字，通过大量辨字练习培养学生认读汉字的能力，然后逐步开展汉字书写能力的训练。

该校汉语班除讲授汉语课外，还设有中国文化课。文化课每周一次，课上利用图片、录像介绍中国历史、地理、教育、文化、风俗习惯等情况，很受学生欢迎。围绕语言教学，还开展了丰富多彩的语言文化实践活动，如学中国民歌和中国民间舞蹈，定期举办汉语故事会，配合各民族传统节日的庆祝活动组织学生进行汉语节目表演，等等。这些活动既丰富了学生的文化生活，增进了他们对中华文化的了解，又提高了他们的学习兴趣，增强了学好汉语的信心，实在是一举多得。①

3. 劳托卡中华学校

斐济另一所历史悠久的中华学校是劳托卡中华学校，1930 年建于斐济维提岛西部的第二大城市劳托卡。

---

① 罗玉华：《斐济逸仙中学的汉语教学》，《世界汉语教学》1993 年第 3 期，第 240 页。

现存的教学楼是 1946 年由华侨华人集资兴建的。经过几十年的风吹雨打，主楼的木板墙和铁皮屋顶已经破旧不堪。该校董事局成员均由华人担任。

该校目前办的是初级学校，以英文教学为主，由于资金不足，师资匮乏，尚未开设中文课程。一个班只有十多个学生，最多的有 20 多位，不同民族、不同肤色的孩子们跟着老师朗朗诵读。华人学生有近 20 个，他们积极筹措资金进行学校建设。[1]

四 中斐经贸关系

中斐两国自建交以来，双边贸易发展稳定。据中国海关统计，1976年双边贸易额仅 230 万美元，均为中国出口。2012 年中斐贸易额达 2.36亿美元，同比增长 37%。其中斐济自中国进口 2.14 亿美元，同比增长25%，对中国出口 0.22 亿美元，同比增长 1816%。斐济是中国在太平洋岛国（不包括澳大利亚、新西兰）中的第 5 大贸易伙伴，中国是斐济第 6大贸易伙伴。[2]

表 8 - 2 是中国海关统计的 2008～2012 年中斐双边贸易情况，从中我们可以看到中斐两国贸易的飞速发展。

表 8 - 2　2008～2012 年中斐双边贸易统计

单位：万美元

年份	总额	中国出口	中国进口
2008	9200	9108	92
2009	9713	9655	58
2010	12863	12768	95
2011	17243	17121	122
2012	23619	21403	2216

资料来源：中国海关统计数字。

---

① 闽江：《小岛国中的老华校——记斐济群岛共和国中的华文学校》，《海内与海外》2007年第 5 期，第 57 页。

② 《中斐双边贸易》，中华人民共和国驻斐济大使馆经济商务参赞处，http：//fj. mofcom. gov. cn/article/zxhz/sbmy/201307/20130700204869. shtml。

据中国海关统计，2012 年中国对斐济出口商品主要类别包括机电设备、机械器具、鱼类产品、钢铁制品、车辆及其零附件等，而中国从斐济进口商品主要类别包括矿产品、木及木制品、饮料、鱼类产品以及其他动物产品等（见表 8 - 3、表 8 - 4）。

表 8 - 3　2012 年斐济对中国出口的五大类商品

单位：万美元

商品名称		商品名称	
矿砂、矿渣及矿灰	1582.4	鱼及其他水生无脊椎动物	44.0
木及木制品	414.6	其他动物产品	25.4
饮料、酒及醋	128.8		

资料来源：中国海关。

表 8 - 4　2012 年斐济自中国进口的五大类商品

单位：万美元

商品名称		商品名称	
机电设备及零附件	2904.2	钢铁制品	1295.2
机械器具及零件	2513.6	车辆及其零附件	1152.9
鱼及其他水生无脊椎动物	2479.3		

资料来源：中国海关。

1. 斐济向中国出口椰子和深海鱼产品

斐济商业部部长 Taito Waradi 先生是来华贸易代表团的成员，他与上海一些私营企业就椰子产品的加工和深海鱼产品出口及在超市零售的问题进行磋商。

据信息部的消息称，双方就相关问题的讨论已经开始并将激烈地进行下去，直到中国允许斐济向其出口椰子相关产品并允许增加深海鱼出口量。①

2. 中国公司在斐济勘探开采铝矾土矿

2011 年，斐济共和国土地与矿产资源部部长内塔尼·苏卡纳伊瓦卢

———————

① *Cocommunity*，2007（10），p.9.

（Netani Sukanaivalu）向中国信发奥若姆（Aurum）勘探（斐济）开发有限公司颁发土地租赁合约，允许该公司在斐济 Bua 省的北部 Naw Ailevu 地区进行铝土矿勘探与开发。在交接仪式上，苏卡纳伊瓦卢向奥若姆开发有限公司执行董事西蒙·陈保移交了相关文件。陈保表示在斐济政府的支持下，该公司和当地政府将携起手来为共同利益而努力。

奥若姆开发有限公司是斐济第一家开采铝矾土的企业，该公司可以合法使用 165 公顷土地进行开采。该块土地所有权属于 Naicobo 和 Noro 两家单位。在斐济 2010 年土地使用法令和 2011 年土地使用规定颁布后，该土地协议是该国第一个土地租赁协议。苏卡纳伊瓦卢说："政府刚刚实行的土地改革同时也解决了土地使用的问题，包括解除了土地所有者从租赁者手中得到公平的回报，以及确保土地承租人的使用。"①

3. 中斐合资采伐首批木材

江苏国际信托投资公司与斐济劳托卡木材公司合作，于 1987 年 6 月在斐济北部海岛区的拉比岛采伐首批原木。劳托卡木材公司与当地吉·普林专业承包公司签订为期三年的合同，后者承包全部采伐工程，包括修建林区道路、伐木、运材至码头集散场地等。劳托卡公司按每立方米木材的约定价付给吉·普林公司和拉比岛议会。

首批采伐的原木有黄桐、红厚壳、肉豆蔻和竹柏等品种，一般材长 4.5~6 米，材径在 0.5 米。

每年 5~10 月，正值斐济的旱季，是采伐木材的好季节，双方都努力增添设备，改进调度和完善设施，以期达到预定的指标。

4. 中国投资斐济瓦图科拉金矿

中国中润国际矿业公司已签署了一项最多可以持有斐济瓦图科拉金矿 17.6% 股份的协议，这是中国在斐济金矿业的第一大投资。根据这笔在伦敦证券交易所宣布的交易，中润以每股 97 美分的价格购买价值 900 万美元的新普通股，拥有斐济瓦图科拉金矿 9.2% 的首期股份。中润在 2011

---

① 郑素芳：《斐济将向中国出口椰子和深海鱼产品》，《世界热带农业信息》2007 年第 11 期。

年 7 月 23 日之前，还可以以每股 1. 24 美元的价格再购买价值 9 亿美元的股份。这样的话，中润就会拥有斐济该金矿总额 17. 6% 的股份。这家斐济最古老金矿的股价曾经遭到股市的冷落。斐济政变领导人，以及临时政府总理姆拜尼马拉马一直致力于增强斐济与中国的贸易和投资联系。①

5. 12 台恒通客车，加强中斐联系

2011 年 4 月 9 日，斐济首都苏瓦陆地运输管理局（Land Transportation Authority）就订购首批恒通 12 台新车正式举行新闻发布会。12 台恒通客车，正式拉开了恒通客车进入斐济市场的序幕。

斐济国家旅游部部长 Aiyaz Sayed-Khaiyum、陆地运输管理局首席执行官 Naisa Tuinaceva、斐济客户 Arvind Maharaj、恒通外贸公司的颜昆和唐力今，当地 10 家左右的运输公司代表等，以及当地各大新闻媒体均出席发布会。

会上，客户 Arvind Maharaj 及部长 Aiyaz Sayed-Khaiyum 代表斐济方面做了简单讲话，谈论了斐济市场对新型公交车的需求，以及政府推动公交车系统改革的意图。颜昆作为恒通客车的代表，介绍了恒通客车的历史及发展状况，对首批到达的客车进行了针对当地市场的介绍，另外提及了与 Arvind Maharaj 一起进行售后服务的规划，打消了当地客户对售后服务问题的担心。

斐济首都苏瓦陆地运输管理局表示，选择恒通客车的原因在于，恒通客车强大的技术优势及其在公交客车方面深厚的历史积淀。更重要的是，恒通客车是在对当地的公共交通状况深入分析与研究后，进行具有针对性的产品研发，为客户提供符合各地实际需求、切实可行的具体公共交通解决方案。这也是斐济运输管理局选择恒通客车的最大因素。

恒通客车发往斐济的 12 辆客车，不仅在性能上考虑到了当地市场的特色，在其交通和旅游特点上更是深入分析研究，综合了各方要素。其时尚的外观、超凡的气质、超大的容量，以及优良的操控性、安全

---

① 中山大学大洋洲研究中心：《大洋洲研究通讯》2012 年第 1 期，http：//ntdgyj. lcu. edu. cn/kindeditor－4. 1/attached/file/20130228/20130228100703_ 67532. pdf。

性和经济性、适用性的完美结合，加上恒通客车的高性价比和良好的市场运营实力，在各方面均满足斐济的要求，赢得了首批进入斐济的通行证。首批恒通12辆城市客车，将被分配到当地城市的各主干道进行运营。

随后，与会人士共同乘坐了恒通客车的车辆，一致予以好评。在此次发布会上，各与会人士反应热烈，兴趣浓厚。发布会得到斐济政府人士的支持，斐济当地各媒体都积极报道，在当地收到了良好的效果。①

6. 斐济中资企业的状况

我国从1985年开始与斐济开展互利合作业务。当时，国内两家企业开始着手在斐济联合投资开办一家纺织品生产企业，并共同经营一家餐馆。此后，1992~2000年，我国国内一些规模较大的国际经济技术合作公司也相继到斐济投资，从事土地开发、建筑、经援、服装加工及承包工程等项目。同时，还有一些国内企业到斐济投资，从事畜牧养殖、商品销售及旅馆等投资项目。

20世纪90年代后期进入斐济市场的四家国有国际经济技术合作公司主要从事承包及租赁等项目，总体运营尚算良好，其他早期的中资企业经历了几年甚至十几年的海外经营和发展，已发生了根本的改变，一些企业实际上已成为办事处，仅有一人留守，或已改为个人经营。早期投资的纺织品生产企业和餐馆项目早已不复存在：该纺织品生产企业于1994年12月宣布破产，企业成立时投入的上百万美元流失；餐馆的经营权也早已出售。一家服装加工企业也由国有企业经营转变为个人承包，2000年该服装项目交接时，该厂实际上已成为一个空架子，只有空空的租赁厂房和残存的数台破旧机器。另一家后进入斐济的我国国有企业投资的独资服装加工企业，虽作为我国境外带料加工企业，却一直只能承接当地大服装厂转包的二手单，靠收取加工费经营。因此，一些国有企业早期在斐济的投资基本已化为乌有，造成国有资产的严重流失。②

---

① 十思：《12台恒通客车，开启扩疆斐济序幕》，《交通世界》2011年第16期，第57页。
② 杨亚莎：《从斐济中资企业看我国企业走出去》，《国际经济合作》2005年第1期，第30页。

五　中斐政治关系与友好往来

1. 中斐政治关系

中国同斐济于 1975 年 11 月 5 日建交。2006 年 4 月，时任国务院总理温家宝访斐并出席在斐举行的 "中国－太平洋岛国经济发展合作论坛" 首届部长级会议开幕式期间，两国宣布建立和发展 "中斐重要合作伙伴关系"。

1976 年中国在斐设大使馆，并派常驻大使。现任中国驻斐大使黄勇，2011 年 7 月履新。历任中国驻斐济大使参见表 8 - 5。

表 8 - 5　历任中国驻斐济大使

	姓　名	任　期		姓　名	任　期
1	米国均	1977.05 ~ 1980.08	7	陈京华	1998.09 ~ 2000.10
2	申志伟	1980.12 ~ 1985.02	8	章均赛	2000.11 ~ 2004.01
3	冀朝铸	1985.09 ~ 1987.05	9	蔡金彪	2004.03 ~ 2008.09
4	徐明远	1987.09 ~ 1991.03	10	韩志强	2008.10 ~ 2011.06
5	华君铎	1990.12 ~ 1993.11	11	黄　勇	2011.07 ~
6	侯清儒	1993.12 ~ 1998.08			

资料来源：中华人民共和国驻斐济共和国大使馆。

2001 年，继巴布亚新几内亚独立之后，斐济系第二个在中国建立大使馆并派常驻大使的南太平洋岛国。此前，是由斐济驻日本大使馆兼管中国事务。现任驻华大使泰莱尼，2011 年履职。

建交以来，两国关系发展顺利。中方访问斐济的主要有：中共中央总书记胡耀邦（1985 年）、国家主席杨尚昆（1990 年过境）、总理李鹏（1992 年过境）、总理温家宝（2006 年）、人大常委会委员长乔石（1994 年过境）、政协主席李瑞环（2001 年）、贾庆林（2005 年过境）、国家副主席曾庆红（2005 年过境）、国家副主席习近平（2009 年过境）、人大常委会副委员长彭冲（1992 年）、王丙乾（1995 年）、周光召（2000 年）、许嘉璐（2005 年）、政协副主席罗豪才（2004 年）、李贵鲜（2005 年）、副总理陈慕华（1979 年）、副总理兼外长钱其琛（1996 年）、副总理回良玉（2011 年 9 月过境）、国务委员刘延东（2010 年 12 月）、外长李肇星（2006 年）。

斐方访华的主要有：总统加尼劳（1991 年）、伊洛伊洛（2003 年）、总理马拉（1978 年、1985 年、1988 年、1990 年）、兰布卡（1994 年）、乔杜里（1999 年）、恩加拉塞（2002 年、2004 年、2005 年）、姆拜尼马拉马（2008 年北京奥运会开幕式，2010 年出席上海世博会斐济馆日活动，2011 年）、众议长库里桑吉拉（1993 年）、奈拉蒂考（2002 年 4 月）、参议长索卡纳乌托（1993 年）、参议长伊洛伊洛（1996 年）、万加瓦卡通加（2002 年 4 月、2003 年）、外长塔沃拉（2001 年、2002 年、2003 年）、奈拉蒂考（2007 年、2008 年 9 月）、初级产业部长索卡纳辛加（2009 年 9 月首届"中国－太平洋岛国农业合作论坛"）、警察总监泰莱尼（2009 年 6 月）。

2010 年 8 月，斐济总理姆拜尼马拉马出席上海世博会斐济国家馆日活动并访问苏州、宁波、义乌。9 月底 10 月初，总统奈拉蒂考来华出席宁夏国际投资贸易洽谈会及上海世博会中国国家馆日活动。10 月，外长昆布安博拉正式访华。2011 年 4 月，代理国防、国内安全和移民事务部部长索卡纳辛加访华。7 月，外长昆布安博拉访问浙江。8 月，总统奈拉蒂考出席第 26 届夏季世界大学生运动会开幕式。

（1）1978 年中斐构筑高端平台

1975 年 11 月 5 日，中斐两国正式建交，从此，两国关系有了新的发展。1977 年 6 月，中国重庆杂技团访斐，同年 10 月，斐济工商部长穆罕默德·拉姆赞率斐济政府贸易代表团访问中国。1978 年 6 月 11～15 日，斐济总理马拉首次访华。当中国领导人走上前与马拉握手时，欢迎的人群爆发出雷鸣般的掌声。车队在长安街上行进，两旁挤满了驻足观看的人群。高大的建筑物上悬挂着一幅幅大标语：坚决支持斐济人民维护民族独立和国家主权的正义斗争！坚决支持第三世界国家和人民团结反霸的正义斗争！

在当晚举行的欢迎宴会上，李先念代表中国政府，向马拉总理和夫人，向全体斐济贵宾表示热烈的欢迎。在讲到国内形势时，李先念说，粉碎"四人帮"后，我国社会主义革命和建设形势越来越好。马拉在讲话中表示：中国是最古老文明的摇篮之一，世界上有许多人都梦想能到中国来。因此，能作为一个 60 万人口的小国的领导人到伟大的国家做客，感到很荣幸。他还表示很欣赏中国一贯对小国和发展中国家的问题和立场表示关心和理解。这种态度、这种支持和承认经常鼓舞着斐济去追求发展斐济和维护斐济独立的目标。

随后的几天中，李先念副总理同马拉总理举行了两次会谈。华国锋会见了马拉一行，并同斐济代表团及中方全体接待人员一起合影留念。

马拉的访问是完满的，国务院副总理李先念和夫人林佳楣、人大常委会副委员长许德珩、第一机械工业部部长周子健等应邀出席了 1978 年 6 月 13 日马拉举行的告别宴会。马拉满意地谈到他对中国的访问认为这两天，我们的会谈是范围广泛和极为宝贵的，已经为发展中斐的友谊和合作奠定了现实的基础。双方都认为，两种不同的社会可以建立密切友好合作的联系，这有利于双方的人民。李先念副总理在讲话中表示深信：中国和斐济之间的友好关系将在互相尊重主权和领土完整、互不侵犯、互不干涉内政、平等互利、和平共处五项原则的基础上，得到进一步的发展和加强。

1978 年 6 月 14 日，《斐济时报》发表题为《中国向我们表示友好》的社论，社论认为：马拉总理和夫人在北京受到中国人民的热烈欢迎表明了世界上人口最多的国家对我们这样一个小国的友好和尊重。马拉总理对中国的访问证明是一次成功的外交主动行动……中国人给予总理和斐济代表团以红地毯规格的欢迎，这样规格的欢迎只有中国最好的朋友才能享受。我们从这次访问中得到许多收获，存在着同中国扩大贸易的前景。

马拉总理一直对毛泽东主席很敬仰，可惜伟人已驾鹤西去，于是斐方提出瞻仰毛主席遗容。6 月 14 日上午，马拉和夫人由李先念副总理和夫人陪同，到毛主席纪念堂瞻仰毛泽东主席遗容，并在毛主席坐像前献了花圈。花圈的缎带上写着："悼念中国人民的伟大领袖、尊敬的毛泽东主席。"随后，斐济贵宾缓步进入瞻仰厅，在毛泽东主席遗体前肃立默哀。

为了表示友好的情谊，马拉访华之际，斐济特别派遣国家男子篮球队来华进行友谊赛。6 月 12 日晚，首都体育馆洋溢着中斐两国人民友谊的热烈气氛。在奏中斐两国国歌后，许德珩副委员长同马拉和夫人一起步下主席台，跟中国国家男子篮球队（实为预备队）和斐济国家男子篮球队亲切会见，并同他们一起合影留念。这时，全场 1.8 万名观众长时间的热烈鼓掌。比赛以 103：81 小胜斐济队。

在马拉举行的告别宴会上，中方也出人意料地演出了精彩节目：军乐团在宴会演奏中，突然奏出马拉父亲写的一首歌，名为《故乡的河》，斐济贵宾和斐济篮球队队员们自发地将军乐团围拢起来，用自己的家乡语尽兴地演唱起来。当第二首乐曲《告别歌》响起时，马拉总理走过去，接过乐团指挥的指挥棒，深情地指挥着临时合唱队和中国乐队演奏他父亲的遗作，以表达对中国朋友依依惜别之情。[①]

（2）胡耀邦访问南太平洋五国

中共中央总书记胡耀邦应澳大利亚、新西兰、西萨摩亚、斐济和巴布亚新几内亚政府的邀请，1985 年 4 月 12 日离开北京，先后对这 5 个南太平洋国家进行了为期 12 天的成功访问，于 4 月 24 日回国。访问期间，胡耀邦受到 5 国领导人和人民的盛情款待和热烈欢迎。

胡耀邦这次出访南太平洋五国取得了圆满成功，并达到了预期的目的，促进了我国与南太平洋国家的友好合作关系，对亚洲和太平洋地区的和平与稳定产生积极的影响；增强了我国同这些国家的领导人和广大人民之间的相互信任，使他们了解到中国真心实意地谋求和平，谋求友好，谋求在和平共处五项原则的基础上，同这些国家建立长期的合作关系，把我国同南太平洋各国的友好合作关系推进到一个新水平。

（3）1995 年全国人大代表团访问斐济

应斐济、西萨摩亚和澳大利亚三国议会的邀请，王丙乾副委员长率全国人大代表（团员为张绪武、刘政、吕传赞、王群、卢克俭）于 1995 年 11 月 17 日至 30 日对上述三国进行了正式友好访问。

斐济议会和政府对这次访问非常重视，接待规格高，热情友好。访问

---

①　张兵：《1978，中国、斐济构筑了高端平台》，《纵横》2006 年第 6 期，第 26～28 页。

期间，除斐济议长均会见并宴请了代表团外，斐济总统马拉、总理兰布卡分别会见了王丙乾副委员长或代表团成员。代表团抵离时，斐济议会秘书长都到机场迎送。

在访问过程中，斐济领导人表示支持一个中国的政策，支持台湾回归中华人民共和国，赞成中国在国际事务中奉行的不干涉他国内政政策，认为中国也应受到同样的对待。

代表团除了对首都苏瓦进行访问之外，还访问斐济的楠迪，参观了糖厂、南太平洋大学等，并与斐济华侨、华人进行了广泛的接触，受到各界人士的热情欢迎和友好接待。

（4）2003 年农业部齐景发副部长率渔业代表团访问斐济

应斐济渔业与林业部邀请，齐景发副部长率团于 2003 年 3 月 19～28 日访问了斐济。

斐济是我国在南太的重要远洋渔业基地。2002 年 5 月 27 日，我国农业部与斐济渔业与林业部在北京签署了两国间渔业合作谅解备忘录。齐景发副部长访问斐济期间，与斐济渔业与林业部部长举行了会谈，探讨了如何进一步发展两国渔业合作，落实部门间渔业协议的问题。双方商定，2003 年第 3 季度在北京举行中斐渔业联合委员会第一次会议，具体商讨扩大渔业合作问题。在斐济期间，齐景发副部长一行还与我国中国水产总公司驻斐济的工作人员举行了座谈，并视察了我国在斐济作业的金枪鱼渔船。[①]

（5）2006 年温家宝总理的南太之行

斐济是南太平洋论坛的创始国。2006 年在斐济举办首届"中国－太平洋岛国经济发展合作论坛"，并邀请温家宝总理出席开幕式，这是自 1995 年斐济提出"面向亚洲 2000 年""向北看"，积极发展同亚洲各国的关系，特别重视发展同中国关系的一贯政策表现。

温家宝总理应斐济共和国总理莱塞尼亚·恩加拉塞的邀请，于 2006 年 4 月初访问斐济并出席在斐济举行的首届"中国－太平洋岛国经济发

---

① 刘小兵：《齐景发副部长率渔业代表团访问日本和斐济》，《中国水产》2003 年第 5 期。

展合作论坛"会议开幕式。

2006年4月初，温家宝总理对澳大利亚、斐济、新西兰与柬埔寨四国进行了友好访问，并出席了在斐济举行的首届"中国－太平洋岛国经济发展合作论坛"开幕式。这不仅是中国同南太平洋诸岛国关系中的一件大事，中斐关系史上的一件大事，同时，这也是中国政府首脑第一次正式访问南太平洋岛国。

温总理的此次出访，搭建了中国与太平洋岛国合作发展的新平台。中方倡议召开的"中国－太平洋岛国经济发展合作论坛"首届部长级会议在斐济成功举行，温总理分别会见了与会的南太平洋岛国领导人，并与他们共同出席会议开幕式。会上，温总理宣布了中方支持和帮助南太平洋岛国发展的多项优惠政策和措施，并同有关各方签署了25项合作文件，赢得与会各方的广泛赞誉。这次"论坛"在中国和南太平洋岛国关系发展史上具有里程碑意义，必将成为南南合作的新典范。

温总理的出访有助于扩大影响，遏制"台独"势力。南太平洋岛国是"台独"势力活动的重点地区。一些南太平洋岛国出于眼前利益的考虑，或者由于国内政局的变化，在台湾问题上的立场反复无常。台湾现有22个所谓的"邦交国"中，南太平洋岛国就占了6个。针对这种情况，中国从政府、企业、民间多方位着手，以经贸为纽带，加强与该地区的联系，播撒"和平、发展、合作"的理念，必将扩大中国对该地区的影响，有利于南太平洋岛国对"一个中国"原则的广泛认同。温家宝总理此次访问，除了将大大提升中国与南太平洋岛国之间的经贸合作水平外，对遏制"台独"无疑也有着重要的作用。

（6）2006年上海市人大常委会代表团访问斐济

应斐济议会邀请，2006年10月20日，上海市人大常委会副主任王培生率代表团（成员包括王中、周锦尉、严厚尧、宋龙明、周师迅等）对斐济进行了友好访问。

访问期间，代表团在中国驻斐济大使蔡金标的陪同下，正式拜会了斐济众议院，与众议院议长皮塔·纳苏瓦先生进行了友好会谈。会谈后，代表团又应邀参加了斐济众议院外交事务委员会11名委员的全体例会。

上海市人大常委会的首访成功，积极探索并开拓了地方人大配合全国人大，在复杂多变的太平洋岛国地区积极开展议会外交和对台斗争的新领域，同时也积累了宝贵经验，为以后进一步增强与更多太平洋岛国的交流与互信、发挥地方人大议会外交积极作用奠定了良好基础。

2. 中、斐党际往来

（1）团结的斐济党与中国

2004 年 9 月，应中国共产党邀请组织执政党联盟代表团访华并出席在北京召开的第三届亚洲政党国际会议，其间与中国共产党正式建立党际关系。2005 年 6 月，中共中央对外联络部部长王家瑞应该党邀请访问斐济。2005 年 8 月，该党全国主任班巴率团访华。2006 年 7 月，该党主席洛基率团访问中国。

（2）斐济工党与中国

斐济工党是社会党国际①咨询成员党。2005 年 6 月，中共中央对外联络部部长王家瑞访问斐济期间曾会见该党副领袖布内和主席考罗伊。2005 年 8 月乔杜里率该党代表团首次应中国共产党邀请访华，两党正式建立党际关系。2006 年 10 月，该党领袖乔杜里再次率团应中国共产党邀请访问中国。

3. "中－太平洋岛国经济发展合作论坛"

2006 年 4 月 6 日，"中－太平洋岛国经济发展合作论坛"首届部长级会议在斐济楠迪闭幕。中国、库克群岛、斐济、密克罗尼西亚联邦、纽埃、巴布亚新几内亚、萨摩亚、汤加和瓦努阿图的部长与会，并代表各自政府在"纲领"上签了字。澳大利亚联邦和新西兰也派代表出席了会议。中国同 8 个太平洋岛国在会议期间签署了经济发展合作行动纲领。

此次会议受到了中国和太平洋岛国的高度重视。中国国务院总理温家宝 5 日出席了会议开幕式并发表了题为《加强互利合作 实现共同发展》的主旨讲话。斐济总理恩加拉塞和太平洋岛国论坛轮值主席、巴布亚新几

---

① 社会党国际是当今世界最大的国际性政党组织，1951 年成立，总部设在伦敦，主张实行民主社会主义，反对权力集中。

内亚总理索马雷也在开幕式上致辞。

在开幕式上，中国与库克群岛、斐济、密克罗尼西亚、纽埃、巴布亚新几内亚、萨摩亚、汤加、瓦努阿图等太平洋岛国的政府共同签署了《中国－太平洋岛国经济发展合作行动纲领》。各方同意在平等互利、优势互补、互尊互信的基础上，建立经贸合作伙伴关系。

中国与太平洋有关岛国政府还签署了近 30 项政府间协议。中国政府将增加对太平洋岛国的优惠贷款规模，对萨摩亚、瓦努阿图等最不发达国家的部分对华出口产品实施零关税，并在能力建设、禽流感防治、地震监测等方面向岛国提供支持。

继斐济、汤加、瓦努阿图、库克群岛之后，巴布亚新几内亚、萨摩亚、密克罗尼西亚成为中国公民出境旅游的目的地。斐济和密克罗尼西亚等国宣布承认中国的完全市场经济地位。

此次会议由中国商务部和斐济外交外贸部共同主办。中国商务部组织了由 360 多人组成的经贸代表团参会，其中包括林业、旅游、民航、农业等行业的政府主管部门的负责人和 80 多家有实力的企业的代表。各方就加强中国与太平洋岛国的经贸合作达成了许多重要共识。

会议决定，论坛部长级会议通常每 4 年举行一次。"中国－太平洋岛国经济发展合作论坛"第二届部长级会议将在北京举行。

4. 中方对斐济的友好援助

（1）中铁五局援建的斐济纳务索桥及增建连接线工程竣工

2009 年，中铁五局施工的中国援建斐济纳务索桥及增建连接线工程在项目所在地纳务索村举行竣工典礼，斐济副总统和工程部长等当地政要在我国驻斐济共和国大使韩志强以及中铁五局海外公司总经理曾健等的陪同下出席了典礼仪式并剪彩和揭碑。

纳务索桥及增建连接线工程项目位于斐济首都苏瓦市 25 公里外，跨越威马奴河，水深受到海水潮汐的影响。桥梁全长 104.5 米，路基土石方分为两段，全长 197.04 米。新增纳务索桥南北两端延长线共约 520 米，标准为路宽 7.4 米，双车道，混凝土路面。

作为一座连接中斐两国友谊的桥梁，纳务索桥的建成，改变了当地人长期依靠一艘人力渡船过河的历史，使纳务索地区的交通环境得到了极大改善，有效促进了当地的经济发展。[①]

（2）威尼丘水电站

根据中斐两国政府协议，由中国提供贷款，在斐济第二大岛瓦努阿岛首府萨武萨武附近的威尼丘建一座小型水电站，装机容量 800 千瓦。

1990 年 2 月在威尼丘举行开工仪式。在该水电站修建的过程中，中斐两国人民的友谊再一次得到升华。当时，为了修改该水电站，中国员工们计划居住在巴嘎达村。当这一消息传出后，整个村庄都沸腾了，全村的男女老幼都出来欢迎，村民们争先恐后腾出自己的住房，请中国员工去自己家住。但全村三十多户，而中国员工有限，不可能分散到每家去。在大家争执不下的情况下，最后地方官员只选了两家供中国员工暂住。其中一家坚持要腾出三间房，而他们一家两代五口人，挤在一间小屋中。此外，几家村民积极帮中国员工做饭，有的年轻人还向中国员工学习汉语。

5. 斐济首聘中国医生

1988 年 3 月 22 日，斐济政府首次聘请 10 名中国医生的议定书在苏瓦签订。斐济目前除本国医生外，还聘有来自澳大利亚、新西兰、印度、菲律宾和埃及等国的医生。

为了解中国的医术水平，斐济卫生部常务秘书专程到杭州与应聘的中国医生会面，结果，对中国医生的医疗经验和专业英语都比较满意，随即与浙江国际经济技术合作公司签订了意向性协议，并邀请浙江医科大学的副校长访斐。

通过双方的考察，增进了相互间的了解和合作，然后签订了合同。10 名中国医生从 1988 年 4 月下旬已陆续赴斐工作。

六 中斐科技、文化、教育等领域交流

建交以来，中方派出多个武术、杂技团赴斐访问演出。2003 年 1 月，

[①] 《中铁五局援建的斐济纳务索桥及增建连接线工程竣工》，《岩土工程界》2009 年第 7 期，第 22 页。

斐在首都举办"中国周"活动，天津杂技团赴斐演出。此外，湖北武汉杂技团（2004 年 10 月）、南京市杂技团（2008 年 8 月）、广东艺术团（2008 年 11 月）重庆杂技艺术团（2009 年 8 月）分别赴斐演出。中央电视台中文国际频道和英语新闻频道已在斐落地。

中方自 1984 年起向斐提供来华奖学金名额，截至 2010 年累计共有 61 名斐学生获中国政府奖学金来华留学。

1986 年起，中方先后向斐派驻汉语教师共 23 人次。2010 年 12 月，中国国家汉办与总部位于斐济的南太平洋大学就合作在南太大学设立孔子学院达成协议。

1998 年，广西北海市与斐首都苏瓦市结为友好城市。2010 年 10 月，浙江省杭州市与斐济楠迪结为友好城市。

2004 年 10 月，中斐签署《关于中国旅游团队赴斐济旅游实施方案的谅解备忘录》，斐济成为中国公民出国旅游目的地。2005 年 5 月，中国公民组团赴斐旅游正式实施。2007 年 9 月 10 日起，斐济给予中国公民免签证待遇。

2010 年 9 月，新华社在斐济首都苏瓦设立分设并派常驻记者，这是新华社在太平洋岛国地区设立的首个分社。

七 中斐重要双边协议、声明和公报

1. 重要双边协议

1997 年《中华人民共和国政府和斐济主权民主共和国政府关于斐济在中国香港特别行政区保留名誉领事协定》

1997 年《中华人民共和国政府和斐济主权民主共和国政府关于民航合作的协定》

1997 年《中华人民共和国政府和斐济主权民主共和国政府关于贸易合作的协定》

2009 年《中华人民共和国公安部消防局和斐济群岛共和国消防局关于开展消防与应急救援合作的谅解备忘录》

2011 年《中华人民共和国公安部和斐济共和国国防、国内安全与移民部合作谅解备忘录》

2. 声明、公报

《中华人民共和国政府和斐济政府关于中、斐两国建立外交关系的联合公报》（1975 年 11 月 5 日）

《中华人民共和国和斐济群岛共和国新闻公报》（1999 年 12 月 19 日）

《中华人民共和国政府和斐济群岛共和国政府关于巩固和促进友好合作关系的联合声明》（2002 年 5 月 27 日）

《中华人民共和国和斐济群岛共和国联合新闻公报》（2004 年 6 月 30 日）

《中华人民共和国政府和斐济群岛共和国政府联合新闻公报》（2006 年 4 月 4 日）①

---

① 《中国同斐济的关系》，中华人民共和国外交部，http：//www.fmprc.gov.cn/mfa_ chn/ gjhdq_ 603914/gj_ 603916/dyz_ 608952/1206_ 609054/sbgx_ 609058/。

大事纪年

3000 年前	斐济群岛开始有人居住。
15 世纪以前	斐济群岛的居民只有美拉尼西亚人。
15 世纪以后	波利尼西亚人与美拉尼西亚人通婚，形成现代的斐济人。
1643 年	荷兰探险家阿贝尔·塔斯曼在远洋探险的过程中发现了斐济的一些岛屿，并在日志中把斐济海域形容得暗礁重重、风浪频生、凶险莫测，斐济开始进入欧洲人的视野。
1774 年 7 月 2 日	英国探险家约翰·库克船长在他的第二次太平洋探险航行中，观察到劳群岛南部的小岛瓦托阿以及与此连在一起的珊瑚环岛阿塔瓦托阿。
1788 年	英国皇家海军"邦迪号"在船长威廉姆·布莱的率领下来到斐济，第一次对斐济大多数岛屿进行了考察并绘制了地图。
1789 年 4 月 28 日	"邦迪号"发生叛乱，叛乱的船员为逃避英国军事法庭的通缉，永远地留在了斐济。
1791 年	英国海军抵达斐济。
1797 年	英国传教船"达夫号"在一次长途航行返回途中，从塔希提西行穿过了劳群岛。该船船长詹姆斯·威尔逊不仅证实了塔斯曼和布莱

的一些发现，而且还观察到瓦努阿姆巴拉武岛和一些小岛、珊瑚礁，他根据这些新的发现，绘制出较完整的斐济地图。

1800 年 "阿尔戈号"帆船触礁后，幸存水手登上了斐济群岛，并在此发现了檀香木，开启了欧洲人对斐济檀香木掠夺的大门。

1825 年 欧洲人开始在斐济群岛定居，与斐济人通婚，繁衍后代。

1826 年 第一批传教士来到斐济，开始在劳群岛传教。

1835 年 英国基督教卫理公会教派开始传到斐济。

1844 年 法国牧师来到斐济，开始传播天主教。

1852 年 卡科鲍继承父位，成为宝岛的最高酋长。此后，他又征服了维提岛和一些岛屿的部落，建立了以他为中心的"宝联盟"，宣称拥有斐济的宗主权，自己是斐济的国王。

1854 年 为了借助洋枪洋炮，卡科鲍皈依基督教。从此教会活动不断扩大，大量传教士进入斐济。

1857 年 英国任命普理查德为首位驻斐济的领事，这也是斐济历史上的第一位外国驻斐济的领事。

1867 年 卫理公会的传教士托马斯·贝克来到斐济最大的岛屿维提岛传教，因用手触摸当地首领的头激怒了当地土著人，被乱斧砍死。其尸体被当地人按照对待战俘的方式，抹上油烘烤，最终被吃得干干净净。

1869 年 斐济发行量最大的报纸《斐济时报》创刊。

1871 年 卡科鲍在汤加国王图普一世的帮助下，平息了部落战争，统一了斐济，建立了卡科鲍王朝。

1871 年 6 月 一些外国商人发动政变，挟持了卡科鲍，英

	国政府趁火打劫，派遣罗便臣到斐济。
1874 年 5 月	罗便臣向卡科鲍提出了将斐济割让给英国的主张，并起草了一份无条件割让条约。
1874 年 9 月 30 日	卡科鲍签署了一封致英国女王的信，同意将斐济无条件割让给英国。
1874 年 10 月 10 日	罗便臣代表英国王室与卡科鲍、劳群岛大酋长以及其他 11 位主要酋长，分别在割让条约上签字，斐济正式沦落为英国的殖民地。
1875 年 6 月 24 日	英国女王正式任命阿瑟·戈登为斐济总督，开始了在斐济的殖民统治。
1878 年	斐济的一名官员和 3 名传教士在巴布亚新几内亚一个小岛传教时，惨遭当地人屠杀，他们的尸体被煮熟后吃掉。2007 年 8 月 15 日，巴布亚新几内亚对此行为进行道歉。
1879 年	为了发展斐济的甘蔗种植及制糖业，戈登将印度人引入斐济。5 月 14 日，第一批印度裔合同劳工来到斐济，到 1896 年，在斐济的印度人已经达到 1 万人左右。
1935 年	斐济广播公司创办广播电台。
1936 年 6 月 15 日	斐济第一所华人学校——飞枝华侨小学（1976 年改为逸仙学校）建立。50 年后，即 1986 年，逸仙学校中学部才得以建立。
1940 年	斐济开始修建楠迪国际机场。
1943 年	大约 6500 名斐济人走上前线，其中部分士兵参加了二战中著名的越岛作战。
1945 年	《斐济族事务法令》重新确认土著斐济人对土地的所有权。
1946 年	印度裔斐济人第一次在数量上超过土著斐济人，成为斐济人口最多的族群。

1947 年	斐济议会通过《合作社法》，标志着合作社在斐济的诞生。
1952 年	斐济旅游局成立。
1955 年	斐济成立合作社局，其基本职能是促进斐济合作社的建立和发展。
1956 年	斐济人联合党在斐济人协会的基础上建立。
1958 年	随着非殖民化运动的推进，3 名主要民族非官方代表被引荐到行政委员会。
1959 年	"大酋长委员会"被允许选举 5 名斐济人代表。
1960 年 11 月	斐济总督建议修改宪法。
1963 年	公民权扩大，所有斐济妇女都获得了相应权利。
1963 年	以印度裔斐济人为主体的民族联盟党成立，这是斐济历史上的第一个印度人政党。
1964 年	"会员资格制"被引入行政委员会。
1965 年	斐济人民向联合国请愿，要求独立。
1965 年 8 月	斐济制宪会议在伦敦召开，目的在于制定一部与英国保持联系的宪法，并使斐济朝着自治的方向迈进。
1966 年 3 月 12 日	斐济联盟党在苏瓦成立，马拉成为该党领袖。
1966 年	斐济公布宪法，设立酋长会议，举行第一次大选。
1968 年	南太平洋大学在斐济首都苏瓦建立。
1970 年 5 月	在伦敦召开的制宪会议确立了议席分配方案。
1970 年 10 月 10 日	英王签署确认斐济独立的历史性文件——《1970 年独立法令》，斐济独立且成为英联邦成员国。同日，斐济通过《1970 年宪法》，成为行政、司法和立法三权分立的议会制国家。

1970 年 10 月	美国承认斐济独立，并互设使馆。
1972 年	斐济开始实行免费教育，并逐渐从 1 年级扩展到 8 年级；斐济举办了第一届南太平洋艺术节，成立南太平洋艺术创作协会。
1974 年	《斐济每日邮报》创刊；斐济作家雷蒙德·皮莱发表反映印度裔斐济人生活的《预备性的检查》和《等待公共汽车》。
1975 年 11 月 5 日	斐济与中国正式建交。
1977 年 10 月	中国在斐济设立商务处。
1978 年	斐济总理马拉访问中国；中国第一次从斐济进口胶合板。
1979 年 3 月	中国副总理陈慕华访问斐济。
1979 年	斐济政府开始在太平洋港修建著名景点"斐济古代文化中心"。
1980 年	斐济副总理加尼劳访问中国。
1985 年 7 月	由印度族蔗农、知识分子和青年组成的斐济工党成立。
1987 年 4 月	斐济下议院大选，工党与民族联盟党的竞选联盟获胜，其共同领导人巴万德拉当选总理。
1987 年 5 月 14 日	兰布卡在斐济首都苏瓦发动军事政变，扣押了包括总理巴万德拉在内的全体内阁成员和部分议员。这是斐济历史上的第一次军事政变。
1987 年 9 月 25 日	因未能实现斐济族人的政治统治，兰布卡再次发动政变，宣布军队接管斐济政府的权力。这是斐济历史上的第二次军事政变。
1987 年 10 月 1 日	兰布卡宣布废除宪法。
1987 年 10 月 6 日	兰布卡宣布斐济为共和国。

1987 年 10 月 16 日	英联邦国家政府首脑会议决定终止斐济英联邦成员国的地位。
1987 年 12 月 5 日	加尼劳就任斐济共和国第一任总统。
1988 年	罗图马人宣布脱离斐济独立，并呼吁澳、新和英国对其提供紧急援助，遭到拒绝后被兰布卡迅速平息。
1990 年 7 月	斐济公布新宪法，即《1990 年宪法》，确保土著斐济人的土地权、传统文化、价值观等"至高无上的权力"。
1992 年 5 月	兰布卡领导的斐济宪政党在国会大选中赢得第一大党的席位。
1993 年底	斐济唯一的电视台——斐济电视台成立。
1994 年	"宪法审查委员会"成立，对《1990 年宪法》重新进行讨论并着手修宪。
1997 年 7 月 25 日	马拉总统签署新宪法，即《1997 年宪法》。
1997 年 10 月	斐济总理兰布卡率团出席第一届日本与太平洋岛国领导人会议。
1998 年	联合人民党成立。
1999 年 5 月	印度裔政党斐济工党在大选中获胜，其党魁乔杜里就任斐济新总理。
2000 年	《斐济太阳报》创刊。
2000 年 4 月	斐济总理乔杜里率团参加第二届日本与太平洋岛国领导人会议。
2000 年 5 月 19 日	商人斯佩特发动政变，迫使总理乔杜里下台。这是斐济历史上的第三次军事政变。5 月 29 日，斐济军方介入，斐济三军总司令姆拜尼马拉马接管政权。
2000 年 7 月 8 日	美国召回驻斐济大使，并表示强烈关注斐济局势。

2000 年 8 月	日本在西方国家中率先承认斐济政变后成立的临时政府。
2001 年 5 月 26 日	看守政府总理恩加拉塞成立"团结的斐济党"。
2002 年 7 月	斐济主办"第三届非加太国家首脑会议"。
2002 年 8 月	斐济主办"第三十三届太平洋岛国论坛首脑会议"。
2003 年 5 月	斐济总理恩加拉塞率团参加第三届日本与太平洋岛国领导人会议。
2003 年 6 月	斐济主办南太平洋运动会。
2005 年 4 月	民族联合党（新联合党）成立，核心成员为斐济政治家马拉的追随者。
2006 年 10 月	斐济主办第 37 届太平洋岛国论坛会议和第 18 届论坛后对话会。
2006 年 12 月 5 日	军事强人姆拜尼马拉马发动政变，推翻恩加拉塞政府。
2006 年 12 月 15 日	美国国务院宣布对发动政变的斐济军方实施制裁。
2007 年 1 月	姆拜尼马拉马出任临时政府总理。
2008 年 1 月	斐济与澳大利亚签订协议，开始从澳大利亚进口活牛。这是斐济历史上第一次从外国进口活牛。
2008 年 2 月	斐济蜂蜜首次出口美国。
2008 年 7 月	斐济政府批准蜂蜜进口，澳大利亚成为斐济的第一个蜂蜜进口来源国。
2008 年 12 月	斐济与新西兰互相驱逐高级外交官。
2009 年	姆拜尼马拉马宣布废除斐济宪法，斐济被太平洋岛国论坛暂停会员资格。
2009 年 4 月 9 日	斐济上诉法院裁定姆拜尼马拉马领导的过渡

	政府不符合宪法，11 日，时任总统伊洛伊洛宣布接管政府权力并废除宪法，斐济进入宪法真空期。
2009 年 5 月	斐济驻日大使以政府代表身份参加第五届日本与太平洋岛国领导人会议。
2009 年底	斐济银行被巴布亚新几内亚银行收购。
2010 年 3 月 14 日	飓风"托马斯"袭击斐济。
2011 年 3 月	斐济总理姆拜尼马拉马宣布斐济将发行新货币，新版货币将不再出现英国女王伊丽莎白二世的头像。
2011 年 9 月	斐济举行第二届"接触太平洋会议"。
2011 年 12 月 16 日	斐济太平洋航空公司与美国航空公司签署代码共享协议。
2012 年 7 月 31 日	斐济临时政府将英国女王的生日从该国公共节假日列表中清除。
2013 年 1 月 2 日	斐济中央银行开始向各商业银行发行新货币。新货币将英国女王伊丽莎白二世的头像从所有现钞和硬币上移除，代之以当地动植物的形象。新货币含面值为 5 斐元、10 斐元、20 斐元、50 斐元和 100 斐元的纸币以及面值为 5 分、10 分、20 分、50 分、1 斐元和 2 斐元的硬币。
2013 年 9 月 6 日	斐济总统埃佩利·奈拉蒂考批准《2013 年宪法》。

参考文献

一 中文资料

1. 21 世纪研究会：《民族的世界地图》，冷茹冰译，国际文化出版公司，2004。

2. 艾森斯塔特：《现代化：抗拒与变迁》，张旅平等译，中国人民大学出版社，1988。

3. 《澳大利亚、巴布亚新几内亚、斐济》，内蒙古人民出版社，2005。

4. 本书编委会编《WTO 成员国概览》（第 6 卷），言实出版社，2002。

5. 陈坚主编《世界各国军事力量》，解放军出版社，2006。

6. 〔德〕波斯尔斯韦特主编《各国（地区）教育制度》（下），西南师范大学出版社，2011。

7. 《大洋洲及太平洋岛屿》，商务印书馆，1972。

8. 房龙：《房龙讲述太平洋的传奇》，梅妍译，东方出版社，2005。

9. 高溥超、高桐宣主编《斐济人为何不患癌症》，化学工业出版社，2006。

10. 姜若愚、张国杰主编《中外民族民俗》，中国物资出版社，2004。

11. J. W. 库尔特：《斐济现代史》，吴江霖、陈一百译，广东人民出版社，1976。

12. 马克斯·韦伯：《经济与社会》，林荣远译，商务印书馆，1998。

13. 马歇尔·萨林斯：《历史之岛》，蓝达居等译，上海人民出版社，2003。

14. 马银文编著《世界民俗艺术大全》，中国三峡出版社，2006。

15. 《世界经济文化年鉴》编辑委员会：《世界经济文化年鉴》，中国社会科学出版社，1996。

16. 世界知识出版社编《世界知识年鉴》，世界知识出版社。

17. 司徒泽波、陈本健编著《斐济国、所罗门群岛、西萨摩亚群岛华侨概况》，台北正中书局，1991。

18. 塔侬米特：《南太平洋征旅：航海家的冒险乐园》，桂裕芳译，上海书店出版社，1999。

19. 唐纳利：《斐济地理》，林尔蔚译，商务印书馆，1982。

20. 外交部政策研究室主编《中国外交》，世界知识出版社。

21. 汪诗明、王艳芬：《太平洋英联邦国家：处在现代化的边缘》，四川人民出版社，2005。

22. 王华：《萨摩亚争端与大国外交》，中国社会科学出版社，2008。

23. 王剑峰：《多维视野中的族群冲突》，民族出版社，2005。

24. 肖扬主编《各国宪法关于司法体制的规定》，人民法院出版社，2003。

25. 徐明远：《出使岛国：在南太的风雨岁月》，中国华侨出版社，1995。

26. 徐明远：《南太平洋岛国和地区》，世界知识出版社，2003。

27. 徐明远：《一任三使风雨疾》，新华出版社，2009。

28. 许钟荣、郭震唐编《大洋洲之旅：澳洲，纽西兰，大溪地，斐济，巴布亚新几内亚》，锦绣出版社，1984。

29. 叶进：《南太平洋的万岛世界》，海洋出版社，1979。

30. 赵静编著《我也能当外交家》，湖南教育出版社，1999。

二 外文资料

1. 50/50 by Year 2020: 20 – Year Development Plan （2001 – 2020） for the Enhancement of Participation of Indigenous Fijians and Rotumans in The Socio-economic Development of Fiji, Suva: Parliament of Fiji.

2. Chaudhry, *The Fiji Labour Party*, Address to Conference on Australia and the Pacific Sponsored by the H. V. Evatt Foundation, Sydney, 1986.

3. De Smith, The New Commonwealth and Its Constitutions, London, Stevens & Sons, 1964.

4. Durutalo, S. , "The Paramountcy of Fijian Interest and the Politicisation of Ethnicity. South Pacific Forum", *Working Paper*, No. 6, Suva: USP Sociological Society, 1986.

5. *Education for Modern Fiji*, Report of the 1969 Fiji Education Commission, Fiji Education Commission, 1969.

6. *Fiji Legislative Council*, Report of the Fiji Constitutional Conference 1970, CP5/ 1970.

7. *Fiji Times.*

8. Gillion K. L. , *The Fiji Indians: Challenge to European Dominance, 1920 – 1946*, Canberra: Australian National University Press, 1977.

9. Lal, V. , Fiji Coups in Paradise: Race, Politics and Military Intervention, London: Zed Books Limited, 1990.

10. *Government by the Gun: the Unfinished Business of Fiji's 2000 Coup*, Pluto Press, 2001.

11. Larson, E. W. , Is international legal intervention an extension of domestic politics? Fiji's report to the CERD, Annual Meetings of Law & Society Association, Las Vegas, 2005.

12. Lawson, S. T. , *The Failure of Democratic Politics in Fiji*, Oxford: Clarendon Press, 1991.

13. Mann, C. W. , *Education in Fiji*, Melbourne University Press, 1935.

14. Michael C. Howard, *Fiji: Race and Politics in an Island State*, Vancouver: UBC Press, 1991.

15. Ministry of Finance and National Planning, 2002.

16. Whitehead C. W. , *Education in Fiji*, Canberra: Australian National University, 1981.

17. Whitehead C. Wellington, *Education in Fiji Since Independence*, NZ: New Zealand Council for Educational Research, 1986.

18. Rabukawaqa E. , *Designing educational priorities for Fiji*: *Beyond the year 2000*, Paper delivered to the 71st Principals' Conference held in Suva, April, 1992.

19. Robertson R. T. and Akesit A. Tamanisau, *Fiji*: *Shattered Coups*, Leichardt: Pluto Press, 1988.

20. Vakatale T. , *Keynote address by the Honourable Minister of Education delivered to the 71st Principals' Conference held in Suva*, April, 1992.

三 相关网站

斐济政府网站：http：//www. fiji. gov. fj/。

斐济共和国驻中华人民共和国大使馆：http：//web96878. vhost056. cn/。

中华人民共和国驻斐济共和国大使馆：http：//fj. chineseembassy. org/chn/。

中华人民共和国外交部：http：//www. fmprc. gov. cn/mfa_ chn/。

中华人民共和国商务部：http：//www. mofcom. gov. cn/。

中华人民共和国国家旅游局：http：//www. cnta. gov. cn/。

国家海洋局：http：//www. soa. gov. cn/。

美国中央情报局网站：https：//www. cia. gov/library/publications/the-world-factbook/geos/nh. html。

世界贸易组织：http：//www. wto. org/english。

索　引

新版《列国志》总书目

非洲

阿尔及利亚

埃及

埃塞俄比亚

安哥拉

贝宁

博茨瓦纳

布基纳法索

布隆迪

赤道几内亚

多哥

厄立特里亚

佛得角

冈比亚

刚果

刚果民主共和国

吉布提

几内亚

几内亚比绍

加纳

加蓬

津巴布韦

喀麦隆

科摩罗

科特迪瓦

肯尼亚

莱索托

利比里亚

利比亚

卢旺达

马达加斯加

马拉维

马里

毛里求斯

毛里塔尼亚

摩洛哥

莫桑比克

纳米比亚

南非

南苏丹

尼日尔

尼日利亚

塞拉利昂

塞内加尔

塞舌尔

圣多美和普林西比

斯威士兰

苏丹

索马里

坦桑尼亚

突尼斯

乌干达

赞比亚

乍得

中非

欧洲

阿尔巴尼亚

爱尔兰

爱沙尼亚

安道尔

奥地利

白俄罗斯

保加利亚

北马其顿

比利时

冰岛

波兰

波斯尼亚和黑塞哥维那

丹麦

德国

俄罗斯

法国

梵蒂冈

芬兰

荷兰

黑山

捷克

克罗地亚

拉脱维亚

立陶宛

列支敦士登

卢森堡

罗马尼亚

马耳他

摩尔多瓦

摩纳哥

挪威

葡萄牙

瑞典

瑞士

塞尔维亚

塞浦路斯

圣马力诺

斯洛伐克

斯洛文尼亚

乌克兰

西班牙

希腊

匈牙利

意大利

英国

美洲

阿根廷

安提瓜和巴布达

巴巴多斯

巴哈马

巴拉圭

巴拿马

巴西

秘鲁

玻利维亚

伯利兹

多米尼加

多米尼克

厄瓜多尔

哥伦比亚

哥斯达黎加

格林纳达

古巴

圭亚那

海地

洪都拉斯

加拿大

美国

墨西哥

斐济

尼加拉瓜

萨尔瓦多

圣基茨和尼维斯

圣卢西亚

圣文森特和格林纳丁斯

苏里南

特立尼达和多巴哥

危地马拉

委内瑞拉

乌拉圭

牙买加

智利

大洋洲

澳大利亚

巴布亚新几内亚

斐济

基里巴斯

库克群岛

马绍尔群岛

密克罗尼西亚

瑙鲁

纽埃

帕劳

萨摩亚

所罗门群岛

汤加

图瓦卢

瓦努阿图

新西兰

国别区域与全球治理数据平台

www.crggcn.com

"国别区域与全球治理数据平台"（Countries，Regions and Global Governance，CRGG）是社会科学文献出版社重点打造的学术型数字产品，对接国别区域这一重点新兴学科，围绕国别研究、区域研究、国际组织、全球智库等领域，全方位整合基础信息、一手资料、科研成果，文献量达30余万篇。该产品已建设成为国别区域与全球治理数据资源与研究成果整合发布平台，可提供包括资源获取、科研技术服务、成果发布与传播等在内的多层次、全方位的学术服务。

从国别区域和全球治理研究角度出发，"国别区域与全球治理数据平台"下设国别研究数据库、区域研究数据库、国际组织数据库、全球智库数据库、学术专题数据库和学术资讯数据库6大数据库。在资源类型方面，除专题图书、智库报告和学术论文外，平台还包括数据图表、档案文件和学术资讯。在文献检索方面，平台支持全文检索、高级检索，并可按照相关度和出版时间进行排序。

"国别区域与全球治理数据平台"应用广泛。针对高校及国别区域科研机构，平台可提供专业的知识服务，通过丰富的研究参考资料和学术服务推动国别区域研究的学科建设与发展，提升智库学术科研及政策建言能力；针对政府及外事机构，平台可提供政资参考，为相关国际事务决策提供理论依据与资讯支持，切实服务国家对外战略。

数据库体验卡服务指南

※100元数据库体验卡，可在"国别区域与全球治理数据平台"充值和使用

充值卡使用说明：

第1步 刮开附赠充值卡的涂层；

第2步 登录国别区域与全球治理数据平台（www.crggcn.com），注册账号；

第3步 登录并进入"会员中心"→"在线充值"→"充值卡充值"，充值成功后即可使用。

声明

最终解释权归社会科学文献出版社所有

客服QQ：671079496

客服邮箱：crgg@ssap.cn

欢迎登录社会科学文献出版社官网（www.ssap.com.cn）和国别区域与全球治理数据平台（www.crggcn.com）了解更多信息

图书在版编目（CIP）数据

斐济/吕桂霞编著.—北京：社会科学文献出版社，2015.7
（2022.3 重印）
（列国志：新版）
ISBN 978 - 7 - 5097 - 7103 - 7

Ⅰ.①斐⋯　Ⅱ.①吕⋯　Ⅲ.①斐济 - 概况　Ⅳ.①K966.1

中国版本图书馆 CIP 数据核字（2015）第 028206 号

·列国志（新版）·

斐济（Fiji）

编　　著／吕桂霞

出 版 人／王利民
项目统筹／张晓莉
责任编辑／叶　娟
责任印制／王京美

出　　　版／社会科学文献出版社·国别区域分社（010）59367078
　　　　　　地址：北京市北三环中路甲 29 号院华龙大厦　邮编：100029
　　　　　　网址：www. ssap. com. cn
发　　　行／社会科学文献出版社（010）59367028
印　　　装／唐山玺诚印务有限公司

规　　　格／开 本：787mm × 1092mm　1/16
　　　　　　印 张：22　插 页：1　字 数：322 千字
版　　　次／2015 年 7 月第 1 版　2022 年 3 月第 3 次印刷
书　　　号／ISBN 978 - 7 - 5097 - 7103 - 7
定　　　价／69.00 元

读者服务电话：4008918866